国宝 白糸《しらいと》威《おどし》褄取《つまどり》鎧《よろい》兜《かぶと》大袖付《おおそでつき》（青森県櫛引《くしひき》八幡宮所蔵）

南部信光が後村上天皇から拝領したと伝えられる．南北朝期，有力な南朝方だった南部氏は，室町時代を通し，北奥州の有力国人として活躍した．また，地元名産の馬を進上するなどして，幕府とのつながりを保っていた．

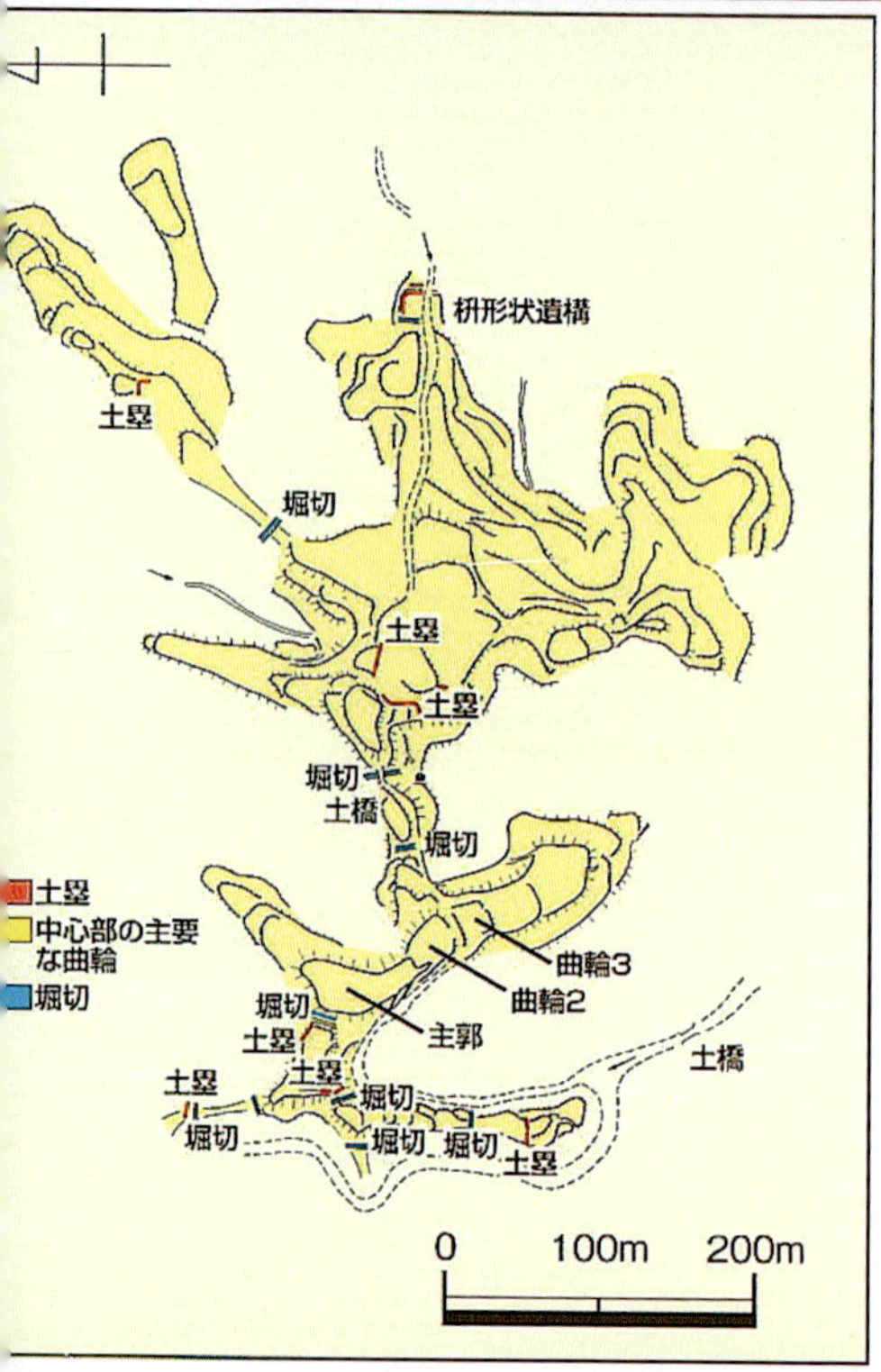

岩切《いわきり》城遠景と中心部遺構図

（仙台市教育委員会提供）

標高 106 m の丘陵上にある山城で，東西 800 m 南北 700 m にわたる．観応《かんのう》の擾乱《じょうらん》のさい，直義《ただよし》派の吉良貞家と尊氏・師直《もろなお》派の畠山国氏との激しい合戦が本城で繰り広げられた．のちに留守氏の居城となり高森城とも呼ばれた．下図は中心部の遺構を示してある．

SE587 縦板
左：全体
右：墨書部分

洲崎《すざき》遺跡出土の人魚供養札と丸木舟

（秋田県埋蔵文化財センター所蔵）

洲崎遺跡は秋田県沿岸中央部の八郎潟《はちろうがた》残存湖南東部に所在する集落遺跡で，道路跡・建物跡・井戸跡・陶磁器・生活用品等が発掘されている．井戸跡から出土した人魚供養札には，不吉とされた人魚が殺され，僧侶が供養をした様子が描かれている．丸木舟は，井川《いかわ》河口近くに位置するこの遺跡が交通の拠点だったことを物語っている．

絹本《けんぽん》著色《ちゃくしょく》恵日寺《えにちじ》絵図

（恵日寺所蔵，磐梯町教育委員会提供）

恵日寺は，8世紀後半，法相宗の僧侶徳一《とくいつ》が布教の拠点にしたとされる寺院である．本図の成立は14世紀末から15世紀前半とされ，山岳寺院としての性格や中世霊場の景観がうかがえる．

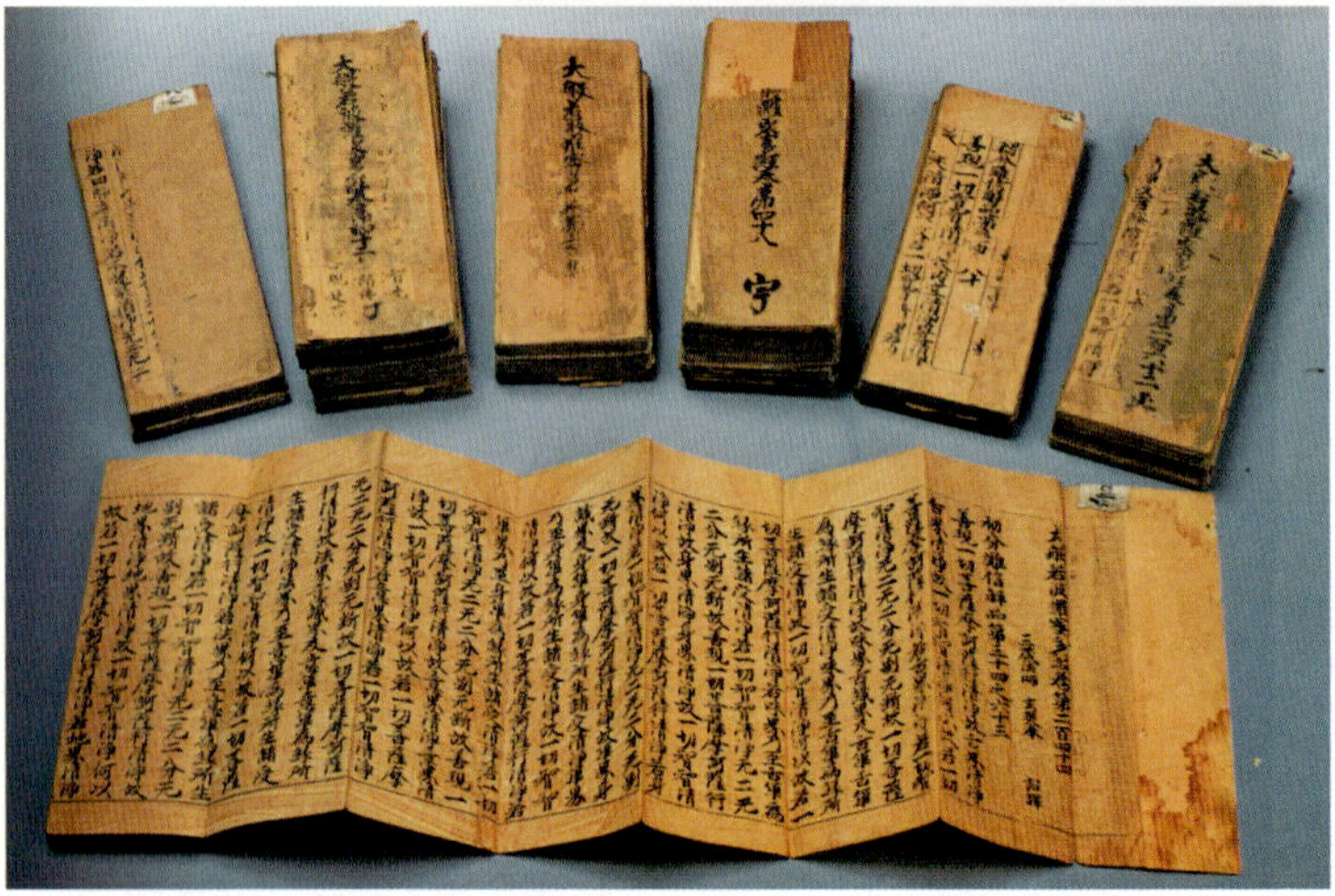

大般若波羅密多経《だいはんにゃはらみったきょう》（金沢《かねざわ》八幡宮所蔵，横手市教育委員会提供）

貞治4年（1365）に出羽国雄勝《おがち》郡（秋田県湯沢市）の満福寺《まんぷくじ》に奉納された写経で，のちに同平鹿《ひらか》郡（同横手市）の金沢八幡宮所蔵となった．元来は全600巻だったが，現存するのは後三年の役金沢資料館の478巻と山梨県立博物館の1巻である．内乱期に安寧を祈った人々の様子がうかがえる．

東北の中世史 3

白根靖大［編］

室町幕府と東北の国人

吉川弘文館

企画編集委員

柳原敏昭

熊谷公男

目次

序　南北朝・室町時代の混迷

白根靖大

本書の扱う時代

本書の扱う時代は、後醍醐天皇による建武の新政から室町幕府の動揺まで、いわゆる南北朝・室町時代である。これを大きく三つに分けるならば、以下のような区切りができるだろう。

まず、建武政権が崩壊し、室町幕府を樹立した足利方と後醍醐の南朝方とが争い、幕府内でも尊氏方と直義方が対立した時期、すなわち南北朝の動乱期である。次は、将軍義満により南北朝の合一が実現し、将軍権力が確立した幕府の安定期である。そして、幕府将軍と鎌倉公方が戦う永享《えいきょう》の乱、将軍義教《よしのり》が謀殺される嘉吉《かきつ》の乱、戦国時代への引き金となる応仁の乱などが起こった幕府の動揺期である。

安定した社会が長くつづいたとは言いがたいこの時代、東北の人々もまた、不安定な情勢の中で歴史に足跡を残した様子がうかがえる。中には、中央の政局に左右されながらも、地元に根付いて懸命に生きていた姿も見受けられる。しかしながら、当時の様子を物語る歴史資料が限られているため、詳細が不明な点も少なくない。

そこで、本論に入る前に、まずは時代の概要を追い、そのうえで当時の社会をひもとく鍵を見出し、南北朝・室町時代の東北を描くための視座を定めておきたい。

鎌倉時代後半

鎌倉時代後半、天候不順による飢饉や疫病の流行が頻発し、社会不安が広がっていた。また、二度の蒙古襲来以降、次なる外敵の襲撃に対する備えが常態化し、その負担は人々を疲弊させていた。ところが、得宗専制《とくそうせんせい》下の鎌倉幕府は、一部の特権集団が権力を握るありさまで、人々の政治不信と社会不安は頂点に達した。そして、ついに幕府は滅亡の時を迎えることになった。

建武の新政

倒幕の中心となった後醍醐天皇は、強いリーダーシップをもって新たな政治を始めた。建武の新政である。中央では記録所・雑訴決断所・武者所《むしやどころ》・恩賞方などの機関が中心となり、地方には国司と守護が併置された。東北地方に目を向けると、陸奥守（のちに鎮守府将軍を兼任）に北畠顕家《きたばたけあきいえ》、出羽守兼秋田城介《あきたじようのすけ》に葉室光顕《はむろみつあき》が任命され、さらに後醍醐の皇子義良《のりよし》親王が陸奥国に下向した。義良親王を戴《いただ》く陸奥（多賀）国府は他国よりも強い権限を持ち、関東に勢力を得ていた足利尊氏を牽制していたと言われている。

だが、自らに権力を集中させる後醍醐のやり方は、諸問題に対応しきれず混乱が広がる結果を招き、世の中の不満を集めるようになった。また、政権内における権力争いも生じ、ついに足利尊氏が後醍醐に離反して建武政権は短命に終わった。尊氏の離反は東北地方にも影響を与え、出羽守光顕が討たれるに至った。光顕の没後は、鎮守大将軍の称号をさらに与えられた顕家が奥羽両国を統治することになる。

南北朝の内乱

足利尊氏は、奥州から遠征した北畠顕家に敗れるなどして九州へ逃れたが、建武の新政に不満を抱く武士たちを糾合することに成功し、ついに京都を手中に収めた。これに対し、後醍醐天皇は吉野へ移り、自らの正統性を訴えて足利討伐を呼びかけた。北朝を擁する足利方と後醍醐の南朝方が相争う南北朝の内乱のはじまりである。この争いは全国におよび、終息するまで数十年を要した。

内乱が長きにわたった理由の一つとして、足利方内部での抗争が挙げられる。室町幕府は将軍尊氏と弟直義《ただよし》が権限を分有しながら運営されていたが、将軍尊氏の執事高師直《こうのもろなお》が掲げる急進的な政策と秩序を重んじる直義の政策が対立し、両者の間に亀裂が走ることになった。そして、それぞれを支持する勢力が反目し、武力衝突に発展したのが観応《かんのう》の擾乱《じょうらん》である。この乱は、あるときは直義が南朝に降伏し、あるときは尊氏が南朝と結ぶなど、複雑な様相を呈しながら推移し、混迷を深める結果となった。

足利方でありながら南朝と結ぶという現象は、北朝の貴族たちや地方の武士たちの間でも見られた。当時、家門相続をめぐる争いや惣領・庶子間の対立など、権力闘争とは別次元の分裂が多発し、相手より優位に立つために、利用できる権威・権力は何でも用いられたのである。南北朝の内乱と呼ばれるが、その実、複雑に入り組んだ争いが全国で繰り広げられる動乱だった。

東北の争乱

多賀国府で奥羽統治にあたっていた北畠顕家は、長駆《ちょうく》して尊氏勢を破るなど、東北における南朝方の中心として活躍した。このほか結城・伊達・葛西・南部氏などが南朝方だったことが知られている。これに対し、足利方は奥州総大将および奥州管領を設置し、石堂・吉良・畠山・斯波氏らを派遣した。彼らは東北に所領を得て入部し、幕府の奥羽統治を担う立場だった。こうして南北朝の争いがこの地でも繰り広げられることになったのである。

それだけではない。観応の擾乱もまたこの地で展開した。足利方の中心として勢力を拡大した奥州総大将石堂義房《いしどうよしふさ》はやがて罷免《ひめん》され、畠山国氏《はたけやまくにうじ》と吉良貞家《きらさだいえ》が奥州管領に任命されたが、彼らは、国氏が尊氏・師直派、貞家が直義派だった。幕府内の政治状況が東北でも反映したわけである。そして、両派の衝突が国氏勢と貞家勢の合戦を招き、さらにこの混乱に乗じた南朝方の攻勢を引き起こした。三つ巴《どもえ》の争いに勝利したのは貞家だったが、彼の没後、幕府は斯波家兼《しばいえかね》を新たな奥州管領として派遣し、事態の収拾にあたらせた。

斯波氏は奥州管領として権限をふるうとともに、自らの本拠となる所領を得て勢力を扶植《ふしょく》した。これに対し、石堂・吉良・畠山の諸氏は、弱体化しながらも勢力を保持し、影響力を行使していた。南朝方の劣勢は定まっていたが、足利方の奥羽統治が安定するまでには時間を要したのである。のちに、家兼の跡を継いだ直持《なおもち》と、出羽に入部した兼頼《かねより》によって奥羽統治が確立し、直持の子孫は大崎氏、兼頼の子孫は最上氏を名乗るようになる。

室町幕府と鎌倉府

天皇が二人並び立つ状況は足利義満によって解消された。これと前後し、義満は、土岐氏・山名氏・大内氏等を討ったり、九州探題今川貞世《いまがわさだよ》（了俊）を解任するなど、動乱の中で成長した守護大名の統制にあたった。また、京都の市政権や一国平均役（荘園・公領問わず一律に賦課する税）の賦課権など、朝廷が握っていた権限を手にし、義満は公武の頂点に立つ地位を得た。さらに、明との貿易を通し、義満は明皇帝より「日本国王」と認められ、動乱を収束させた室町幕府は安定したかに見えた。

だが、室町幕府体制には対立の芽《め》となる機関があった。それは鎌倉府である。鎌倉府は東国を治める地方機関で、その長官である鎌倉公方《くぼう》には、尊氏の子息基氏《もとうじ》の子孫が就《つ》いていた。東国統治の要《かなめ》であるから、将軍家の一族が鎌倉公方の地位にあったのはうなずけよう。しかし、将軍にとって鎌倉公方は諸刃《もろは》の剣というべき存在で、両者が反目し合うと、室町幕府体制を揺るがす事態になりかねなかった。

それが現実のものとなったのが永享の乱である。武力で対抗勢力を抑圧する鎌倉公方持氏《もちうじ》は、ついに幕府から自立するがごとき行動をとるに至り、将軍義教の逆鱗《げきりん》に触れることとなった。そして、幕府の軍勢が鎌倉を襲い、敗れた持氏は幽閉の後、自害という最期を迎えた。これで東の脅威がなくなった義教は専制の度合いをさらに強めていくが、その強権政治は嘉吉《かきつ》の乱を招き、義教は赤松満祐《あかまつみつすけ》に謀殺された。満祐は幕府に討伐されたものの、この事件は将軍権威を失墜させ、以降、室町幕府と鎌倉府は衰退の道をたどっていく。

以上のような構図は、東北の政治状況にも影響を及ぼした。将軍義満によって南北朝合一が実現した頃、幕府は陸奥・出羽を鎌倉府の管国とした。これにともない、鎌倉府は鎌倉公方の兄弟である篠川・稲村両公方を奥州に派遣したが、いっぽうで幕府は奥州・羽州両探題を任命した。つまり、東北には双方の出先となる役職が併存し、東北の国人《こくじん》たちは双方への奉公を求められたのである。その後、鎌倉公方持氏の抑圧的姿勢に対し、篠川公方満直《みつなお》が幕府方に転じた。満直は東北における幕府方の中心になろうとしたのだが、最終的には奥州の国人に滅ぼされた。これは東北の国人たちの成長の結果だと言えるだろう。

国人の成長

国人とは南北朝期以降の在地領主を指す言葉で、鎌倉時代の地頭や荘官の系譜を引く者たちのことである。鎌倉時代の在地領主は血縁的結合が強かったのに対し、南北朝期以降の国人は、その地域の領主として地縁的結合を強めていった。

地縁的結合の例として挙げられるのが一揆である。一揆とは、中世においては、団結することあるいは団結した集団を指す言葉である。当時は「一揆を結ぶ」と表現され、武士・百姓・僧侶といったさまざまな社会集団で見られるものだった。このうち、国人たちが結んだ地域的な一揆を国人一揆と呼んでいる。

たとえば、観応の擾乱の最中、関東で結成された平一揆や白旗一揆がある。いずれも、尊氏方と直義方の争いや鎌倉府体制の確立という政治過程において、武蔵・相模の国人たちが結集し、上位権力の動向に対応するためのものだった。いっぽうで、一揆構成員の間でも対抗関係があり、上位権力の要請に応じながら自らの立場を優位にしようとする場合もあったと言われている。

東北の国人たちもまた一揆を結んで結集していた。中でも有名なのが、福島県の仙道《せんどう》一揆と海道《かいどう》五郡一揆である。前者は安積《あさか》郡を中心とした国人によるもの、後者は浜通りの岩崎・岩城《いわき》・楢葉《ならは》・標《しね》葉《は》・行方《なめかた》の五郡の国人によるものである。両者を比較すると、仙道一揆は篠川・稲村両公方の近隣に位置し両公方に協力的な性格を有し、海道五郡一揆は一揆構成員の相互協力と合議による決定を重んじたという特徴がある。いずれも幕府と鎌倉府による上からの支配に対し、地域の国人たちが結束して事にあたるための一揆だったと言える。ほかにも、南部氏や葛西氏、和賀氏などを中心とする一揆が知られており、地域の領主間の共同によって紛争を解決し、国人たちの領主支配を維持する秩序が明らかにされている。

本書の視座

ここまで述べてきたように、本書の扱う時代は不安定さが特色と言えるだろう。複雑な様相を呈するこの時代を見るにあたり、当時の社会をひもとく鍵として、以下の三点を提示したい。

一つ目は、中央権力に存在した二つの中心である。南北朝の対立、観応の擾乱、室町幕府と鎌倉府の相克といった情勢は、中央権力が二つの中心を持ち、常に不安定要素を抱えていたために起きたという見方ができる。東北はまさにこうした情勢の影響を受けた地域なので、かかる見地から不安定な時代の要因を明らかにすることで、当時の社会状況を整理していきたい。

二つ目は、国人への注目である。国人は地域の歴史にとって主人公と言えるが、彼らはお互いに結集する相手でもあり、対立する相手でもあった。中には上位権力と結んで力を伸ばす者もいた。そうした点に留意し、国人一揆によるヨコの秩序と上位権力によるタテの秩序を視野に収め、これらが交錯する社会としてこの時代をとらえることにする。

三つ目は、東北を俯瞰《ふかん》する視点である。現存史料の残り具合からすると、どうしても太平洋側が詳しい記述になりがちである。だが、当時の通交を鑑《かんが》みると、東北と幕府の所在地である京都との往来にとって、日本海側が重要な交通路となっていた。そこで、日本海側からの視座による研究成果を取り入れる意識を持ちながら、奥羽両国を幅広く目配りするように心掛けたい。

以上の視座をもって、南北朝・室町時代の東北の歴史を描くのが本書である。

本書の構成

全六章からなる本書は、前半が通史、後半がテーマ史という構成をとっている。

まず、第一章「建武の新政と陸奥将軍府」、第二章「東北の南北朝内乱と奥州管領」、第三章「京・鎌倉と東北」が通史にあたる。建武の新政の開始と終焉、南北朝の動乱、室町幕府の安定と動揺という中央の政治史を踏まえ、東北の情勢がいかに推移していったかを述べる箇所となる。その中で、必要に応じて研究上の論点に触れ、筆者の見解が示されている場合もある。

これに対し、第四章「人と物の交流」、第五章「人々の信仰と文化」、第七章「東北の国人たち」がテーマ史である。第四章では、交通・流通・交易という観点から、当時の人々の交流を描いている。第五章では、仏教・碑文などを通し、信仰と文化の一面を浮き彫りにしている。第六章では、地域の視点から、東北の国人の実態について述べている。

これらに加え、発掘調査や研究の成果の中からトピックとなるテーマを選び、六つのコラムを用意している。具体的には、「安藤氏の系譜認識」、「篠川《ささがわ》御所を歩く」、「中世十三湊の景観」、「後城《うしろじょう》と秋田湊」、「仙台平野の板碑《いたび》と石材」、「出羽国の一括出土銭」である。本文の幕間に展開するこれらのコラムは、この時代の知識を補い歴史像を豊かにしてくれるだろう。

以上、本書を通読することによって、東北の南北朝・室町時代への理解が少しでも深まれば幸いである。

一　建武の新政と陸奥将軍府

白根靖大

1　鎌倉幕府の滅亡

得宗専制の崩壊

元弘三年（一三三三）、鎌倉幕府より派遣された足利高（尊）氏勢は、畿内の反幕府勢力を追討しに行ったはずだったが、攻撃の矛先《ほこさき》を六波羅《ろくはら》探題《たんだい》に転じ、探題だった北条氏一族を滅ぼした。同じ年、新田義貞が軍勢を率いて鎌倉を攻め、ついに北条氏嫡流の得宗《とくそう》一族やその家臣である御内人《みうちびと》が自刃した。

鎌倉時代後半、大雨・大風・旱魃《かんばつ》といった天候不順が頻発し、凶作による飢饉が何度となく発生した。さらに疫病の流行がともなうと、深刻な社会不安が広がった。また、文永・弘安の役とつづいた蒙古襲来は、三度目の攻撃に備える必要性を意識させ、幕府は異国警固《けいご》番役《ばんやく》などを御家人《ごけにん》に課した。だが、蒙古襲来で奮戦した御家人は十分な恩賞をもらえないまま、いつ来るとも知れない外敵への備えに疲弊していった。これに対し、当時の幕府は得宗専制と呼ばれる政治体制で、得宗一族や御内人などの特権集団が権力を握っていた。没落した御家人の中には得宗家の被官《ひかん》（従者）になる者がいたりするなど、鎌倉幕府は当初の姿とは異なる実態となっていた。それゆえ、幕府の実権を掌握していた得宗一派、六波羅探題を務めていた北条氏一族、彼らの滅亡が鎌倉幕府の滅亡を意味したのである。

そもそも、鎌倉幕府の御家人は将軍と主従関係を結び、所領を保護してもらう代わりに勤めを果たしていた。いわゆる「御恩《ごおん》と奉公《ほうこう》」である。奉公の最たるものが合戦への従事であり、手柄を立てれば新たな所領を恩賞として与えられた。だが、蒙古襲来以降、将軍は十分な「御恩」を与えることができないにもかかわらず、御家人は変わらぬ「奉公」を求められるという状況になった。つまり、幕府の根幹である御家人制が本来の機能を果たせなくなっていたため、足利氏や新田氏といった御家人が鎌倉幕府を見限ったのである。すると、彼らが次の政権に求めるのは、「奉公」に見合った「御恩」を与えてくれる政策だったと言えるだろう。

東北の場合

東北における得宗専制の展開は、得宗家の所領（得宗領）の拡大が象徴している。それは、宝治合戦《ほうじかっせん》・霜月騒動《しもつきそうどう》のような中央の政変にともなう場合もあれば、得宗家との婚姻関係や被官化という要因もあった。こうした得宗領拡大と関わりがあると考えられているのが、東北各地に残る「時頼廻国伝説《ときよりかいこく》」である。実際に北条時頼がそれらの地を訪れたかは別として、得宗領ゆかりの地がほとんどであることから、得宗家の影響力の大きさを物語っている。したがって、現地において紛争が発生すれば、その解決を求められたのは得宗家だったが、ある事件の不始末が幕府に対する不満を高めることになった。それは鎌倉末期に勃発した蝦夷《えぞ》の蜂起である（詳細は『東北の中世史』第二巻参照）。

この事件は、蝦夷管領を実質的に担っていた安藤氏の内紛と相まって、幕府を揺るがす一大事に発展した。蝦夷管領とは、鎌倉幕府の重要な任務の一つである「東夷《とうい》成敗」を果たす立場で、「東夷成敗」とは、国家的流刑地だった夷島《えぞがしま》や蝦夷の人々との交易に関する任務だったと考えられている。安藤氏は津軽における得宗領の地頭代でもあり、得宗の代官として現地で「東夷成敗」を司っていた。

その安藤氏に内紛が生じ、対立する二人が幕府に訴えたさい、得宗専制下で専権をふるっていた内管領長崎高資《たかすけ》が双方から賄賂を取ったため、混乱を収めることができずに終わったという。安藤氏の内紛は蝦夷の人々の蜂起と連動して長引き、ついに幕府から追討使が派遣されたり、蒙古襲来以来とも言われる大規模な祈禱が行なわれたりした。だが、人々の目に映ったのは「東夷成敗」を果たせない幕府だった。

『沙汰未練書《さたみれんしょ》』（鎌倉幕府の法律書）には、「東夷成敗」と並び、六波羅探題の任務として「洛中警固」と「西国成敗」が記されている。「東夷成敗」はそれだけ重要な幕府の任務であり、幕府のトップが征夷大将軍という官職を帯びたのも意味があったのである。蝦夷蜂起に対する処置の不始末は、「東夷成敗」を果たせない征夷大将軍の姿を浮き彫りにしたとも言える。そういう意味でも、鎌倉幕府は末期的状態にあったのである。

2 建武の新政と東北

建武の新政のはじまり

元弘三年（一三三三）、流されていた隠岐《おき》を脱出した後醍醐天皇は、六波羅探題の滅亡を聞いて帰京の途につき、幕府も滅んだことを知り京都に入った。そして、「自分が行なう新しいやり方は未来の先例になる」（『梅松論《ばいしょうろん》』）という意気込みを持ちながら、強いリーダーシップの下で新たな政治を始めた。当時の中国、宋では皇帝中心の専制政治が行なわれており、武官よりも重んじられた文官の官僚が支配体制を支えていた。後醍醐はこれを理想とし、自らに権力を集中させる体制の構築を目指したとされている。

鎌倉幕府が行なっていた武士の所領安堵についても、後醍醐は自らの綸旨《りんじ》（天皇の命令書）で決定しようとした。だが、広範囲にわたる合戦を経た状況で、京都の天皇がすべてを裁くことは非現実的であり、綸旨を求める武士たちが京都に殺到したり、一つの所領に複数の者が安堵の綸旨を得るなど、かえって混乱を招いてしまった。そのため、中央や地方の統治機関を整備し、現実に即した対応をとるようになっていった。

所領問題の裁判を扱う機関として設置されたのが雑所決断所である。対象となる地域を分担する番編成をとり、職員には公家のほか旧幕府官僚も任用されていた。このほか記録所・武者所《むしゃどころ》・恩賞方などを置き、旧来の太政官制とともに中央政府の機関とした。人事に関しては後醍醐が一手に握り、摂政・関白も廃して天皇親政の体制を整えた。

いっぽう、地方には国司と守護を併置した。大まかに言えば、国司は公家で守護は武士だったが、中には、足利氏が武蔵、新田氏が越後、楠木氏が摂津と河内、名和氏が伯耆の国司になるなど、倒幕に功のあった武士が国司に任命された例もある。このうち足利・新田・楠木の各氏は守護も兼任していた。これに対し、東北は、陸奥・出羽ともに、鎌倉幕府による守護設置がなく、建武の新政においても、他の地域とは異なる統治体制をとることになった。

図1-1　北畠顕家（霊山神社所蔵）

陸奥守北畠顕家

元弘三年（一三三三）八月五日、陸奥守に北畠顕家《きたばたけあきいえ》が任命された。顕家は『神皇正統記《じんのうしょうとうき》』の著者北畠親房《ちかふさ》の子息で、当時一六歳、参議・近衛中将・弾正大弼《だんじょうだいひつ》の官職を帯びる公《く》卿《ぎょう》だった。公卿で若年の顕家が陸奥守に任じられたのは、東北へ足利尊氏が勢力拡大を進めるのに対抗するため、護良《もりよし》親王と親房が講じた策だという。

これより先、後醍醐は、六月五日に尊氏を鎮守府将軍に、ついで十三日に護良を征夷大将軍に任命していた。尊氏は、鎮守府将軍の地位を梃子《てこ》として、陸奥国外ヶ浜《そとがはま》・糠部《ぬかのぶ》（青森県）の旧北条氏領を手に入れるなど、奥州に勢力を拡大しようとした。彼は武蔵守兼武蔵守護として、新田義貞と東国における主導権争いを繰り広げるとともに、東国から東北へ至る勢力圏の形成を目指していたのである。

この状況に危惧を抱いた護良は、「東国の武士の多くは東北にも所領を持って力があったので、彼らを足利方から切り離そうとして」（『保暦間記《ほうりやくかんき》』）、岳父の親房と図り陸奥守顕家を実現したのだという。ところが、その護良は十月に謀叛の疑いで失脚してしまい、尊氏の存在感はさらに増していった。そうした中、顕家は、後醍醐の皇子義良《のりよし》親王を奉じ、奥州の統治を委任するという後醍醐の仰せを受け、同じ十月に陸奥へ下向した。

義良や顕家が下向するにあたり、後醍醐は、奥州の有力国人に対し、命に従い忠節を尽くすよう求める文書を出している。たとえば、南奥州の有力国人結城宗広《むねひろ》は、「顕家が陸奥守として赴任したら無二の忠節を尽くし、義良が下向したら顕家の下知に従うように。その身は遠方にあっても近習《きんじゆう》にかわりなく、諸郡奉行については従来通りに沙汰《さた》するように」（「白河集古苑《しゆうこえん》所蔵白河結城文書」）という内容の文書を受け取った。加えて、顕家もまた、後醍醐の命を受けた文書を作成し、留守氏の手を経て結城氏に届けた。留守氏は鎌倉時代に陸奥国留守職《るすしき》を務めた一族であり、結城氏は関東から東北への玄関口に位置する白河（福島県）を本拠としていた。彼らのような奥州の有力国人をおさえることで、顕家による統治をスムーズに進めようとしたのである。

陸奥（多賀）国府体制

陸奥へ下向し多賀国府（宮城県多賀城市）に着いた北畠顕家は、直ちに統治のための職制と人員を定めた。『建武年間記』（建武政権の発布した諸法令や二条河原落書《らくしょ》などを収める史料）によれば、式評定衆《しきひょうじょうしゅう》・引付《ひきつけ》・諸奉行（政所《まんどころ》執事・評定奉行・寺社奉行・安堵《あんど》奉行・侍所《さむらいどころ》）が置かれ、式評定衆は八名、引付は三番編成で合計二一名、諸奉行はそれぞれ一～二名の者たちが任じられたという。

このうち式評定衆は、北畠一門である冷泉家房等の貴族、結城宗広・親朝《ちかとも》や伊達《だて》行朝《ゆきとも》の奥州有力国人、二《に》階堂《かいどう》行朝《ゆきとも》・顕行《あきゆき》という旧鎌倉幕府官僚から構成され、奥州統治の首脳部となった。引付や諸奉行の顔触れは、奥州の国人・東国の武士・旧幕府官僚層であるが、東北に所領を持つなど、東北と何らかの関わりがあった者たちだと見られている。義良親王を戴き、顕家が実権を握り、評定衆以下の統治機構を有するこの体制は、あたかも親王将軍下の鎌倉幕府を彷彿とさせる。

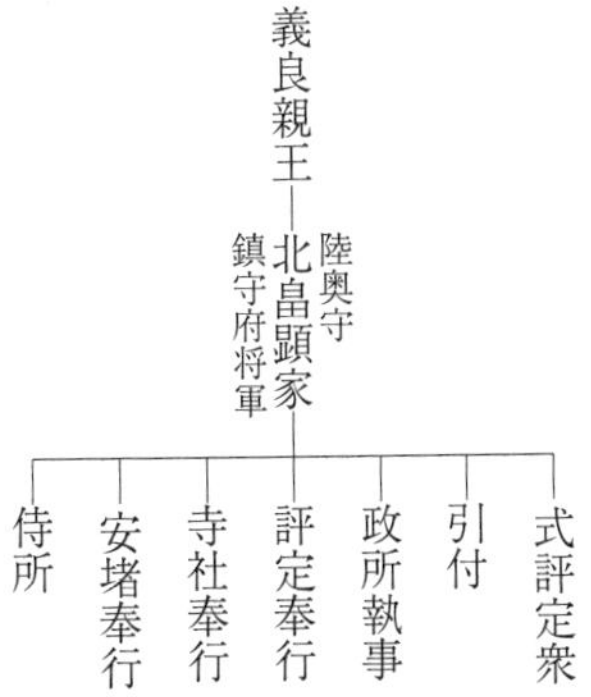

図 1-2　陸奥（多賀）国府機構図

国府からの命令を現地で執行するために設けられたのが郡奉行所だった。郡奉行所は多くが郡奉行と郡検断《けんだん》から成り、郡検断は軍事警察権担当官として郡奉行を補佐する役割を担っていた。中には数郡におよぶ一定地域の郡検断を命じられた例があり、鎌倉幕府滅亡後、なお旧北条氏勢力の抵抗がつづく事態に対処するための方策だったと見られる。たとえば、南奥州の相馬重胤《しげたね》は、行方《なめかた》郡（福島県）の郡奉行とともに、伊具《いぐ》・亘理《わたり》・宇多《うだ》・行方の諸郡と金原保《かなはらのほ》（宮城～福島県）の郡検断を務めるよう、顕家の命を受けている。ただし、郡検断については、武石《たけし》胤顕《たねあき》とともに沙汰するように命じられており、こちらは複数の人物によって担われていたことがわかる。

また、郡奉行所の設置は、尊氏勢力に対抗して国府の求心力を高めるためという側面もあった。というのは、尊氏が東北で郡地頭職を得た地域にも郡奉行所が設けられており、その地に国府が奉行を送り込んだり、あるいは現地の足利方代官を取り込んだりしていたのである。さらに、領主個々が国府へ直接訴えることを禁じ、かならず郡奉行を通させることによって、現地における郡奉行の役割を高めていた。

以上のような体制を構築し、顕家は奥州の統治にあたった。そのさい、旧得宗領で地頭代として領主だった者でも、国府に反抗しない限り、当知行安堵《とうちぎょうあんど》（実際に知行している状態を認定すること）を認めるという措置をとった。前述した旧幕府官僚層の登用もあわせて考えると、足利尊氏が東北への勢力拡大をねらう中、旧北条氏勢力の抵抗を少しでも和らげ、顕家による統治をいち早く浸透させようとしたねらいを読み取ることができる。

出羽守兼秋田城介葉室光顕

いっぽうの出羽国には、元弘三年（一三三三）八月十五日に出羽守兼秋田城介《あきたじょうのすけ》に任じられた葉室光顕《はむろみつあき》が下向した。葉室氏は、院政期以来、弁官を輩出する実務貴族の家で、光顕自身も弁官を経て公卿に昇進した。弁官は、朝廷において、政務の遂行・文書の作成・行事の差配などにあたる官職で、政権を実務の面から支える役割を担っていた。光顕もまた、建武の新政以前より、後醍醐天皇の命令を伝える綸旨《りんじ》の奉者《ほうじゃ》（主人の命を受けて文書を作成する人物）を務めており、後醍醐の信頼を得ていたことがうかがえる。実は、前年の二月、光顕は元弘の変に関わったとして六波羅探題に捕らえられ、同年六月、出羽国へ配流となった。光顕が出羽守に抜擢されたのは、このことが関わっていたのかもしれない。

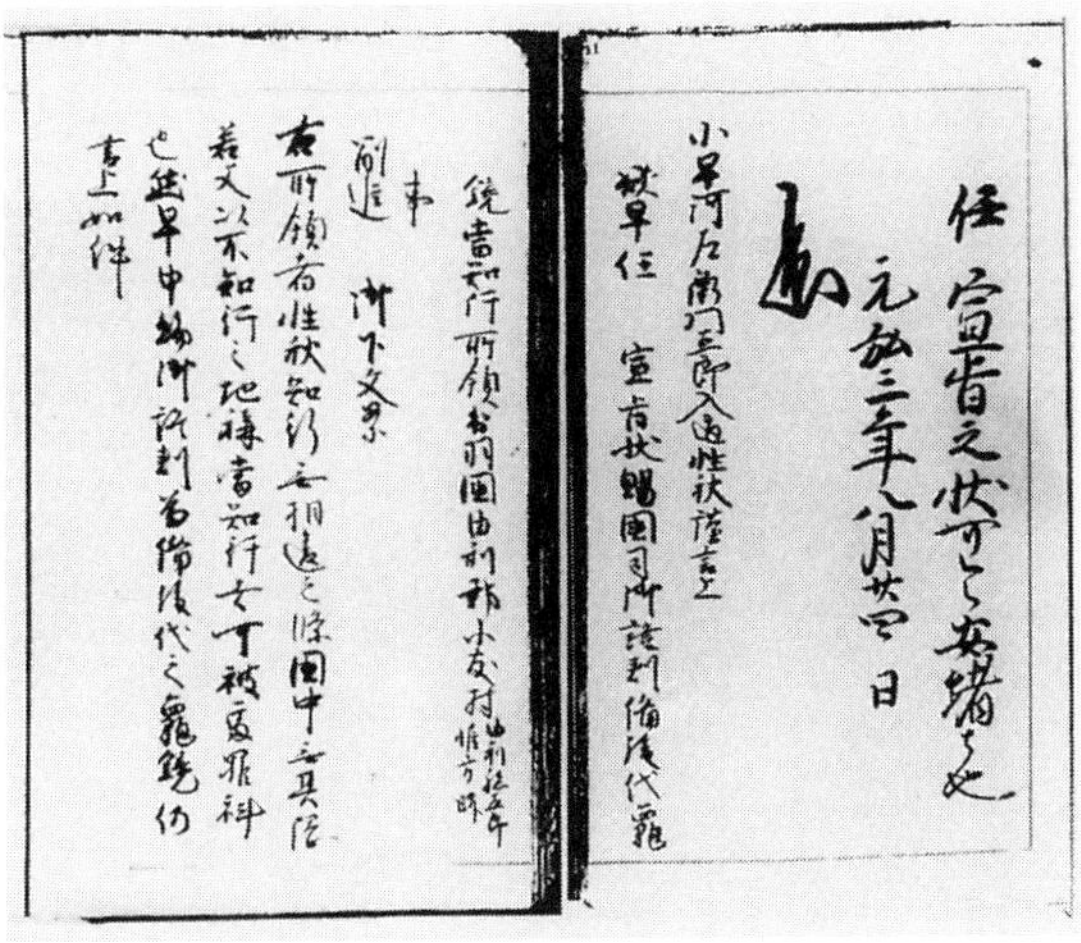

図 1-3　葉室光顕が署判した文書．冒頭の 2 行と花押が光顕の記した箇所である（小早川家文書，東京大学史料編纂所架蔵影写本）

　出羽守に就任すると、光顕は由利郡小《お》友《とも》村（秋田県由利本荘市）の知行《ちぎょう》を小早河性秋《こばやかわせいしゅう》（宗《むね》平《ひら》）に安堵した文書（「小早川家文書」）を作成している。その経緯を見ると、まず、元弘三年七月、官宣旨《かんせんじ》（弁官局から下される公文書）が出羽国宛に出され、北条高時に味方した朝敵以外の者たちが現在知行している所領を安堵する、という後醍醐の命令が発布された。これを受け、小友村の知行を安堵してもらうとともに、後々のために証文を求める言上状《ごんじょうじょう》（上申書）を性秋が提出した。その言上状に小友村の知行を安堵する旨を記し、八月二十四日付で署判したのが光顕だった（図1-3）。このように、光顕は出羽守として建武政権の地方統治を担っていたのである。

光顕が出羽に下向したのは元弘三年十一月以降と見られている。翌建武元年（一三三四）二月には、小鹿島《おがしま》（秋田県男鹿市）と秋田城（秋田県秋田市）を拠点に津軽へ攻め入ろうとする「朝敵余党人」（「遠野南部文書」）の噂があるなど、当時の北東北は緊迫した状況だった。建武元年はあちこちで旧北条氏勢による挙兵があった年である。具体的には、三月には鎌倉が襲われ、十月には紀伊国で蜂起があり、十一月には津軽で「時如《ときゆき》・高景《たかかげ》以下」の軍勢が投降したという記録（「関城書裏書（元弘日記裏書）」）が残されている。ここに登場する「時如・高景」は北条時如・安達高景で、彼らが「朝敵余党人」だとすれば、旧北条氏勢力が北東北で抵抗をつづけていたことになる。

光顕が兼務した秋田城介は、元来陸奥の鎮守府将軍に対応する出羽秋田城の官職で、鎌倉時代には安達氏が世襲していた。北東北における旧北条氏勢の抵抗、その中に安達氏が含まれていた事実、こうした状況が光顕に秋田城介を兼務させることになり、後醍醐が彼に事態の収拾を期待したという見方が成り立つだろう。

しかしながら、出羽においては陸奥（多賀）国府体制のような統治機構は確認できない。円覚寺領だった北寒河江荘《きたさがえのしょう》（山形県寒河江市）の五つの郷について、地頭職《じとうしき》の安堵をめぐる訴訟の経緯を追うと、京都の雑訴決断所が出した裁許をもとに、光顕が出羽守として裁断を下したことがうかがえるという（『山形県史』）。光顕による出羽統治は、中央政府の意向に従い、所領安堵などの個別政策を執行するにとどまっていたのである。

3　建武政権の崩壊と陸奥将軍府

足利尊氏の離反

自らに権力を集中させる後醍醐天皇のやり方は、諸問題に対応しきれず混乱が広がる結果を招き、世の中の不満を集めるようになった。京都の人々が当時の社会を風刺した「二条河原落書《らくしょ》」は、後醍醐の里内裏《さとだいり》だった二条富小路殿《とみのこうじどの》に近い二条河原に掲げられていた。後醍醐に対する目がいかに厳しかったかを物語る。

混乱は地方における旧北条氏勢による挙兵を生じさせ、さらには後醍醐膝下の貴族が反旗を翻《ひるがえ》す事態におよんだ。旧北条氏勢による挙兵は、建武元年（一三三四）、前述した津軽・関東・紀伊のほか越後や九州でも発生し、翌年には長門・伊予にも飛び火していった。これらの反乱は大事に至らず鎮圧されたが、建武二年（一三三五）六月、西園寺公宗《きんむね》による反乱計画が露見した。

西園寺氏は、鎌倉時代の朝廷において権力をふるった一族で、幕府との取り次ぎを務める関東申次《もうしつぎ》であったことから、北条氏との結びつきが強かった。そのため公宗は後醍醐より冷遇されており、持明院《じみょういん》統の後伏見院を奉じて後醍醐を暗殺し、建武政権を崩壊させようと計画した。しかも、この計画は後醍醐暗殺にとどまらず、公宗がかくまっていた北条高時の弟時興《ときおき》（泰家）、信濃に潜んでいた高時の子息時行《ときゆき》、そして北陸にいた北条一族の名越時兼《なごえときかね》らと連携し、一斉に挙兵しようとする大規模なものだった。だが、この陰謀は公宗の弟公重《きんしげ》が密告したため未遂に終わり、首謀者の公宗は流罪となった。

これで一件落着したかに見えたが、翌七月、信濃の北条時行が挙兵した。時行の軍勢は小笠原氏（信濃守護）や足利氏らの軍勢を撃破し、ついに鎌倉を奪取した。いわゆる中先代《なかせんだい》の乱である。このとき鎌倉には後醍醐の皇子成良親王《なりよししんのう》と足利直義《ただよし》がおり、東国の統治を担っていたが、時行勢に鎌倉を追われ西へ敗走した。直義は三河にとどまり反転攻勢をうかがいながら、成良を京都に返して援軍を求めた。この報に接した足利尊氏は、時行追討のため征夷大将軍・惣追捕使《そうついぶし》に自分を任命するよう後醍醐に願い出た。だが、後醍醐はこれを拒否し、鎌倉から戻った成良にその地位を与えた。八月、ついに尊氏は後醍醐の許可なく軍勢を率いて鎌倉へ向かい、直義と合流して時行勢を攻め鎌倉を奪還することに成功した。

これを受け、後醍醐は尊氏を従二位《じゅにい》に上げ、直ちに上洛するよう命じたが、尊氏はこれを無視し、独断で配下の武士たちに恩賞を与えるという行為をつづけた。このとき尊氏は征夷大将軍を自称し、十月には鎌倉の旧将軍邸に新居を構えるなど、新たな武家の棟梁としての振る舞いをしていた。ここに尊氏は建武政権に対する離反を明らかにしたのである。

陸奥将軍府

足利尊氏の離反は東北の政情にも影響をおよぼした。たとえば、南奥州では、結城・石河・伊東安積《いとうあさか》氏等の間に、尊氏離反に呼応する者が現れ、北畠顕家はその鎮圧にあたることになった。このとき、結城宗広・親朝父子は、顕家の慰留を振り切って多賀国府を去り、本拠地の白河に腰を据えて郡検断・奉行職を求めたという。これに対し、「白河・高野・岩瀬・安積郡、石河・田村庄、依上・小野保等検断事」を親朝が奉行するよう命じる国宣《こくせん》（国府からの命令書）が十月に出された（「伊勢結城神社所蔵白河結城文書」）。白河に隣接する石河荘の蒲田氏には、八月に尊氏から知行を安堵する文書（「東京大学所蔵白川文書」）が下されており、結城父子にとってただならぬ状況を迎えていたことがわかる。また、尊氏は斯波家長を奥州総大将に任命し、東北の攻略に乗り出していた。その結果、多賀国府において式評定衆の重責を担っていた二階堂行朝《にかいどうゆきとも》を足利方へ引き抜くことに成功する。こうした情勢に直面し、顕家は国人たちの離反を防ぐ対策を迫られたのである。

そして、十一月、顕家は鎮守府将軍を兼任することになった。前に触れたように、建武政権成立後、鎮守府将軍に任じられたのは尊氏だったが、離反にともないすべての官職を剥奪された。それを機に、

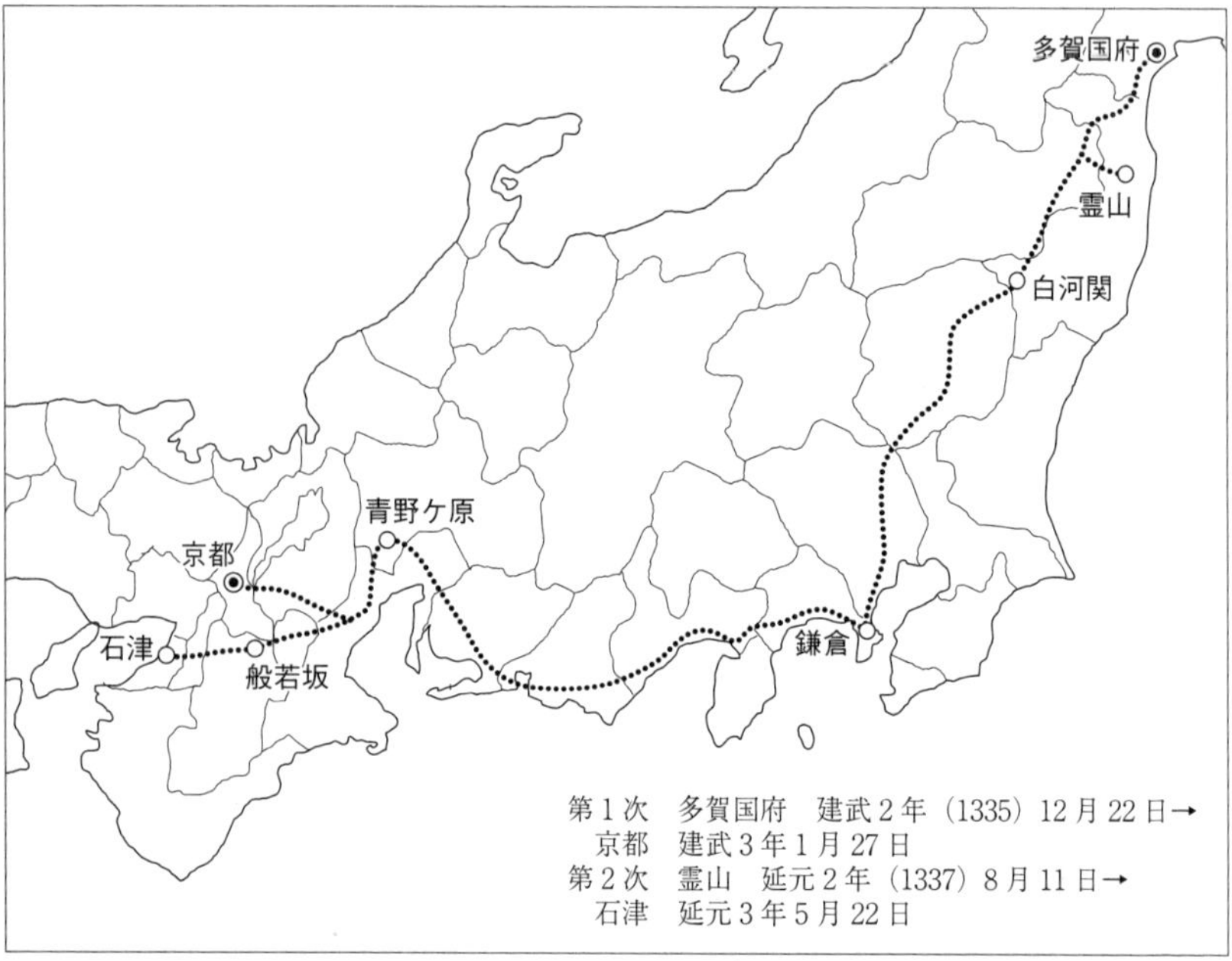

図1-4　北畠顕家の2度の遠征経路（渡辺信夫責任編集『図説宮城県の歴史』より）

顕家は陸奥守に加え鎮守府将軍の地位を得、将軍としての姿を見せるようになる。それは命令を下す文書にも反映し、陸奥守としての国宣のみならず、「鎮守府将軍家の仰せ」を伝える御教書《みぎょうしょ》（主人の仰せを臣下が伝える文書）も残されている（「浅草文庫本古文書」）。前節で陸奥（多賀）国府体制が鎌倉幕府を彷彿《ほうふつ》とさせると述べたが、顕家が鎮守府将軍となることによって、奥州の武士を糾合する求心力をさらに高めようとしたに違いない。また、尊氏が鎮守府将軍として手にしていた権限や配下となった奥州の勢力を掌握しようとしたことも疑いなかろう。

顕家が鎮守府将軍に就いた同じ月、足利方を追討するため、後醍醐天皇は尊良《たかよし》親王・新田義貞率いる追討軍を派遣した。ところが、翌十二月、義貞勢は箱根・竹之下《たけのした》の戦いで尊氏勢に敗れ、京都へ逃れ帰ることになった。それを追って攻め上る尊氏勢に対し、後醍醐は顕家に出陣を命じ、京都を守る後醍醐勢との挟み撃ちをねらった。これを受け、義良親王を奉じた顕家は、十二月に東北の軍勢を率いて多賀国府を発った。顕家の下には結城・伊達・葛西・南部・工藤等の諸氏が馳せ参じ、年が明け延元元年（建武三〈一三三六〉）一月末、京都を奪取していた尊氏勢を破り、尊氏を西へ敗走させることに成功した。

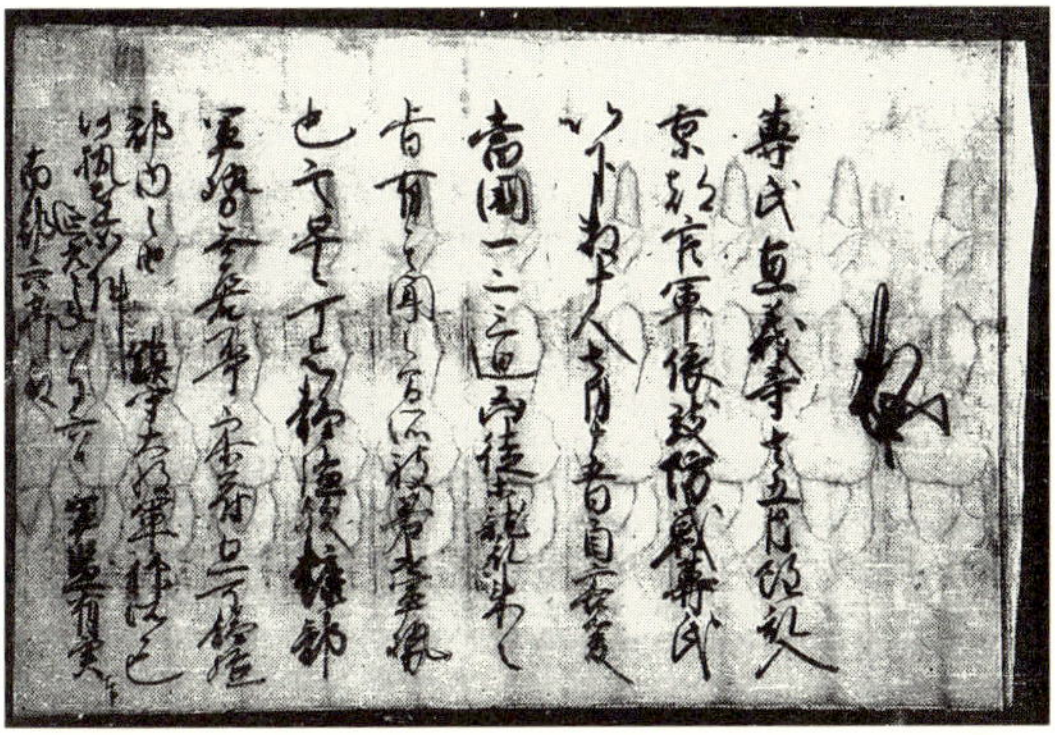

図1-5　北畠顕家御教書（「遠野南部文書」，『青森県史資料編中世1』より転載．本文8行目に「鎮守大将軍」の文言が見える）

この功績を認められた顕家は、三月に鎮守《ちんじゅ》大将軍の称号を与えられ、陸奥・出羽・常陸・下野四ヵ国の軍事指揮権を任されることになった。これ以後に下された御教書の文言を見ると、「鎮守大将軍の仰せ」を伝えるという記述に変わっている（「遠野南部文書」等）。鎮守大将軍は正式な官職とは言えないが、文書に「大将軍」の称を明記することによって、自らの権威の上昇を示し、管国の国人たちに対する求心力を保持しようとしたものと理解できる。あわせて、義良親王が元服して陸奥太守となり、陸奥・出羽両国が管国とされた。ここに東北は陸奥将軍府が奥羽一体として統治する体制となった。

これには出羽の状況が関わっていた。前節で見たように、出羽には陸奥のような統治機構は確認できず、出羽守葉室光顕が中央政府の意向に従って政務処理にあたっていた。それは現地における光顕の権力基盤の弱さを物語っており、建武政権に対する尊氏の離反が光顕の立場を揺るがしたことは想像に難くない。加えて、旧北条氏勢の挙兵に対応しなければならない情勢だったことも前述したとおりである。そうした中、光顕は出羽において壮絶な最期を遂げることになった。

それを記す史料はわずかで、「建武二年冬、出羽国において斬首《ざんしゅ》」（『尊卑分脈《そんぴぶんみゃく》』）、「延元元年五月二十一日、任国において誅《ちゅう》された」（『公卿補任《くぎょうぶにん》』）の二つのみである。両者で時期は異なるが、前者であれば、足利方が東北の攻略に乗り出した後、それに呼応する出羽の勢力によって斬首されたことになり、後者であれば、顕家によって西へ敗走させられた尊氏が再起に成功し、湊川《みなとがわ》の戦いに臨もうとしている頃、出羽の足利方によって誅されたことになるだろう。いずれにせよ、後醍醐方としては、出羽に対し早急に手を打たなければならない状況であった。

出羽が陸奥将軍府によって治められた例を挙げてみよう。延元元年九月二日、中尊寺領の出羽国秋田郡雄友《おとも》村（小友村、秋田県秋田市）など四ヵ村と女法寺など三つの寺を中尊寺衆徒《しゅと》に安堵するとともに、これらの地の検注（土地調査）を行なうよう命じた陸奥国宣《こくせん》（「陸前中目文書」）がある。宛先は小野寺・平賀両氏で、彼らは出羽仙北《せんぼく》の国人である。つまり、陸奥国府が、出羽国秋田郡内の所領について、出羽仙北地方の国人たちに執行を命じているのである。また、差し出しは「鎮守軍監有実《ちんじゅぐんげんありざね》」という人物で、鎮守府官職を肩書にしていることから、国府が下す国宣ではあるが鎮守大将軍を前面に押し出した顕家の姿勢を示していると言えよう。

奥州総大将 斯波家長

北条時行を討ち鎌倉で独自の行動をとっていた足利尊氏は、東北の攻略を目指して奥州総大将を設置した。任じられたのは斯波家長で、建武二年（一三三五）八月のことである。家長は奥州の足利氏所領管轄を務めており、東北における足利方の勢力拡大を担うにふさわしい人物である。尊氏は十二月に箱根・竹之下の戦いで後醍醐方の追討軍を破り、京都を目指して鎌倉を離れたが、鎌倉には嫡子義詮《よしあきら》を残し、その補佐役として家長を関東執事に任命した。家長は義詮を支えて東国を守りながら、東北の国人へ触手を伸ばしていった。

まず、前述したように、北畠顕家の下で式評定衆の重責を担っていた二階堂行朝を引き抜くことに成功する。足利方についた行朝は政所執事に抜擢されたほか、後に安堵方頭人《とうにん》や引付方頭人等にも任じられ、幕府の吏僚として幅広く活躍する。こうした動きは他の国人にも影響を与え、顕家の京都遠征に従軍していた留守氏一族の余目家任《あまるめいえとう》は、顕家が帰路につく一ヵ月前に、三河国で足利方に鞍替《くらが》えしたという。その後、家長の後継者石塔義房《いしどうよしふさ》もあわせ、足利方は、陸奥将軍府の安威資脩《あいすけなが》や斎藤五郎ら、東北各地の国人たちを味方につけながら、北畠方を弱体化させていく。

さらに、尊氏が北朝を擁立すると、建武四年（延元二〈一三三七〉）に家長が北朝より陸奥守に任命される。これにより顕家の陸奥守解官《げかん》をアピールし、家長の奥州統治を正当化させようとしたのである。しかし、家長は鎌倉にいて奥州に赴任したわけでなく、室町幕府が地方制度を守護においたように、建武政権による国司制度を形骸化するのがねらいだったという指摘（遠藤、一九七八）がある。換言すると、足利方は奥州総大将を東北統治の基幹にしようとした、という見方である。

ただし、奥州総大将は軍事指揮権を権限の中核とする役職である。国人たちに対する働きかけは、個々の武士団はもとより、顕家が整備した郡検断を取り込むという手段をとっていた。こうして家長は、相馬・石川・佐原・浅利・安藤といった諸氏を味方につけ、また従兄弟の斯波兼頼《かねより》や佐竹一族の中賀野義長《なかがのよしなが》を派遣するなどして、東北における足利方の勢力拡大に努めていった。

国人たちの去就

足利方が早くに勢力拡大を進めた地域は北奥州だった。足利尊氏は外ヶ浜《そとがはま》・糠部《ぬかのぶ》（青森県）の旧北条氏領を手に入れるとともに、鎌倉幕府の「東夷成敗」を現地で司っていた安藤氏を掌握しようとした。いっぽう、北畠顕家もまた、安藤高季《たかすえ》に津軽平賀郡（青森県）内の所領を新恩給与したり、同人に鼻和《はなわ》郡・糠部郡・西浜等（青森県）の地頭職《じとうしき》を安堵するなど、安藤氏に対する働きかけを怠らなかった。これに対し、安藤氏はしたたかな行動をとっていたようで、たとえば外ヶ浜の現地支配を強化しようとする安藤家季は、「足利方へは国府方より預かっていると申し、国府方へは足利方より預かっていると主張し」（「遠野南部文書」）、自己の立場を守ろうとした。そうした中、安藤氏嫡流は、尊氏の離反後、足利方につくこととなり、家季が斯波家長によって検断奉行に抜擢された。その後、家長没後の奥州総大将石堂義房《いしどうよしふさ》により、同職には師季《もろすえ》（高季が改名）が登用された。しかし、安藤一族の中には北畠方についた者もおり、延元四年（暦応二〈一三三九〉）六月に勃発した尻引楯での合戦に現れる安藤四郎がその例である。南北朝の争いが繰り広げられる中、安藤氏は二つに分裂していた様子がうかがえる。

安藤氏が本拠としていた津軽には、この頃南部氏の進出が目立つようになる。顕家より糠部郡の国代とされた南部師行《もろゆき》は、居城である根城《ねじょう》築城に取りかかりながら、北畠方の中心的存在として幅広い活動を展開した。建武元年（一三三四）六月に師行の下に届いた顕家の御教書（「遠野南部文書」）には、津軽の情勢や安藤氏の様子、敵方の誘引を命じる策など、詳細な内容が記されている。同年末には旧北条氏勢による津軽の不穏さは解消し、翌年三月、師行は外ヶ浜内の所領を獲得することになった。

その後も南部氏は一貫して顕家を支えていった。建武二年（一三三五）末からの第一次足利方追討遠征においては、師行が陸奥将軍府に入って国府の守りにあたり、弟政長が根城に残って北東北ににらみをきかせ、政長の嫡子信政が顕家の軍勢に加わったという。さらに師行は延元二年（建武四〈一三三七〉）の第二次足利方追討遠征にも参加し、糠部の軍勢を率いて顕家に従い上洛を目指したが、翌年五月、和泉国石津《いしづ》（大阪府堺市）の戦いにおいて、顕家とともに討死した。師行没後は政長が後を継ぎ、その子信政、さらに信光と続く南部氏は、衰退する南朝方にあって重要な役割を果たしていった。

南部氏同様、北畠方の中心となっていたのが結城氏や伊達氏である。陸奥国府の式評定衆・引付には結城宗広・親朝、伊達行朝らが名を連ねており、彼らは第一次足利方追討遠征に参加し足利方を撃破した。このとき宗広は後醍醐天皇に召され、「宗広は公家の御宝であり京都に留め置きたいが、奥州になくてはならない者なので下向させる」との勅語《ちょくご》を賜り、関東で有名な鬼丸《おにまる》という太刀を授かったという（「白河集古苑所蔵白河結城文書」）。宗広と行朝は第二次足利方追討遠征にも加わったが敗れ、再起を図って伊勢から海路で奥州へ向かったものの暴風に遭い、宗広の乗った船は伊勢へ戻され、行朝は北畠親房とともに常陸に上陸した。宗広は伊勢で最期を迎えることになる。

第二次足利方追討遠征のさい、親朝は奥州に残り足利方との争いに備えていた。遠征中の顕家からは、奥州の治安維持に努めるよう、親朝に書状が出されている。常陸に上陸した親房は小田城（茨城県つくば市）に拠り、顕家敗死後の再起を目指し、奥州にいる親朝に書状を再三送って味方につなぎ止めようとした。だが、東北における足利方の攻勢が顕著となり、暦応四年（興国二〈一三四一〉）には尊氏の御教書が親朝に届く。こうした情勢を受け、康永二年（興国四〈一三四三〉）、ついに親朝は足利方となるに至った。顕家の敗死と結城氏の離脱は、北畠方にとって大きな痛手となった。

図 1-6　霊山（福島県伊達市提供）

④ 南北朝内乱へ

北畠顕家敗死

第一次の遠征で足利方を西へ敗走させ、鎮守大将軍の称号を得た北畠顕家は、延元元年（建武三〈一三三六〉）三月に京都を発し奥州へ戻った。だが、奥州総大将による足利方の攻勢が東北の情勢を動かし、足利方につく国人が増えていった。陸奥将軍府の膝下でも、たとえば留守氏一族の余目家任が足利方につき、代々陸奥国府留守職《るすしき》を務めてきた留守氏の分裂という事態が起こっていた。こうした情勢を受け、翌年一月、顕家は義良親王とともに霊山《りょうぜん》（福島県伊達市）に本拠を移した。霊山は伊達行朝《ゆきとも》の本拠に近い標高八〇〇メートル余の要害で、以後足利方との攻防戦が繰り広げられることになる。

顕家の書状（「結城古文書写有造館本」）によれば、同年一月、霊山は足利方に取り囲まれ、足利方の氏家道誠の書状（「磐城相馬文書」）には、同じ月、相馬胤頼に対し軍勢を出すよう催促したことが記されている。その後、三月には河俣城《かわまた》（福島県川俣町）・小高城《おだか》（福島県相馬市）をめぐる戦いがあり、五月には足利方の中賀野義長が搦め手から霊山を攻めようとし、標葉郡・行方郡（福島県）で北畠方との合戦が起こった。この間、結城宗広が霊山の救援に訪れ、それが後醍醐天皇の耳にも届いている。

このように足利方の攻勢に直面していた顕家に対し、後醍醐より再上洛の命が下った。顕家によって敗走させられた足利尊氏は九州より攻勢に転じ、建武三年（延元元〈一三三六〉）五月の湊川の戦いに勝利し、八月に光明天皇を擁立した。十一月には「建武式目《けんむしきもく》」を発表し、新たな武家政権の樹立を宣言した。上洛した尊氏に幽閉された後醍醐は十二月に吉野へ逃れ、自らの正統性を主張して足利方の追討を訴えた。後醍醐は第一次足利方追討遠征に成功した顕家を頼みの綱とし、ふたたびの出陣を命じたのである。だが、東北の情勢が顕家の再上洛を阻んでいた。

再三の上洛要請に顕家が応えたのは、延元二年（建武四〈一三三七〉）八月のことだった。十二月には鎌倉を守る斯波家長を破ったが、ここまで四ヵ月半かかったのは、東国の足利方が強かったことを示している。年が明けて鎌倉を発った顕家勢は、一月、美濃国青野原《あおのがはら》（岐阜県大垣市）において高師冬《こうのもろふゆ》率いる足利勢と激突した。ちなみに、青野原はのちに関ヶ原と呼ばれる場所である。この戦いは顕家勢が勝利を収めた。

勝った顕家は伊勢に軍勢を進め、奈良方面から京都へ向かおうとしたが、奈良で足利方に敗れ、河内に逃れていった。ここで態勢を立て直した顕家はふたたび京都を目指したのだが、五月、和泉国石津（大阪府堺市）の戦いに敗れ、武蔵国出身の越生《おごせ》四郎左衛門尉に討たれたという。二一歳の若さだった。このとき顕家に従った多くの東北の国人たちも討死した。

顕家の敗死後、結城宗広の意見により、顕家の弟顕信が陸奥守兼鎮守大将軍となり、義良親王を奉じて奥州に向かうことになった。延元三年（暦応元〈一三三八〉）九月、顕信は父親房・義良・宗広・伊達行朝らとともに船で伊勢を出発したが、前述のように暴風に遭ってたどり着けず、義良・顕信・宗広は伊勢に漂着し、親房・行朝は常陸にたどり着いた。顕信が東北で活動し始めるのは数年後で、南部・葛西両氏を頼って北から多賀国府に軍勢を向けるなど、足利方に奪われた国府を取り戻そうと奮戦する。しかし、足利方の奥州総大将石堂義房の活躍は目覚ましく、北畠方の劣勢は否めなかった。

奥州総大将石堂義房

北畠顕家による第二次足利方追討遠征のさい、鎌倉を守っていた斯波家長は顕家勢に敗れ討死した。その後を受けて奥州総大将に任命されたのが石堂義房である。義房は駿河・伊豆守護だったが、奥州総大将専任となって東北に入部し、幕府の後押しを受けて東北における足利方勢力の拡大を進めた。この点、関東執事を兼ねていた前任者の家長とは異なる。その分、東北に集中した義房の活動は精力的なものとなった。

義房は、国人に対し、積極的に郡検断奉行職《しき》を与え、管轄する郡における軍事警察権の行使を認めていった。相馬氏を例にとると、親胤は早くから義房に従い、本領である行方郡（福島県）をはじめ亘理郡（宮城県）から菊田荘（福島県）におよぶ地域の検断奉行職を与えられた。そして、軍勢催促・統率、軍忠注進（合戦における戦功や働きを上申すること）・軍忠状証判（軍忠を記した文書に戦功を証明する文言と花押を記すこと）、それに管轄する郡における関所の警固、使節遵《じゅんぎょう》行などの権限を認められたという。

使節遵行といえば守護の職権だが、康永二年（興国四〈一三四三〉）に義房の子息義元が親胤に宛てた文書（「磐城相馬文書」）では、謀叛人・殺害人・夜討・強盗・山賊・海賊の取締りを命じており、ここにも守護職権に相当する権限が記されている。また、暦応四年（興国二〈一三四一〉）の岡本隆広軍忠状（「秋田藩家蔵文書十　岡本又太郎元朝家蔵文書」）を見ると、親胤を指して「当郡守護相馬出羽権守」と呼び、隆広自身の戦功を証明する人物として挙げている。ちなみに、この軍忠状には奥州総大将義房自身が証判している。このように、郡検断奉行職とは、他国における守護に相当する職権を有していたのである。

そうした権限を付与する立場にあった義房は、顕家が去った後の多賀国府に入っていた。これに対し、興国三年（康永元〈一三四二〉）、南部氏・葛西氏を味方にする北畠顕信の軍勢が国府に迫ってきた。これより先、南奥州では結城氏・伊達氏のほか、伊具・宇多（宮城・福島県）方面の五辻顕尚《いつつじあきひさ》、菊田・岩城（福島県）方面の広橋経泰《つねやす》、仙道・会津（福島県）方面の多田貞綱《さだつな》等が控え、南出羽（山形県）には中院具信《なかのいんとものぶ》を置き、北畠方が運命を賭した巻き返しを図っていた。危機感を持った義房は各所に参陣を呼びかけ、三迫《さんのはさま》（宮城県栗原市）で北から来る顕信勢を迎え撃つことになった。この衝突は関東における南朝方の敗北が波及し、結局義房勢の勝利で幕を閉じた。結城・伊達の両氏が足利方に鞍替えしたのは、それから数ヵ月後のことだった。

翌年、義房は軍事指揮権を子息義元に一任し、自らは東北統治に専念することになった。多賀国府を完全に掌握したことから、行政面においても義房の権力が確立されることになったのである。ここに奥州総大将石堂氏は、軍事指揮権を担う立場から一段上がり、東北統治を担う足利方の代表者として行動することになる。だが、強大な権力を持つに至った石堂父子は逆に幕府から警戒されるに至り、貞和元年（興国六〈一三四五〉）、突如として奥州総大将を解任された。それに代わり奥州管領が設けられ、翌年、吉良貞家・畠山国氏の両名が東北に赴いた。以降、東北の統治は奥州管領が担うことになる。二名による奥州管領制は室町幕府内の権力構造を反映しており、やがて観応の擾乱が勃発すると、東北においても足利方の内紛が展開されることになる。尊氏方・直義方・南朝方による三つ巴の争いは、東北の国人たちも巻き込んで、長きにわたる内乱の歴史を刻んでいくのであった。

コラム

安藤氏の系譜認識

若松啓文

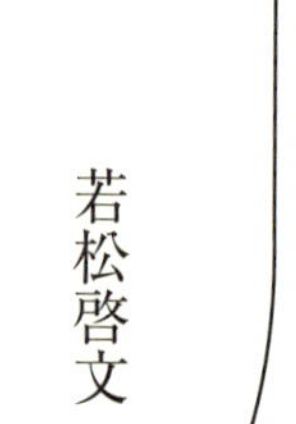

我が先祖は第六天魔《だいろくてんま》王《おう》なり——何とも特異な系譜を主張していたのが、陸奥国津軽《つがる》地方に本拠を置いた津軽安藤氏だった。なぜ津軽安藤氏はこうした系譜認識を持つにいたったのか。

津軽安藤氏は津軽地方に出自を持つ安倍姓安藤氏であるが、表記では常に「安東」か「安藤」かが問題とされる。鎌倉~室町時代は「安藤」、戦国時代末には「安東」と記す場合が多いが、いずれも厳格に用いられているわけではないので、ここでは便宜的に「安藤」に統一して表記する。

さて、津軽安藤氏の特異な系譜は、その末裔である近世大名三春秋田藩主秋田家には純粋なかたちでは伝わらず（「寛永諸家系図伝」秋田家系図・東北大学附属図書館「秋田家史料」秋田家系図）、松前藩主松前家の家臣として存続した下国《しものくに》氏の系譜「下国伊《い》駒《こま》安《あ》陪《べ》姓家《せいけ》之《の》記《き》録《ろく》」に詳述される。

「下国伊駒安陪姓家之記録」の主張する系譜は、そのはじまりを「欲界の六天」（この世のすべて）の最高位に住む第六天魔王の次男安日《あび》長髄《ながすね》に求め、神武天皇と大和の支配をめぐって戦うが敗れて生虜《いけどり》となり、「醜蠻《しゅうばん》」と名付けられて津軽外浜《つがるそとのはま》に遠流《おんる》となる。そして当地の安東浦《あんどううら》に住んだことから、以後代々「安東太」と称したとする。つづく安国《やすくに》・国東《くにはる》は内裏に参内する存在にまでなるが、次の長国《ながくに》は、安陪《あべ》（倍）仲丸《なかまる》の末裔である安陪（倍）頼時《よりとき》に同心し、上洛して朝廷を脅かそうとしていたので、源頼義《みなもとのよりよし》・義家《よしいえ》父子により追討されたとする。ここでいう安陪（倍）仲丸は唐に渡航するも殺害されたといい、その子息広庭《ひろにわ》が父の敵討ちを朝廷に願い出るものの勅許が降りず、天皇を恨みつつ陸奥国に下向し、出羽国金洗沢館《でわのくにかねあらいざわ》に立て籠もり、その末裔が頼時《よりとき》であるとする。つづく貞季《さだすえ》の時に姓を「安日《あび》」から「安陪《あべ》」に改め、「日下将軍外浜殿《ひのもとしょうぐんそとのはまどの》」と号し、次の盛季《もりすえ》は南部義政《なんぶよしまさ》に津軽十三湊《とさみなと》を攻められて夷島《えぞがしま》へ逃げ渡ったとする。ここまでが特徴的な祖先伝承として注目を集めている。

この系譜に登場する神・人物・出来事は系譜のために独自に創作されたものもあるが、系譜の内容自体は中世に『日本書紀』を組み替えていろいろな信仰の主張をくわえて創造された日本中世神話や、『曽我物語』『源平盛衰記』『神道集』などの諸書からの影響が大きく、民衆に流布した説話・語り物・縁起なども系譜の土壌にあったことが指摘されている。そして、このような祖先伝承は、一五世紀前半、津軽安藤氏の最盛期にあった安藤盛季のころに整えられたと考えられている。

「下国伊駒安陪姓家之記録」の特徴は系譜が二面性を持つことである。祖先が天皇・朝廷に反逆した敗者であり、怨恨を抱いて日本中枢から放逐された者に同調したと堂々と主張する。彼らは天皇・朝廷といった日本国の「正統」的存在からみれば、その対極にある「異端」的存在である。そのいっぽうで、内裏に参内して大納言に任官されたとも記し、天皇・朝廷にすりよって「異端」から「正統」に同化したようにも主張する。ここには「異端」と「正統」のどちらにも軸足を置く、複合的な系譜認識が見てとれる。

では、こうした系譜認識は、どのような歴史的背景から生み出されたのか。

一二世紀、日本国外扱いだった北緯三九度以北の地域は、津軽海峡までが日本国内に編入され、その北方の夷島《えぞがしま》は国境領域に位置づけられ、国家的流刑地にも設定された。これは夷島が国外（異国）であるけれども国外（異国）ではない地域とされたことを意味し、その支配にあたる者の実態は日本人でも異民族（蝦夷《えぞ》）こそがふさわしいと考えられた。その適任者が津軽に出自を持つ津軽安藤氏だったのであり、彼らの系譜が実際に蝦夷につながるかどうかは重要ではなく、系譜上、蝦夷の末裔だと認められる程度の存在であればよいという、中央政権側の政策があったと考えられている。

津軽安藤氏が室町時代に「日の本将軍」と称したのも、中世日本の東方＝（現代では北方）「日の本」世界（エゾ世界）を実際に支配する責任者であったことに起因しており、官職として「日の本将軍」が存在したわけではない。津軽安藤氏はこの「日の本将軍」号を自身の地位を訴える絶好の呼称として政治的に強調し、系譜にも色濃く刻み込んでいる。

津軽安藤氏の系譜認識は、日本国と「日の本」世界の両属性をもつ境界権力として抜擢され、その支配を体現した存在だからこそ持ち得たものである。そして津軽安藤氏が蝦夷に連なる「異端」でありながら、中央政権に忠勤を励み「正統」に従順でもあるという二面性を強く自覚し、そのどちらも主張する必要性から生み出されたものだったのである。

二　東北の南北朝内乱と奥州管領

江田郁夫

1 奥州管領の成立

南北朝内乱のはじまり

本章があつかう南北朝内乱とは、一四世紀に起こった戦乱をさし、日本全国をおよそ六〇年間にわたって戦火に巻き込んだ。この内乱は、以下のような諸段階に区分することができる。（一）鎌倉幕府倒幕の最大の功労者足利尊氏の建武政権離脱にともなう南北両朝の分裂・抗争のなかで室町幕府（北朝）の優位が確定する、（二）室町幕府の分裂（観応《かんのう》の擾乱《じょうらん》）に南朝が加わった三つどもえの抗争が大内・山名氏らの幕府帰服によって沈静化する、（三）三代将軍足利義満のもとで南朝方の抵抗がほぼ終息し両朝が合体する、の三段階である。

このうち、（一）については前章で詳述されているので、本章ではおもに（二）（三）の時期の東北地方の内乱状況について、幕府の出先機関として東北支配にあたった奥州管領《おうしゅうかんれい》を中心に論じることにしたい。

そもそも建武政権は、後醍醐天皇による親政《しんせい》を特徴とし、幕府・院政・摂政・関白等を廃止して天皇への権限集中を図っている。いっぽう、地方支配については、鎌倉時代に有名無実化していた国司を軸に中央集権化をめざしたが、従前どおり守護も併置された。とくに陸奥については、後醍醐天皇の皇子義良親王《のりよししんのう》と陸奥守北畠顕家《あきいえ》を陸奥府中たる多賀国府（宮城県多賀城市）に下し（陸奥将軍府）、東北支配を委ねた。同様に、皇子成良《なりよし》親王と足利尊氏の弟相模守直義《ただよし》を鎌倉（神奈川県鎌倉市）に下して（鎌倉将軍府）、関東支配を担当させている。

図 2-1　多賀城跡

この陸奥将軍府・鎌倉将軍府は、ともに元弘三年（一三三三）に成立し、成立後はそれぞれの地域で小幕府的な役割を果たした。なかでも陸奥将軍府のばあいは、最高合議機関の式評定衆《しきひょうじょうしゅう》や訴訟機関の引付衆《ひきつけ》をはじめ、政所《まんどころ》・侍《さむらい》所や評定奉行・寺社奉行・安堵《あんど》奉行などの諸機関から構成されていた。そして、国内各地には現地支配のために郡奉行所を設置し、現地の武士たち（国人《こくじん》ともよばれる）を郡奉行・郡検断《けんだん》として組織化している。

内乱と東北の武士たち

建武二年（一三三五）、北条時行らの中先代の乱をきっかけに足利尊氏が建武政権を離脱して以降、北畠顕家は建武二年、そして建武四年の二度にわたって、東北地方の大軍を率いて上洛している。陸奥将軍府の東北支配がはやくも実を結び、東北の武士たちから一定の支持を集めていたことがうかがえる。

ところが、建武五年（一三三八）五月、顕家は足利勢と和泉石津（大阪府堺市）に戦って敗死した。そしてこれと前後するように、楠木正成が建武三年五月に摂津湊川《みなとがわ》（兵庫県神戸市）で、また新田義《よし》貞《さだ》は建武五年閏七月に越前藤島（福井県福井市）で戦死している。南朝の軍事的柱石ともいうべき武将たちが各地の戦いであいついで戦死したことによって、このころには室町幕府の軍事的優位が確定的となった。

これに対し吉野（奈良県吉野町）の南朝では、劣勢を挽回すべく、起死回生の一手を計画していた。それは東北地方をふたたび南朝方の拠点とし、東北の軍勢を組織して上洛を果たし、京都を奪還しようというものだった。すでに顕家が二度実行した作戦を、今度は義良・宗良《むねよし》の両親王と北畠親房《ちかふさ》・顕《あき》信《のぶ》父子、春日顕国《あきくに》、結城宗広《むねひろ》らによって実現する心づもりだった。

かれらは、暦応元年（一三三八）九月に伊勢大湊（三重県伊勢市）から乗船し、太平洋岸を海路で陸奥まで向かった。一行には、四保《しほ》・長沼・大内氏などの関東・東北の武士たちが付き従い、大船団を組んで一路陸奥をめざしたが、遠州灘で暴風雨にあって船団はちりぢりとなった。義良親王と結城宗広は伊勢に吹き戻され、北畠親房は常陸東条浦に漂着してまず神宮寺《じんぐうじ》城（茨城県稲敷市）、つづいて小《お》田《だ》城（茨城県つくば市）にはいった。案に相違して、南朝方の反撃は東北ではなく、常陸からはじまったのである（常陸合戦）。

その後、親房は一時、隣国の下野東南部にまで勢力を拡げたものの、高師冬《こうのもろふゆ》ら足利方の攻勢によってしだいに戦線を縮小し、暦応四年（一三四一）十月には小田城から関城（茨城県筑西市）へと移っている。そして、康永二年（一三四三）十一月、親房にとって最後の拠点である関・大宝《だいほう》城（茨城県下妻市）がついに落城し、親房は吉野に戻った。この結果、関東の南朝方の拠点はほぼ一掃された。

図 2-2　小田城跡

そのころ東北でもやはり足利方が優勢となりつつあった。建武四年以来、東北における足利方の中心として活躍したのが奥州総大将の石塔義房《いしどうよしふさ》で、陸奥府中から霊山《りょうぜん》（福島県伊達市）へと拠点を移していた南朝方に対抗した。

いっぽう、北畠顕家の戦死後、東北の南朝方を糾合したのは顕家の弟顕信《あきのぶ》であり、顕信は南朝から陸奥介兼鎮守府将軍に任じられ、暦応三年（一三四〇）には陸奥への入部を果たしている。その後、顕信らは足利方が掌握する府中を奪還するため、足利方と栗原郡三迫《さんのはざま》（宮城県栗原市）で戦ったが敗れ、一時的に北陸奥へと退いた。

そして、貞和元年（一三四五）になると、幕府は吉良貞家・畠山国氏の両人をあらたに奥州管領に任命して、陸奥へと下した。この奥州管領の成立にともない、東北の政治状況は大きく変化することになる。

奥州管領の成立

建武政権下で東北支配を担ったのは義良親王・陸奥守北畠顕家らを中心とする陸奥将軍府だったが、足利尊氏が建武政権を離脱したあと、足利氏による東北支配の尖兵の役割を果たしたのが斯波《しば》家長《いえなが》である。

家長は、足利氏の一門斯波高経《たかつね》の長子であり、建武二年（一三三五）末に陸奥府中に下った。まもなく陸奥から上洛の途についた北畠顕家を追って鎌倉へとはいり、尊氏の嫡子義詮《よしあきら》を擁して関東・東北支配にあたった。ただし、義詮を補佐する関東執事という立場上、東北支配に専念するわけにはゆかず、家長にかわって従兄弟の兼頼《かねより》や代官の氏家《うじいえ》氏らが現地で南朝方に対抗した。そして、建武四年（一三三七）十二月に北畠顕家が陸奥からふたたび上洛する途上、家長は顕家の大軍を鎌倉で迎え撃ち、敗れて戦死した。

家長の敗死後、幕府の東北支配を支えたのは、足利氏庶流の石塔義房である。義房は駿河・伊豆両国の守護をへて、建武四年に東北へと下り、以後、貞和元年（一三四五）まで奥州総大将として東北

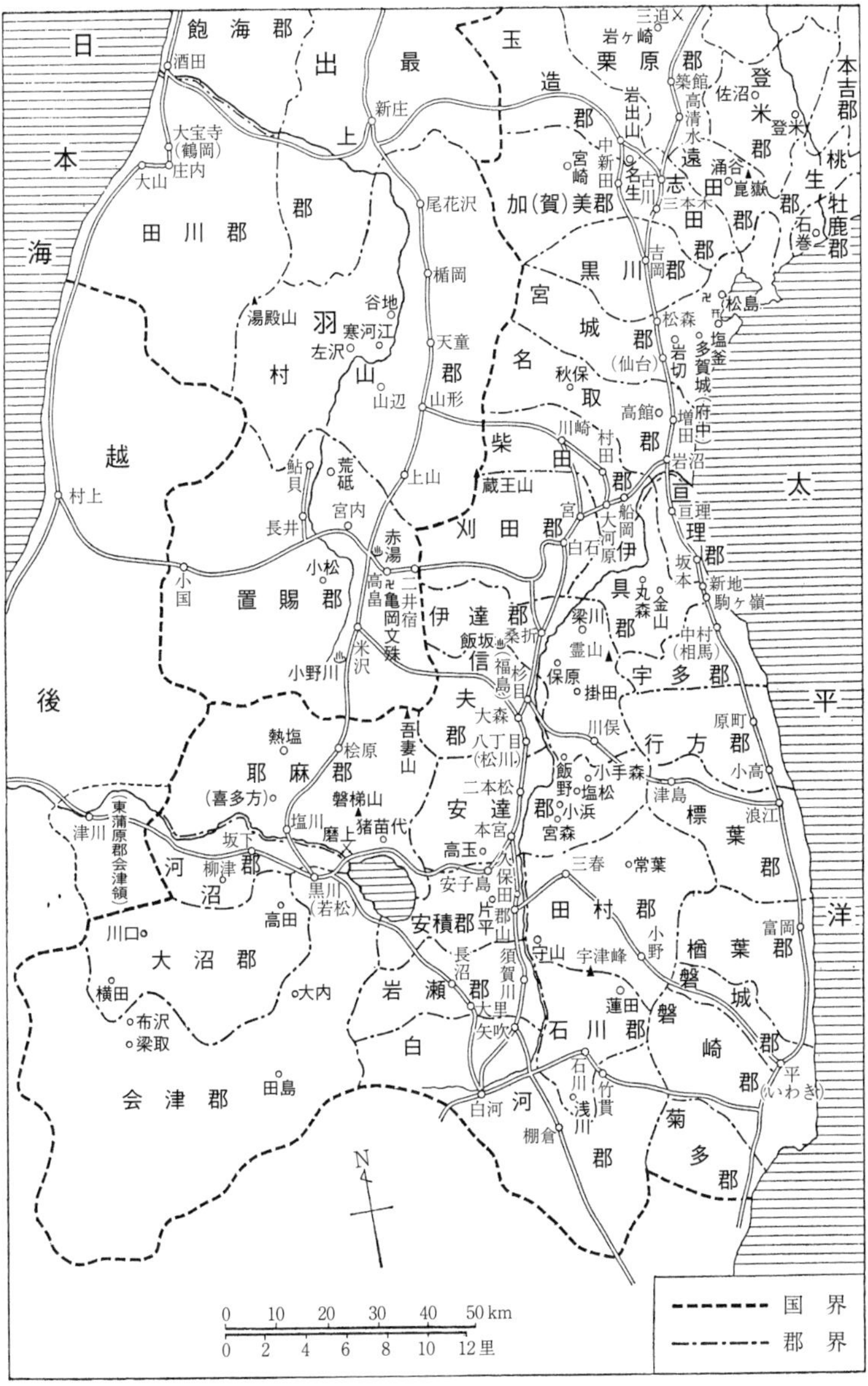

図 2-3　室町・戦国時代の南奥羽（旧版県史シリーズ・福島県の歴史，山川出版社，1970 年）

支配を主導した。義房は、子息の義元《よしもと》（のち義憲《よしのり》）とともに、軍事指揮権にとどまらない広範な権限を行使し、東北支配の安定化に努めた。

とくに三迫合戦で北畠顕信らの南朝方を破った康永元年（一三四二）以降は、いよいよ義房らの活動が活発化し、足利氏の支持勢力が一挙に拡大するとともに、石塔氏に臣従する武士たちが増加していった。ただし、その反面で現地では石塔氏への反発も生じつつあり、それが幕府に報じられることによって、幕府内では義房への警戒感が広まり、ついには奥州総大将を罷免されることになった。

そして、それまでの奥州総大将にかわって、あらたに足利氏の東北支配の支柱となったのが奥州管領である。そもそも「管領」には、「ある在所、領地などを所有、あるいは、管理支配すること」といった意味があり（『邦訳日葡辞書』）、本来的には「主たる大将、あるいは、総司令官」を意味した「総大将」とくらべて（『邦訳日葡辞書』）、より為政者としての側面を強めたことがうかがえる。

ちなみに奥州管領が実際に行使した諸権限を以下に列挙すると、従来からの①軍事指揮権のほかに、②寺社興行権、③所務・検断・雑務沙汰《ざつむさた》（所領支配や刑事・民事をめぐる訴訟）の管轄権（審理のうえ、当事者が地頭御家人なら幕府の決裁を仰ぎ、非御家人ならば裁断を下す）、④所領安堵・恩賞の推挙権等があった（遠藤、一九七八）。

これらの権限は、九州支配にあたる鎮西管領《ちんぜいかんれい》一色範氏《いっしきのりうじ》（道猷《どうゆう》）・直氏《ただうじ》父子に対し、貞和二年（一三四六）に幕府が認めた諸権限とも共通する。つまり、幕府は貞和年間（一三四五〜五〇）に地方支配制度の再編に着手し、その一環として陸奥には奥州管領を下し、九州では鎮西大将の一色氏に従来以上の諸権限を与えて鎮西管領としたのである。

以上のような奥州管領の権限拡大は、行政府としての組織整備・拡充にもつながっていった。具体的には、管領となった吉良・畠山両氏の一族・家臣はもちろんのこと、山名・仁木・細川氏などの足利一族や、中条・斎藤氏などといった鎌倉幕府以来の奉行人層の活動が確認できる。くわえて、東北の武士団との関係も強化され、かれらの庶流を中心に奥州管領への家臣化が一定度進みつつあった。なかでも現地での執行にあたる使節（両使）として、地元の武士が登用されることが少なからずみられた。

注目されるのは、奥州総大将石塔義房の罷免後に、奥州管領として下ってきたのが、吉良貞家・畠山国氏《くにうじ》の両名だったことである。ともに足利氏の一門であり、貞家は幕府成立後、評定衆や幕府の裁判機関である引付の二番頭人《とうにん》（長官）をつとめ、足利尊氏の弟で当時、幕政を主導していた直義とも親密な関係にあった。いっぽう、国氏は伊勢守護をつとめた畠山高国《たかくに》の嫡子で、高国は当時の畠山一族の惣領とみられる。とはいえ、国氏本人には幕府でのめぼしい官歴はなく、奥州管領就任は異例の抜擢だった。

この点から、吉良・畠山の両氏による奥州両管領制の成立は、そのころ表面化しつつあった幕府内の党争、すなわち尊氏の弟直義を中心とする派閥と尊氏の執事高師直《こうのもろなお》・師泰《もろやす》兄弟を中心とする派閥ど

図2-4　奥州管領・奥州探題関係略系図（『仙台市史』通史編2古代中世、二〇〇〇年）

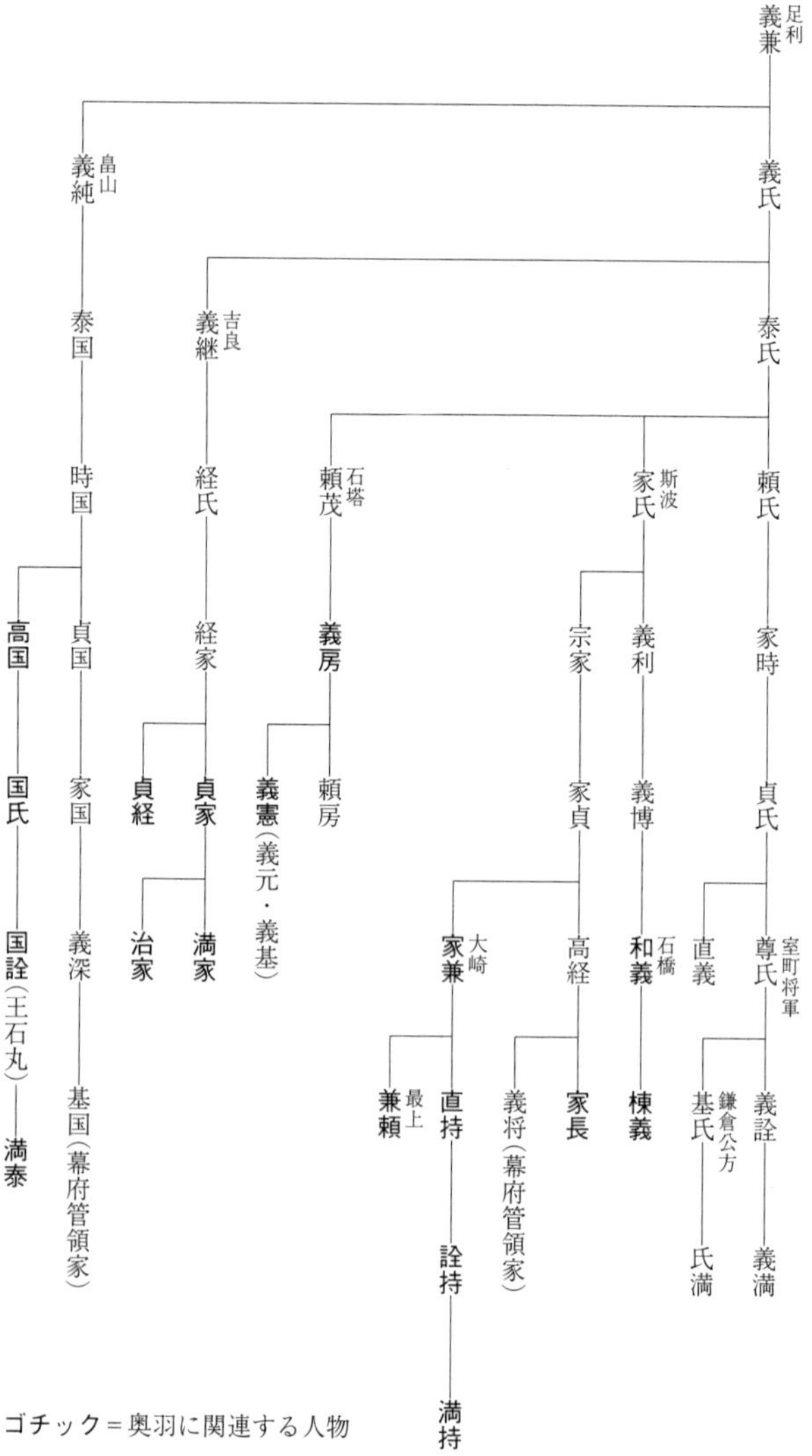

ゴチック＝奥羽に関連する人物

うしの対立の影響との見方が一般的である。たしかに、両派の対立が武力衝突に発展した観応の擾乱では、陸奥でも吉良貞家は直義派、高国・国氏父子は師直派として抗争を繰り広げており、すでに奥州両管領制はスタート時点から、両派の派閥人事だった可能性がたかい。とりわけ、奥州両管領制に先立って、関東支配にあたる鎌倉府の執事も直義派の上杉憲顕《のりあき》と師直派の高師冬の両人制がすでに導入されており、その先例にのっとって奥州両管領制は成立したものとみられる（小国、二〇〇一）。

② 観応の擾乱下の奥州管領

東北の観応の擾乱

貞和元年（一三四五）に成立した奥州両管領制は、観応の擾乱の勃発によってまもなく破綻してしまう。そもそも観応の擾乱は、おおむねつぎのような展開をたどっている。①貞和五年（一三四九）八月に両派の対立が表面化し、高師直は足利直義を隠退に追い込んで、かわりに尊氏の長子義詮を鎌倉から上洛させて政務にあたらせる。②観応元年（一三五〇）十月に直義が大和で挙兵し、以後畿内周辺で両派の戦いが続発。翌二年二月には尊氏・師直が摂津打出《うちで》浜《はま》（兵庫県芦屋市ほか）の戦いに敗れて直義と講和。師直ら高一族は直義派により殺害される。③同年七月以降、尊氏・直義兄弟が不和となり、直義は北陸を経て鎌倉に逃れる。尊氏はこれを追って十二月に駿河薩埵《さった》山《やま》（静岡県静岡市）で直義を破り、直義は降伏。その後、直義は観応三年（一三五二）二月に鎌倉で急死している。直義の死後も、尊氏の実子で直義の養子となっていた直冬《ただふゆ》が抵抗をつづけ、これに南朝が加わった三つどもえの抗争がしばらくのあいだつづいたが、観応の擾乱自体は直義の死去によってひとまず終息に向かった。

それでは、以上のような観応の擾乱のなかで、東北はいかなる状況にあったのだろうか。どうやら観応の擾乱勃発にともない、東国で両派の武力衝突が起こったのは観応元年の末ごろからであり、まず関東で直義派が挙兵し、その影響が東北にもおよんだ模様である。同年十一月十二日に直義派の上杉能憲《よしのり》が常陸信太荘《しだのしょう》（茨城県土浦市ほか）で挙兵し、つづいて十二月一日には能憲の父で関東執事の上杉憲顕が鎌倉を離れて、領国の上野に下った。いっぽう、鎌倉で孤立化しつつあった高師冬は、足利義詮にかわって鎌倉に下向していた尊氏の次子基氏《もとうじ》を擁して反撃を試みたものの、その途中で自派の切り札である基氏を直義派に奪われ、ついには甲斐に没落した。

十二月二十九日、基氏は上杉憲顕らとともに鎌倉に戻り、鎌倉は直義派が掌握するところとなった。そして、翌観応二年（一三五二）正月四日には、甲斐須沢《すさわ》城（山梨県南アルプス市）に立てこもった師冬追討のために上杉憲顕の子憲将《のりまさ》が、また畿内周辺で戦う直義の支援には上杉能憲が、それぞれ軍勢を率いて発向している。この結果、師冬は正月十七日に敗れて自害し、翌二月十七日には尊氏・師直らも摂津打出浜で直義勢に負けて和睦した。その後、師直・師泰らは上洛する途中で、上杉能憲らによって殺害されている。

そのころ東北では、やはり直義派の吉良貞家が直義の軍勢催促に応じて上洛しようとしたところ、師直派の畠山高国・国氏父子や府中周辺を領する留守・宮城氏らがこれに敵対。観応二年正月九日から両派の合戦が各地で繰り広げられ、徐々に劣勢となった畠山父子らは府中岩切城《いわきり》（宮城県仙台市）や新田城《にいだ》（宮城県多賀城市）等にこもった。

図 2-5　岩切城跡

畠山父子がこもる岩切城を囲んだ吉良勢には、その後も東北各地の武士が馳せ参じ、貞家は二月十二日にいよいよ総攻撃へと踏み切った。激戦の結果、岩切城は一日で落城し、畠山父子は切腹、父子に従う御内《みうち》・外様《とざま》の武士たち一〇〇余人もこれに殉じた。また、留守氏らのこもった新田城（留守城とも）は、岩切城の落城によって自落し、留守氏らは畠山一族の上野二郎《こうずけじろう》を大将に虚空蔵城《こくうぞう》（宮城県仙台市）に逃げこもった。しかし、虚空蔵城にも吉良方の軍勢が迫り、戦いのすえに上野二郎は自害、留守氏らも生け捕りにされた。関東と同様に東北でも直義派が勝利し、これにともなって吉良・畠山氏による奥州両管領制は吉良貞家の単独管領制へと移行した。

図2-6　宇津峰城跡

南朝方の再起

ただし、東北の観応の擾乱は、ほかにも南朝方の再起という副産物をもたらした。陸奥守北畠顕家の戦死後、顕家の弟顕信が東北の南朝方の中心として活躍していたが、康永元年（一三四二）の三迫合戦で足利方に敗れて以降は、しばらくのあいだ逼塞《ひっそく》を余儀なくされていた。そこに足利方の分裂という絶好の機会が訪れたわけで、当時、北東北を拠点としていた顕信は南部氏らを配下に府中をうかがい、同じく南東北の宇津峰城《うづみね》（福島県須賀川市）に拠っていた顕信の子中院守親《なかのいんもりちか》は守永王《もりながおう》（後醍醐天皇の孫）を擁して、府中に向け北上を開始した。

これに対し、畠山父子を討って府中の掌握に成功した吉良貞家は、さっそく南朝方への反撃に転じた。とくに南朝方の主力である顕信が出羽方面に侵攻してきた関係で、三月二日に弟貞経《さだつね》を大将する軍勢を出羽に差し向けている。しかしながら、出羽方面の戦況は好転せず、かえって貞経配下の軍勢のなかには、さまざまな理由を称して陸奥に帰国してしまうものまで出現する始末だった。この結果、十月ごろまでには南朝方がほぼ出羽を押さえ、陸奥府中への進撃態勢を固めた。

いっぽう、貞家は北上してきた宇津峰宮守永王や伊達・田村氏らの軍勢を迎え撃ち、十月二十二日には柴田郡倉本川（宮城県白石市）、十一月二十二日には名取郡広瀬川（宮城県仙台市）で戦ったが敗れ、府中を没落した。かわって、北畠顕信をはじめとする南朝方が久しぶりに府中を占領している。とはいえ、結果的には南朝方の府中占領も長くはつづかなかった。

府中を没落後、南東北に拠点を移して反撃の機会をうかがっていた貞家は、観応三年（一三五二）二月末ごろにいたって、味方の武士たちに府中奪還のための出陣を命じた。そのさいに貞家は、今回の出陣が足利尊氏の命令にもとづくものであることを強調しており、すでに貞家が尊氏に臣従していたことがわかる。つまり、観応の擾乱の第②段階まで直義派だった貞家は、このころには尊氏派となり、尊氏の権威をうしろだてにして府中奪還をめざしたのである。たぶん、貞家は観応二年十二月の駿河薩埵山合戦の結果、直義が尊氏に降伏したことをうけて、みずからも尊氏に従うようになったとみられる。

貞家方の反撃は翌閏二月から本格化し、貞家方の軍勢が北と南の両方面から府中に迫った。三月十日ごろからは府中の各地で両勢の攻防が繰り広げられ、南朝方は三月十五日に府中を没落した。ただし、その後も南朝方は、しばらくのあいだ宮城郡山村（宮城県仙台市）にとどまって府中の再奪還をうかがい、六月にもやはり府中周辺で何度か合戦がおこなわれている。

この貞家の府中奪還によって、観応二年以来の貞家方と南朝方との合戦の大勢は決し、以後、主戦場は府中から離れていった。まず山村の南朝方に対しては、吉良貞経を大将に文和二年（一三五三）正月から攻勢を強め、同月十九日には山村城の南部伊予守・浅利尾張守らが貞経に降伏したばかりか、その翌日には黒川郡吉田城（宮城県大和町）にいた中院守親と神山・相馬氏らも城を没落している。

顕信自身は、府中没落後、南東北に退いたらしく、観応三年四月以降は安積郡（福島県郡山市）周辺で合戦が繰り返され、七月三日の田村荘唐久野《からくの》（福島県郡山市）合戦、ついで七月九日の矢柄《やがら》城（福島県須賀川市）合戦で南朝方が敗退したあとは、もっぱら宇津峰城をめぐる攻防戦に終始するようになる。貞家方の軍勢が宇津峰城を囲んだのは八月七日で、その後、しばらくは山麓一帯で小競り合いがつづいた。そして、翌文和二年四月五日からは貞家方の総攻撃がおこなわれ、同十五日には宇津峰城の一の木戸を突破。五月四日にいたり、ついに宇津峰城は落城する。宇津峰城を没落した顕信は、そののちも東北にとどまって出羽等を転戦したものの、結局は南朝方の劣勢を覆すことはできず、晩年は吉野に戻った模様である。

貞家の東北支配

観応の擾乱の影響で東北では、観応二年（一三五一）二月に吉良貞家の単独管領制が成立したが、まもなく南朝方の再起にともなって戦乱が深刻化し、実際に貞家による安定的な支配体制が実現したのは、貞家が南朝方から府中を奪還した観応三年三月以降になる。ただし、貞家はそれ以前から南朝方に対抗して活発な軍事活動を展開しており、東北の諸氏に対し軍勢催促をはじめ、所領の安堵・宛行《あてがい》（あらたに所領を給付すること）などの広範な権限を行使した。

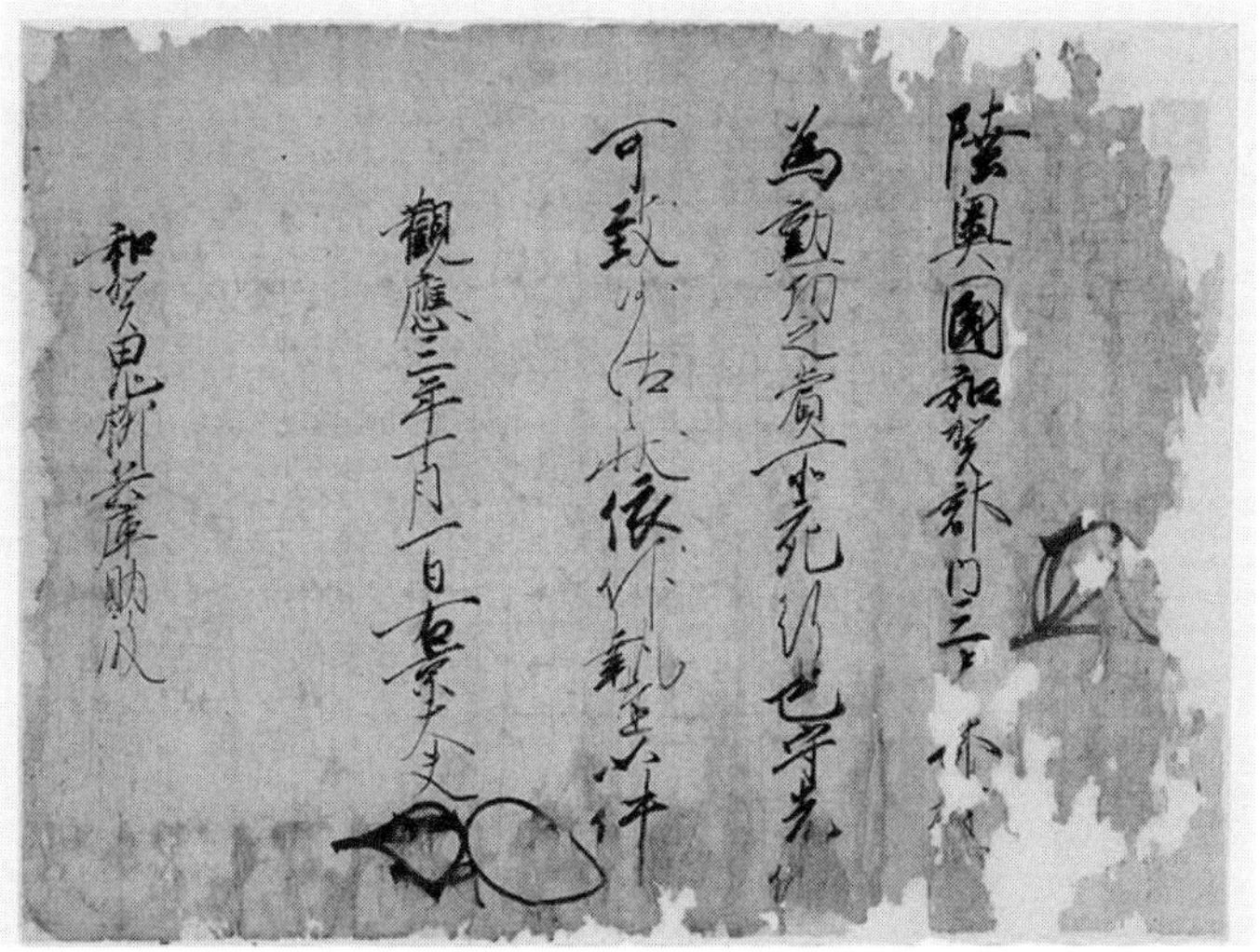

図2-7　足利尊氏袖判吉良貞家奉書（東北大学日本史研究室所蔵）

そして、観応二年十二月の駿河薩埵山合戦の結果、観応の擾乱の帰《き》趨《すう》はほぼ決し、貞家は直義を降した尊氏に従うこととなった。ちなみに、尊氏は直義を追って東国に下向するにあたり、一時的に南朝と和睦し、発給文書にも観応三（正平七）年閏《うるう》二月までは南朝の年号である正平を用いた。貞家は、観応三年二月の時点で正平の年号を使用しており（「相馬文書」）、すでにそれ以前から尊氏に臣従していたことが確認できる。

尊氏に従った貞家は、みずからの発給文書に東国在陣中の尊氏の袖判《そではん》（図2-7参照。文書右端の袖部分に花押を据えること）を賜り、尊氏との緊密な連携のうえで奥羽支配を展開していることを東北の諸氏に印象づけた。しかしながら、いっぽうで尊氏の袖判は、貞家単独の発給文書では所領の安堵・宛行状としての効力・信頼性に欠ける点があったことも示している。つまり、貞家の単独管領制の実態は、東北武士の掌握という点ではなお不十分なところがあり、それをどのようにして克服していくかがつぎなる課題となっていた。

翌文和二年（一三五三）七月、尊氏は畿内周辺で南朝方と戦う長子義詮を支援するため、関東の大軍を率いて鎌倉を発った。そのさい、次子基氏にはこれを補佐する関東執事畠山国清《くにきよ》をそえ、武蔵入《いる》間《ま》川（埼玉県狭山市）に在陣させて以後の関東支配を託した。それまで尊氏は、東北の諸氏に対しても直接、軍勢催促や所領の安堵・宛行をおこなうことがあり、関東と東北を一体的に支配してきた。したがって、尊氏の上洛は、貞家の東北支配にとっても大きな転機となるはずだった。しかし、文和二年十二月を最後に貞家の発給文書は途絶えてしまい、その後まもなくして没したとみられる。この結果、貞家の単独管領制は終わりを告げ、奥州両管領制はあらたな展開をみせることになる。

3 斯波家兼の陸奥下向

奥州両管領制の復活？

吉良貞家の没後、奥州管領の地位はいったい誰に継承されたのだろうか。通説では、貞家の嫡子満家《みついえ》がその地位を継いだと考えられている。たしかに、満家は文和三年（一三五四）六月の時点まで府中を掌握していた。

しかし、六月にはいって石塔義憲の軍勢が府中に迫り、二十・二十一日両日の合戦の結果、満家は府中を没落して伊達氏のもとに逃れた。かわって義憲が府中を占領している。義憲は、以前奥州総大将として東北支配を主導した石塔義房の子で、当初は義元と称した。義憲の父義房は、すでに述べたように貞和元年（一三四五）に奥州総大将を罷免されて帰洛、その後の観応の擾乱では直義派として活躍したものの、直義の死去にともない南朝方に転じている。ただし、文和四年（一三五五）以降の義房の動向は定かではない。

東北において石塔義憲の活動が活発化する文和三年には、山陰でも故直義の養子直冬が南朝方として勢力を拡大しつつあり、直冬は翌四年正月に麾下《きか》の山名時氏や石塔頼房《よりふさ》らとともに入京を果たした。ちなみに、頼房もやはり義房の子で、義憲とは兄弟にあたる。頼房は、観応の擾乱にさいして父義房と同様に直義派に属し、一時、伊勢守護や幕府引付頭人をつとめた。直義の没後は直冬に従って南朝方となり、尊氏・義詮父子への敵対をつづけた。そののち貞治三年（一三六四）ごろにいたり、頼房はようやく義詮に降伏したと伝えられる。

以上のような石塔氏の動向をみるかぎり、東北での義憲の活動は基本的には旧直義派＝現直冬派という政治的立場にもとづくものだったと考えられる。義憲のばあい、発給文書に南朝年号の正平を用いていないことから、正式に南朝方となっていたわけではないが、少なくとも畿内・西国の政治情勢とも密接に連動したかたちで勢力の挽回を図っていたとみられる。

とすると、義憲と対立関係にあった吉良満家は必然的に尊氏・義詮派だったことになるけれども、尊氏は文和三年中にさらなる一手を投じている。足利氏一門の斯波家兼《いえかね》を奥州管領として、陸奥に下したのである。家兼は斯波高経の弟で、かつて関東執事をつとめた家長の叔父にあたる。

問題は、吉良満家と斯波家兼との関係だが、これまでは両者を奥州管領とするのが一般的だった。父貞家のあとを継いだ満家の単独管領制では心もとないとみた幕閣では、急遽、斯波家兼を増派し、これにともなって奥州両管領制が復活したという考え方である。

吉良貞経の立場

時期は下るけれども、貞治六年（一三六七）四月に二代将軍足利義詮は白河結城氏に対し、「両管領と談合を加え」、石橋棟義《むねよし》と協力して吉良治家《はるいえ》を退治するように命じている（「東京大学所蔵結城白川文書」）。すでにこの時点では、東北に「両管領」が存在していたことがわかる。この「両管領」とは、当時奥州総大将として「両管領」を補佐した石橋棟義ではなかったし、ましてや追討の対象とされていた吉良治家でもなかった。

ちなみに、治家は貞家の子で、活躍の時期からして満家の弟とみられる。兄満家の活動の徴証は延文二年（一三五七）以降途絶えるので、それ以後吉良氏の家督を継いだ可能性がある。いっぽう、貞家の弟貞経も依然健在で、貞治六年まではその活動が確認できる。とくに貞経のばあいは、延文二年三月に足利義詮から円覚寺領出羽国北寒河江荘《さがえのしょう》（山形県寒河江市ほか）内五ヵ郷の寺家雑掌《じけざつしょう》（円覚寺の代官）への下地沙汰付け《したじさたづけ》（係争地の引き渡し）を命じられており（「武州文書」二）、治家とは一線を画して独自性を維持していたことがうかがえる。

したがって、もし文和三年に奥州両管領制が復活していたとすれば、当初それは吉良満家・斯波家兼の両人によるものだったが、その後、延文元年（一三五六）の家兼死去、ついで満家の夭折《ようせつ》によって、満家の叔父貞経と家兼の子直持《ただもち》の両人に移行したと考えることもできる。そのばあい、貞経が円覚寺領出羽国北寒河江荘内五ヵ郷の下地沙汰付けを義詮から命じられたのは、かれが奥州管領だったことによる、とみることも可能だろう（白根、二〇〇七）。

ただし、貞経は延文五年（一三六〇）四月二十八日づけで陸奥《むつ》一宮塩竈神社《いちのみやしおがま》（宮城県塩竈市）に「殊《こと》に源貞経心中《しんちゅう》所願決定成就」を祈願しており（「塩竈神社文書」）、これを奥州管領就任を祈願したものとする指摘が以前からあった（小川、一九八〇）。たしかに、この祈願にあたって貞経は、陸奥国竹城保《たかぎのほう》（宮城県松島町ほか）の寄進のほか、鳥居の造営、御釜の鋳造、神馬・神楽の奉納等を約しており、よほどの大願だったことがうかがえる。その点では、吉良氏の後継者として貞経が奥州管領就任を塩竈神社に祈念した可能性は十分にありえる。

もしそうだとすれば、延文五年以前のかれは奥州管領ではなか

図 2-8　塩竈神社別宮（塩竈神社提供）

った、ということにならざるをえない。義詮の貞経への沙汰付け命令は、あくまで満家の夭折にともなう臨時的な措置であり、貞経自身は奥州管領には就任していなかったのである。とくに満家の活動が延文二年まで確認できることからすると、貞経が北寒河江荘内五ヵ郷の沙汰付けを命じられた延文二年三月の時点ではいまだ満家が存命していた可能性さえのこる。延文二年の貞経の立場は微妙である（小原、二〇一一）。

家兼の陸奥下向

そこで注目したいのが、そもそも奥州両管領制の成立が当時の室町幕府内の党争、すなわち尊氏の弟直義の派閥と尊氏の執事高師直の派閥との抗争の影響をうけていた点である。両派の党争は、観応の擾乱として表面化し、最終的には観応二年末に尊氏の勝利、直義の降伏でいちおう終息するが、そのころ東北はすでに吉良貞家による単独管領制に移行しており、それは貞家が死没するまで継続された。

つまり、幕府内の党争がひとまず解消された時点で、奥州両管領制を復活させる必然性はなくなっていたのである。したがって、貞家の没後に斯波家兼を陸奥に下向させたのは、奥州両管領のひとりとしてではなく、あくまで貞家の後任として家兼を下したとも考えられる。

その点をうかがわせるものとして、以下のようなことがある。まず吉良満家が父貞家の没後に奥州管領に就任したかどうか自体も定かではない。満家は、文和三年六月に石塔義憲によって府中を追われるまで府中を拠点としていたが、その間に幕府から奥州管領に任命されたことを証する史料は確認されていない。かえって、斯波家兼があらたに陸奥に下向してきたことからすると、満家は正式な奥州管領ではなかった可能性さえある。家兼については、陸奥国人の金成《かんなり》氏に対し「左京権大夫《さきょうごんのたいふ》（家兼）の手に属して、忠節を抽じるべき」旨を命じた足利義詮の軍勢催促状（「秋田藩家蔵文書」一〇）の存在から奥州管領だったことはあきらかである。他方、満家に関しては幕府との連携を示す史料を現時点では確認できていない。

貞家の没年については、文和二年十二月四日づけの貞家施行状《しぎょうじょう》（上位者の発給文書をもとに貞家がその旨を伝達した文書、「国魂文書」）の存在からそれ以降、また翌年六月二十・二十一日の府中合戦では満家が中心となって石塔義憲勢と戦っているのでそれ以前、と考えられる。興味ぶかいことに、石塔義憲の活動が活発化するのは文和三年の五月ごろ、同じく前奥州管領畠山国氏の遺児王石丸《おういしまる》（のち国詮）の活動もやはり五月になってはじめて確認されている。

なかでも、白河朝常《ともつね》にあてた王石丸の書状（「白河集古苑所蔵白河結城文書」）には、追伸として「幼少の間、判形《はんぎょう》能わず候（花押が据えられない）」と記され、実際に花押は据えられていない。王石丸が元服前にもかかわらず、あえて白河氏に「御同心」を求めたのは、貞家の急死という事態をうけてのことだったと考えられる。

事実、この王石丸の封紙の裏には、書状を受け取った白河氏側で記したとみられる以下の文言がある。「畠山殿よりの状。当国管領の事を仰せらるると云々。文和三・六・二」。五月二十二日づけの本書は、王石丸の「代官」の手で六月三日に白河氏のもとに届けられた。そのさいに王石丸の「代官」は、「当国管領の事」も口頭で白河氏に申し伝えたのである。「今後は細々としたことでも連絡するので、同心していただけるとありがたい」と記した本書の趣旨からすると、この「当国管領の事」とは、貞家の急死によってあらたに王石丸が奥州管領に就任したということを意味するのだろう。もちろん、王石丸の奥州管領就任は事実ではないが、貞家の死没は同年五月には周知されるようになり、これにともない奥州管領の地位が流動化していたことがうかがえる。少なくとも東北の人びとにとって、奥州管領の地位が貞家からその子満家に世襲されるという事態は、自明のことではなかったのである。

いっぽう、新奥州管領の斯波家兼は同年十一月にはすでに着任しており（「塩竈神社文書」）、奥州管領就任はまちがいなくそれ以前にさかのぼる。ちなみに家兼は、奥州管領就任以前には若狭守護をつとめていたので、奥州管領就任にともなって若狭守護は解任されたとみられる。たしかに、新守護の細川清氏《きようじ》は同年九月に守護所がある小浜《おばま》（福井県小浜市）に入部したことが知られる。したがって、家兼の若狭守護解任・奥州管領就任は九月以前のことだった。つまり、奥州管領の貞家が五月ごろに没したあと、新奥州管領の家兼は遅くとも九月以前には就任していたことになり、それまでの空白期間は最長でも半年に満たない。あわせて京都と陸奥府中との物理的な距離等を斟酌《しんしやく》するならば、家兼は奥州両管領のひとりとしてではなく、あくまで貞家の後任として奥州管領に就任したと考えるべきだろう。

事実、文和四年（一三五五）十二月づけで陸奥国好島荘《よしまのしょう》（福島県いわき市）八幡宮の神主飯野《いいの》盛光《もりみつ》代官が提出した申状（上申書）には、それまでのみずからの軍忠について、「奥州管領ならびに佐竹典《てん》厩《きゅう》存知たる所なり」と記し（「飯野文書」）、奥州両管領とは記していない。この時点では奥州管領は家兼ひとりだったのである。

ちなみに観応の擾乱以前の奥州両管領制の特徴のひとつに、吉良貞家・畠山国氏の両人が連署して幕府執事高師直にあてた推挙状（推薦書）の存在がある。現時点で確認できる連署推挙状五通は、貞和二年（一三四六）閏九月（「石水博物館所蔵佐藤文書」）から同四年十一月（「飯野文書」）におよんでいる。その後、観応の擾乱の勃発にともない、両者の協調関係は崩れ、連署推挙状も消滅する。この点に注目すると、観応の擾乱終息後にもし奥州両管領制が復活していたとするならば、両者の協調関係も復活してしかるべきだろう。

しかしながら、観応の擾乱終息後に奥州両管領が連署して幕府にあてた推挙状は現存していない。また、奥州両管領の連署推挙状以外でも、両者の連携、もしくは職務・担当地域の分掌をうかがわせる史料は確認できない。以上の点からすると、奥州両管領制の復活自体がきわめて疑わしい、といわざるをえない。

4 斯波兼頼の出羽支配

兼頼の出羽入部

以上のように、文和三年（一三五四）五月ごろに吉良貞家が没し、まもなく貞家の後任として斯波家兼が奥州管領に就任したとすると、以後、奥州両管領制はどのような展開をみせたのだろうか。

家兼自身は、延文元年（一三五六）六月十三日に四九歳で死去したと伝えられる（『尊卑分脈』）。そのあとを継いだのは嫡子の直持で、永徳三年（一三八三）十一月二日に五七歳で没したとの伝えがある（『大崎家譜』）。元服は暦応三年（一三四〇）前後と考えられ、実名《じつみょう》の「直」は足利直義から拝領したものだろう。しかし、観応の擾乱では、父家兼とともに尊氏・義詮派として活躍している。家兼の死没によって奥州管領を継承したのは、直持が三〇歳ごろのことになる。

なお、直持には兄弟の兼頼があり、兼頼はすでに建武三年（一三三六）から翌四年にかけて、関東執事斯波家長の代官として東北支配にあたっている。ただし、兼頼はいまだ年少だったため、当初は幼名の竹鶴丸、そして建武四年正月ごろには元服して兼頼と名のった。通常ならば、元服は一二～一六歳ごろにおこなわれるため、年齢的には兼頼のほうが直持より年上だった可能性がある。そのばあいは、まず兼頼が直持の異母兄として生まれ、その後に正妻の子として生まれた直持が年齢的には下でも家兼の嫡子とされたということだろうか。

兼頼は延文元年八月に出羽国最上郡山形（山形県山形市）に入部したとされる（『大泉荘三権現縁記』）。この点に関する確証はないが、すでに述べたとおり、翌二年三月には足利義詮が円覚寺領出羽国北寒河江荘内五ヵ郷の寺家雑掌への下地沙汰付けを吉良貞経に命じているので、実際の兼頼の入部はそれ以降か、もしくは入部していたとしても、いまだ影響力の点では貞経におよばなかったとみられる。

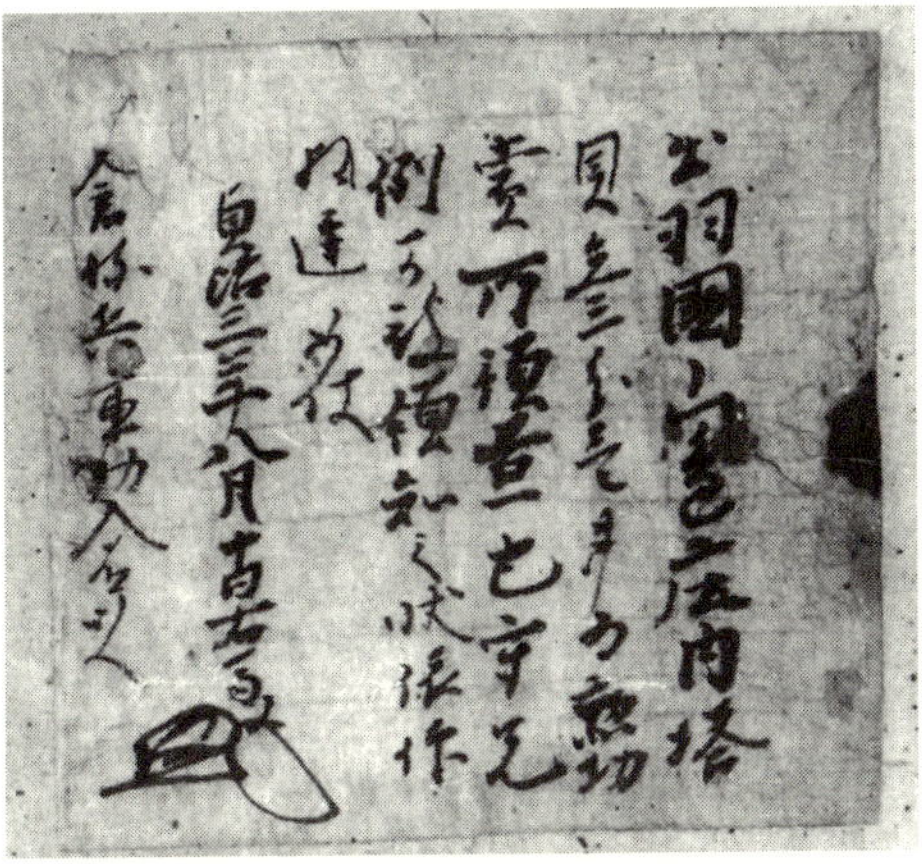

図 2-9　斯波兼頼奉書（東北大学附属図書館所蔵）

しかし、貞治年間（一三六二～六八）ごろには、兼頼をはじめとする斯波一族の活動が史料的にもあきらかになってくる。たとえば、貞治三年（一三六四）八月十日づけで兼頼は、陸奥の国人倉持氏の軍忠に対する恩賞として、出羽国山辺《やまのべ》荘（山形県山辺町ほか）内塔見の三分の一を預け置いている（「倉持文書」）。この軍忠とは、そのころ出羽でおこなわれていた斯波兼頼を中心とする軍事作戦への従軍を意味し、倉持氏のほかにも相馬氏が従軍していたことが知られる。

相馬氏のばあいは、斯波直持の子詮持《あきもち》より、同年八月三日づけで「宮内大輔」の官途（官職）を推挙され、また同月十一日には相馬氏がまっさきに出羽に参陣して忠節を尽くした旨を注進されている（「相馬岡田文書」）。これらの事実からは、斯波詮持自身も出羽での軍事作戦に参加していたことがわかる。

とはいえ、詮持が作戦中に行使した権限は、官途の推挙、軍忠の注進にとどまっているので、軍事作戦自体は詮持の伯父兼頼が主、詮持が副の立場で実施されたことがうかがえる。出羽にほど近い陸奥中部の賀美《かみ》郡米積《こめづみ》郷（宮城県加美町）を領する倉持氏のみならず、陸奥東南部の行方《なめかた》郡（福島県南相馬市ほか）を領した相馬氏らも従軍していることからすると、この作戦は陸奥の国人たちを広範に動員したそうとう大規模なものだった。

兼頼の政治的立場

すでに述べたように、二代将軍足利義詮は貞治六年（一三六七）四月に白河結城氏に対し、「両管領と談合を加え」、石橋棟義と協力して吉良治家を退治するように命じており、貞治六年の時点では東北に「両管領」が存在していた。観応二年（一三五一）二月に奥州両管領のひとりだった畠山国氏が敗死して以降、吉良貞家、つづいて斯波家兼の単独管領制がしばらくのあいだつづいていたが、貞治六年以前に両管領制が復活していたのである。

とするならば、先述した貞治三年の出羽の状況はたいへん興味ぶかい。延文元年以降、斯波家兼の子直持が奥州管領として東北支配にあたるなか、直持の兄弟兼頼の主導によって出羽での大規模な軍事作戦が遂行され、直持の子詮持がこれを補佐していた。この出羽での軍事作戦が一時的なものではなかったことは、永和三年（一三七七）十二月に兼頼が幕府管領細川頼之《よりゆき》から円覚寺領出羽国北寒河江荘内五ヵ郷の諸役免除にかかわる奉書《ほうしょ》（主人の意向を受けて従者が下達した文書）を受け取っていることからもあきらかである（「円覚寺文書」）。

つまり、兼頼は遅くとも貞治三年以降、出羽に在国しながら軍事面にとどまらず、平時の地域支配にもあたっていたのである。したがって、貞治三年に兼頼の甥詮持が陸奥の大軍を率いて出羽に出陣したのは、出羽に在国する兼頼への援軍として奥州管領の直持が派遣したものと解することができる。このため、現地での軍事作戦にあたって詮持は、従軍する陸奥国人に対し官途の推挙、軍忠の注進等をおこなうにとどまり、実際に恩賞を給与したのは兼頼だった。

以上のような兼頼の政治的な立場は、まさに羽州管領とよぶにふさわしい。貞治六年に足利義詮が吉良治家退治を命じた「両管領」とは、正確には奥州両管領ではなく、奥州管領と羽州管領だったのである。このような「両管領」のあり方を、以後、奥羽両管領制と称することにしたい。私見では、吉良貞家・斯波家兼の単独管領制をへたあと、以前の奥州両管領制にかわって、あらたに奥羽両管領制が成立したと考えている（江田、二〇〇八）。

奥羽両管領制の成立

奥羽両管領制の成立時期については、これまでにも何度か言及した、吉良貞経に円覚寺領出羽国北寒河江荘内五ヵ郷の寺家雑掌への下地沙汰付けを命じた延文二年（一三五七）三月二十四日づけの足利義詮御判御教書《ごはんのみぎょうしょ》（室町将軍が加判して発行した文書）がポイントとなるだろう。とくに奥州管領吉良貞家の後任として派遣した斯波家兼がすでに前年の六月十三日に没しており、その後継者である直持ではなく、わざわざ貞経に命じていることからすると、当時、貞経は出羽に在国していた可能性がたかい。

ただし、このときの貞経は奥州管領ではなかったと考えられ、貞経による下地沙汰付けはあくまで臨時的な措置だった。同じころ幕府引付頭人とみられる石橋和義《かずよし》（棟義の父）は、延文二年六月八日づけで出羽国小鹿島《おがしま》（秋田県男鹿市）を曾我時助《そがときすけ》に沙汰付けるよう、一族の曾我周防守と安東太《あんどうた》の両使に命じている（「遠野南部文書」）。これも、やはり奥州管領斯波直持には命じにくい事情があったのかもしれない。ともかく、以上の点からすると、延文二年の時点ではいまだ奥羽両管領制は成立していなかったとみられる。

注目されるのは、そのころの出羽の政治情勢である。南朝方の中心的な存在だった北畠顕信は、文和二年（一三五三）に吉良貞家方の総攻撃によって拠点とする宇津峰城を没落し、城は落城した。その後、顕信は出羽に拠点を移していたらしく、正平十三年（一三五八）八月三十日づけで出羽国一宮である大物忌神社《おおものいみ》（山形県遊佐町）に「天下興復」「別して陸奥・出羽両国の静謐《せいひつ》」を祈願し、所領を寄進している（「大物忌神社文書」）。

いっぽう、斯波直持も陸奥一宮塩竈神社に延文六年（一三六一）二月十八日づけで「天下静謐・攘災安全」を祈願しており（「塩竈神社文書」）、なお南朝方との合戦が各地でつづいていたことがうかがえる。そのさいの主戦場として、陸奥国糠部《ぬかのぶ》（岩手県二戸市・青森県八戸市ほか）一帯や出羽周辺があり、貞治三年（一三六四）の斯波兼頼らによる出羽での軍事作戦も南朝方の掃討を主眼としていたとみられる。

したがって、遅くとも貞治三年以前に兼頼は出羽国最上郡に入部し、羽州管領として出羽支配にあたるようになっていたと考えられる。これにともない、それまでの奥州両管領、もしくは単独の奥州管領にかわって、ふたりの管領が陸奥と出羽に分かれてそれぞれの分国を管轄する支配体制＝奥羽両管領制が成立した。

具体的には以後、奥州管領斯波家兼の子直持・兼頼の兄弟が、奥州管領・羽州管領として領国の支配にあたったわけで、この結果、それぞれの地域に密着した支配が可能となった。くわえて、奥州管領直持の子詮持が陸奥から出羽に援軍として派遣されたように、奥州管領と羽州管領が緊密に連携して両国の支配にあたることによって、奥羽両管領の奥羽支配はますます強化された。もちろん、貞治六年（一三六七）の「両管領」を中心とする吉良治家討伐も、両者の連携にもとづく軍事作戦のひとつだった。

つまり、広大な東北の地を従来よりも機能的、かつ効果的に支配するため、あらたに奥羽両管領制が採用されたのである。

5　奥羽両管領制下の東北

奥州四探題

以上のようにして斯波氏を中心とした東北の支配体制＝奥羽両管領制が確立されたけれども、現実の政治情勢はもっと複雑だった。たとえば、陸奥松島（宮城県松島町）の円福寺（現瑞巌寺）の寺領等にかかわる文書目録には、「（前略）一延文二年　中将軍家御制札《せいさつ》一通、同年　吉良中務大輔殿《なかつかさのたいふ》渡状《わたしじょう》一通、一明徳四年　畠山満泰《みつやす》渡状一通、一貞治二年　中将軍家御判一通、応永二年当御管領召符《かんれいめしふ》一通、一同年　御奉書二通（後略）」との記載がのこされている（「瑞巌寺文書」）。

残念ながら、この目録には年記が記されていないが、応永二年（一三九五）の奥州管領（実際には管領斯波詮持の子満持か）の発給文書を「当御管領召符」と記していることからすると、斯波詮持が奥州管領に在任していた時期に成立したことはまちがいない。その時点で円福寺に伝来していた寺領等の交付にかかわる文書として、延文二年（一三五七）づけの吉良満家「渡状」、明徳四年（一三九三）づけの畠山満泰（国詮の子）「渡状」なども存在していた。

このときの「渡状」とは、通常ならば所領等を現地の当事者に引き渡すさいに添付される打渡状《うちわたしじょう》を意味するが、奥州管領にも比肩しうる吉良満家や畠山満泰がみずから所領の引き渡しにあたったとは考えがたく、またかれら自身の打渡状も現存していないので、実際には所領の引き渡しを使節等に命じた両人の施行状を意味していると考えられる。

当時の東北には斯波氏のほかにも、かつての奥州両管領の系譜をひく吉良・畠山の両氏、そして同じく奥州総大将をつとめた石塔氏らが在国し、それぞれが独自の権限を行使していたのである。そのような状況を、永正十一年（一五一四）に成立した『奥州余目記録《あまるめきろく》』は「中比《なかごろ》、奥州に四探題なり。吉良殿・畠山殿・斯波殿・石塔殿とて四人御座候《ござそうろう》」と表現している。

各氏の動向

このうち奥州管領の斯波氏は、当初は志田《しだ》郡師山《もろやま》（宮城県大崎市）を本拠とし、詮持のころには長岡郡小野（宮城県大崎市）に移住して志田・長岡・玉造《たまつくり》（宮城県大崎市）・遠田《とおだ》（宮城県涌谷町ほか）・賀美（宮城県加美町ほか）・栗原（宮城県栗原市）などの諸郡を領した。とくに賀美・黒川（宮城県大和町ほか）の両郡支配をめぐっては、畠山国詮との相論《そうろん》に発展しており、斯波氏がみずからの支配領域である分郡を拡大しつつあったことがうかがえる。

明徳二年（一三九一）づけの幕府管領細川満元《みつもと》の奉書では賀美・黒川郡を畠山国詮の分郡と認め、斯波詮持の押領をとどめて、国詮の代官に引き渡すよう伊達・葛西の両氏に命じている（「伊達家文書」）。すでに畠山氏は、陸奥二本松《にほんまつ》（福島県二本松市）に本拠を移していたとみられるが、なお府中周辺にも分郡を有していたのである。松島円福寺の寺領をめぐり、国詮の子満泰が明徳四年づけで施行状を発給した背景には、畠山氏が依然として陸奥中部にも影響力を保持していたことがあった。

いっぽう、吉良満家は円福寺の文書目録から延文二年づけで施行状を発給したことがわかるが、どうやら同年中に満家は没した模様で、現時点では延文二年以降の満家発給文書を確認することはできない。また、満家の弟治家が勢力挽回を図って、貞治六年（一三六七）に陸奥名取郡（宮城県名取市ほか）に攻め入り、斯波直持らと戦ったが撃退されている。最終的には治家は陸奥を離れて武蔵世田谷郷（東京都世田谷区）へと本拠を移し、鎌倉公方足利氏に仕えた。満家・治家らの叔父貞経も、やはり貞治六年に和賀氏に長岡郡小野郷を宛行《あてが》ったあと消息を絶っており（「東北大学日本史研究室所蔵鬼柳文書」）、まもなく没落したとみられる。

そのほか、すでに述べたように石塔義憲が文和三年（一三五四）六月に府中を占領したけれども、結局は一時的なものにとどまった。義憲のばあいは、陸奥にみずからの分郡を形成するにはいたらなかったらしく、その後の動向を確認することができない。

かれらにかわって斯波氏の一族である石橋棟義が、遅くとも貞治六年（一三六七）には奥州総大将として奥州管領の斯波氏を補佐している。応安三年（一三七〇）ごろには、棟義の父和義もこれに合流し、以後は父子で東北支配にあたった。棟義の発給文書は至徳三年（一三八六）まで確認することができ（「相馬文書」）、二〇年以上にわたって陸奥での活動をつづけていたことがうかがえる。

とくに棟義は永徳四年（一三八四）五月づけで陸奥名取熊野三社（宮城県名取市）に願文《がんもん》（神仏への願いを書いた文書）を捧げ、「心中の所願じやうじゅ（成就）」として、はやく敵を退け、敵対者には神罰を下し、さらには国中が静謐となるようにと祈っている（「名取熊野神社文書」）。この願文からは、陸奥ではなおも政治的な対立が継続していたことがわかる。すでにこのころ吉良・石塔氏らは東北を離れ、また畠山氏も南陸奥に拠点を移していたことからすると、棟義にとっての敵とは当時、東北支配をめぐって競合関係にあった斯波氏をさしていると考えられる。とはいえ、情勢は石橋氏に不利で、この願文は斯波氏との競合に敗れて棟義が南陸奥の塩松地方（福島県二本松市ほか）へと移った前後にしたためられた可能性がたかい。

国人一揆の時代

東北を政治的に支配する中心的な存在として、奥羽両管領たる斯波氏が台頭してくるなかで、各地ではあらたな動きが表面化しつつあった。それは各地の武士（国人）たちが相互に盟約を結んで団結し、政治・経済的な自立性を維持しようとするもので、国人一揆と通称されている。

たとえば、伊達政宗と留守一族の余目持家とが交わした一揆契状《けいじょう》（一致団結することを約束した文書）によると、以下のように取り決められている（「伊達家文書」）。「向後《こうご》においては、大少の事を見継ぎ、見継がれ申すべく候。公方《くぼう》の事は、時儀《じぎ》により申し談ずべく候。次に所務相論以下の私の確執の事は、一揆中で申し談じ候。沙汰致すべく候」。大意は、「今後は大小となく互いに支え合う。政治向きのことは状況に応じて相談する。経済的なトラブル等は、一揆中で相談して対処する」といった内容で、当時の典型的な一揆契状のひとつである。

以上のような盟約が、ふたりのあいだで、もしくは三人以上で、かつ一族内で、または他氏を交えてといったさまざまなバリエーションで結ばれたのである。まさに国人一揆の時代といえる。

これらの事実が象徴的に示すのは、南北朝時代という過酷な内乱状況のなかでその当事者たる国人たちが、みずからの生きのこりをかけて生み出したセーフティーネットが国人一揆だったということである。したがって、上部権力である奥州管領については、「奥州に四探題」といわれるような分裂状況のなかから斯波氏に収斂されていったが、かえって国人たちによる一揆はまるで大地に根を張るように一揆契約者どうしが結びつき、さらにそれぞれのネットワークをつうじてその結合範囲を拡大していくことになった。

そして、南北朝内乱にともなう各氏の盛衰の結果、その最終段階では奥州管領の斯波氏を頂点にして、つぎのような国人たちの序列が形成されていたと伝えられる（『奥州余目記録』）。まず伊達・葛西・南部の三氏を筆頭に、留守・白河・蘆名《あしな》・岩城《いわき》氏らがつづき、つぎに桃生《ものう》・登米《とめ》・深谷・相馬・田村・和賀《わが》・稗抜《ひえぬき》氏ら、そしてその他の国人がかれらの一格下に位置づけられた。また、伊達・葛西氏らの一族は、以上のような国人たちよりもなお格下の存在にみられていたという。もちろん、出羽でも羽州管領を頂点とする出羽国人たちの序列が同じようにかたちづくられていたと考えられる。

南北朝内乱という未曾有《みぞう》の戦乱のすえに、東北では斯波氏の奥羽両管領制のもとで、国人たちによるあらたな秩序が成立したのである。

コラム

篠川御所を歩く

垣内和孝

福島県郡山市安積《あさか》町笹川に、鎌倉公方《かまくらくぼう》三代足利満兼《みつかね》の弟である満直《みつただ》の居館が存在した。郡山市の中心市街地からおよそ五・五キロ離れたこの地は、現在は住宅地や農地などとなっており、往時の面影をしのばせるものは少ない。しかし現地を丹念に歩くと、道の区画やちょっとした地形の変化などに、およそ六〇〇年前の様子を窺うことができる。

次の図は、先行研究（柳沼、一九七五・広長、二〇〇二）を参照しながら現地を歩いて作成した篠川《ささがわ》御《ご》所《しょ》の復元図である。Iとした区画が御所の本体と思われる。近世の奥州街道を継承した県道が、中心部分を縦断している。この県道が南側から区画Iに差し掛かるあたりで、道筋が変化している。おそらく、既存の区画Iに規制された結果と思われる。北西のコーナー部分や東辺には明確な段差が確認でき、区画Iが周囲より一段高い位置にあることがわかる。

区画Iの規模は、東西約一二〇メートル、南北約一八〇メートルである。室町期の南奥には、平面が方形を基調とした国人領主の居館が少なからず存在するが、その規模は一辺五〇メートルから八〇メートルほどのも

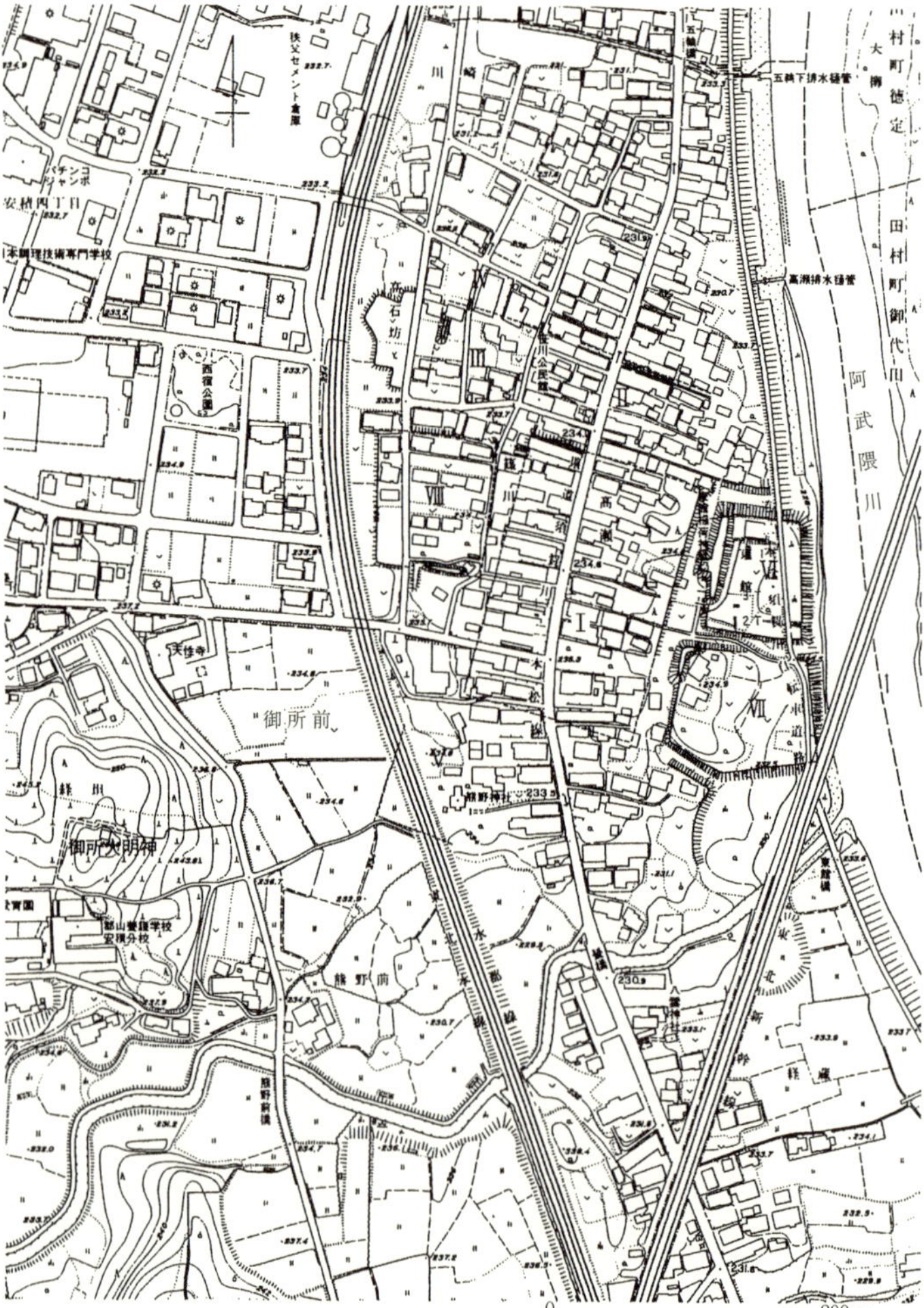

篠川御所の現況（垣内，2007 年）

のが多く、篠川御所の規模は突出している。同様の規模を有する居館は、奥州管領の系譜を引く二本松畠山《にほんまつはたけやま》氏の田地ヶ岡館《でんちがおかたて》（二本松市）と、後に陸奥国守護任命の通知を受ける伊達氏の梁川《やながわ》城（伊達市）が目に付く程度である（垣内、二〇〇七）。

御所の周辺には、Ⅱ・Ⅲ・Ⅳ・Ⅴ・Ⅵ・Ⅶ・Ⅷとした区画の存在も想定できる。これらの区画の中には、様相の不明確なものも含まれるが、御所を中心として、満直に従う国人層の館や寺院などが併存する景観を復元できそうである。これらの区画群のある一帯は微高地となっており、御所に関連する施設が、そのさらに外側まで広がる可能性は低いと思われる。

いっぽうで、区画群の西側には、西宿・御所前・熊野前といった字《あざ》名が並ぶ。特に西宿の地名は注目でき、この地に宿が存在し、街道の通っていたことが予想できる。もとより宿や街道の年代は不明だが、御所との関連は十分に考えられる。また、南西の丘陵上には御所明神と呼ばれている神社が鎮座し、この方角が御所の裏鬼門であることも興味深い。この辺りの字名は経坦《きょうたん》であり、経塚の存在が予想できる。この丘陵の一帯が、宗教的な場であったことも考えられる。

篠川御所を含む周辺の一帯は、後の守護所にも比すべき性格を有していたと考えられ、南奥における政治的中心の一つであったと評価できる。しかし永享十二年（一四四〇）には、結城合戦に関連して石川氏などの周辺国人の攻撃を受け、篠川御所は滅亡する。その結果、南奥には上位権力の空白が生じ、室町的な秩序の動揺が加速していく。

篠川御所の滅亡後しばらくして、篠川を含む安積郡の南部には、岩瀬郡の須賀川《すかがわ》を本拠とする二階堂氏の勢力が及ぶようになる。土を積み上げて築いた土塁が確認できるⅥ・Ⅶ・Ⅷといった区画は、二階堂家中の須田氏によって戦国期に改修されたものと考えられる。

三　京・鎌倉と東北

黒嶋　敏

1　室町時代の奥羽

室町時代と奥羽の魅力

日本史のなかでも、室町時代は印象が薄い時代とされるようだ。日本列島を激しく突き動かした南北朝時代と、諸国に群雄が割拠する戦国時代との間に挟まれて、イメージが湧きにくいせいか大河ドラマで取り上げられることもめったにない。しかもその頃、「陸奥国」「出羽国」「奥羽」と呼ばれていた東北地方となるとさらに影が薄く、高校日本史教科書でも「奥州探題《おうしゅうたんだい》」の語が小さく載っている程度ではないだろうか。

その最大の原因は史料の乏しさにある。奥羽に関連する中世史料のうち、室町時代のものとなると格段に少なくなるのだ。詳細を浮かび上がらせようとしても、史料的な制約がネックになってしまい、追究が進まなかったのである。

だが、こうした状況は少しずつ克服されつつある。近年では、『青森県史』や『古川市史』、『横手

表　室町期の奥羽の変遷

明徳2(1391)	奥羽二国、鎌倉府に併管
応永7(1400)	伊達・蘆名の反乱、奥州探題の復活
応永17(1410)	海道五郡一揆
応永27(1420)	鎌倉公方持氏と京都御扶持衆の対立が続く
永享2(1430)	篠川公方足利満直、将軍義教から持氏後継の内諾
永享12(1440)	結城合戦、篠川公方頓死、白河氏朝上洛
宝徳4(1451)	奥州探題大崎氏に内裏段銭の徴収指示
長禄4(1460)	幕府、奥羽諸氏に関東への軍勢を催促
文明2(1470)	白河政朝、相馬隆胤と同盟する
文明13(1481)	白河政朝、一万句連歌会を興行
延徳3(1491)	細川政元、奥州をめざし北陸に下向
明応7(1498)	越中放生津滞在中の義材、白河氏と接触？
永正7(1510)	白河氏の分裂により、政朝、那須へ没落

市史』など、充実したスタッフによる自治体史が編纂・刊行されており、周辺地域を含め、新史料の発見をはじめとする豊かな成果を生み出している。いっぽうで、「南部文書」や「白河文書」といった史料群についても、共同研究をもとに丁寧な原本史料の調査が進められており、こちらも新知見が次々と発表されている。こうした蓄積によって、室町期の奥羽を語る材料は増えつつあり、これまでは見えにくかった情況が徐々に明らかになってきている。

また日本中世史研究においても、室町時代に注目が集まっている。室町幕府という政治機構の解明が進み、それとともに、日本各地の地域の情況と室町幕府の政治体制をリンクさせて、中央と地方を一体的に考える論考が相次いで発表されているのだ。

それは陸奥・出羽両国も例外ではない。「遠国」とされ、従来は幕府政治と切り離されて考察されることの多かった奥羽の歴史であるが、じつは京都の幕府や東国の鎌倉府（関東に置かれた室町幕府の地方統治機関）と、それぞれ密接に関連しながら、地域の情勢が展開していったことが明らかになってきているのである。京都、鎌倉、そして奥羽という三つのフィールドが複雑に絡み合うということは、一つのフィールドだけではなく、複眼的に周囲の状況を合わせて押さえていかないと、地域の特性というものが見えにくいということになる。

これが室町期の東北地方が持つ大きな特徴であり、魅力である。日本の政治の中心から離れた場所にありながら、じつは京都の室町幕府・関東の鎌倉府と密接に関わり、ここから、室町期日本を俯瞰できるフィールドともなるのである。

この点に注意して、時代像を詳しく見るために、室町期奥羽の歴史を約一〇年ごとに区切りながら、政治的な展開を概観してみよう。

時期区分①　奥羽の併管

その始点は、室町期奥羽の方向性を決定づけた明徳二年（一三九一）の鎌倉府併管に求めることができる。足利尊氏が、幕府を京都に置くか鎌倉に置くかで迷いつづけたのは有名な話であるが、京都には室町幕府が、鎌倉にはミニ幕府ともいうべき鎌倉府が置かれた。ともに足利氏を頂点とする政治機構が出来上がれば、協調から対立に向かうのは時間の問題でもある。幕府内で抵抗勢力がうまれるたびに鎌倉公方《かまくらくぼう》と結びつこうとする状況が繰り返され、鎌倉府対策は、つねに幕府の懸案事項となるのである。奥羽はそれまで、南北朝争乱の軍事指揮官と

図3-1　足利・斯波氏略系図　＊太字は室町幕府将軍、丸数字は代数を表す。

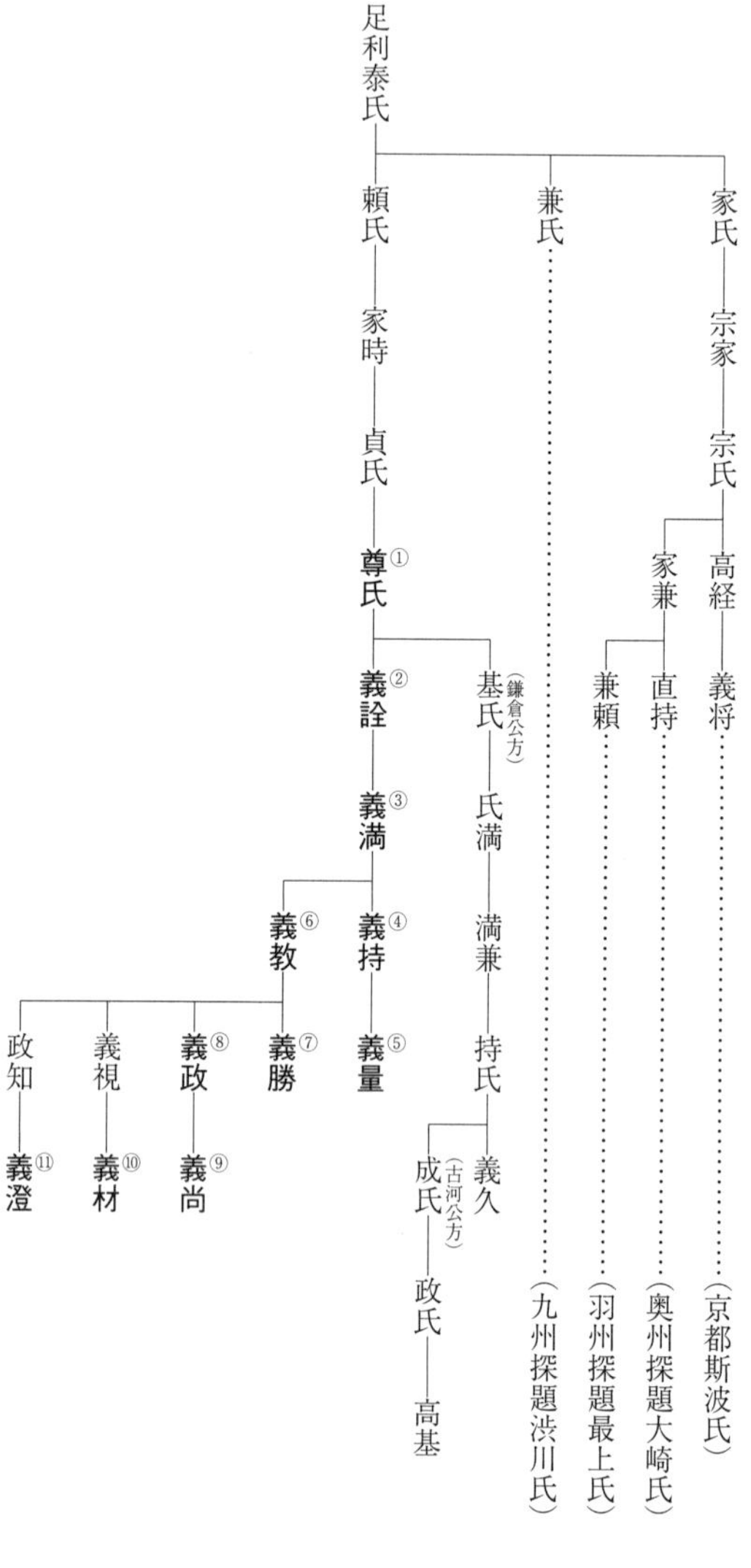

して幕府から下向した奥州管領などが統治にあたっていたが、将軍義満は鎌倉公方氏満《うじみつ》への懐柔策として、奥羽二国を鎌倉府に移管した。

鎌倉府による奥羽支配は、氏満の子足利満兼《みつかね》によって本格化する。応永六年（一三九九）に満兼は、弟の満直《みつなお》を陸奥南部の篠川に（篠川御所、コラム「篠川御所を歩く」を参照）、満貞を同じく稲村に下向させ（稲村御所）、鎌倉府支配の中軸としていった。翌年、二人の下向に慌てた幕府は方針を転換し、奥州管領職にあった斯波氏を奥州探題に任命してふたたび幕府方の橋頭保《きょうとうほ》としつつ、伊達氏などと連携させて鎌倉府の牽制を図っていくのである。

奥羽の諸氏は、幕府と鎌倉府との対立の構図に引き込まれることになった。満兼が死んだ翌年（一四一〇年）に陸奥南部の沿岸部を本拠とした領主たちは、海道五郡（岩城、岩崎、楢葉、標葉《しめは》、行方《なめかた》）一揆とよばれる一揆契約を結んでいる。周辺地域でもこの時期に一揆契約が結ばれており、上部権力の緊迫化・流動化に対応して、領主間相互の横のネットワークを模索した痕跡であった。

時期区分②　持氏の野望

満兼の子持氏《もちうじ》は、歴代鎌倉公方のうちで、もっとも激しく将軍と対立した。一四二〇年代に入ると持氏は、幕府方と連携し鎌倉府を牽制していた諸氏（京都御扶持衆《おんふちしゅう》）を討伐し、幕府と鎌倉府の間はますます冷え切っていく。

京都では四代将軍足利義持が後継者を指名しないまま死去し、石清水八幡宮でのくじによって、新将軍義教《よしのり》が誕生した。この時、将軍職を望んでいたという持氏は、義教への露骨な敵愾心《てきがいしん》を見せ、義教も持氏を挑発し、東国・奥羽の京都御扶持衆を積極的に支援していった。しかも義教は、持氏にとって叔父にあたる篠川御所足利満直に、永享二年（一四三〇）、持氏後継の地位を認る内諾を与えてしまう。抵抗勢力の一掃を図る義教、将軍への野望をたぎらせる持氏、鎌倉公方就任を夢見る満直という三者三様の思惑が交錯しつつ、白河氏など周辺国人が満直を支援したために、陸奥南部は反鎌倉府勢力の前線基地と化した。

一触即発の緊張下で、ついに幕府が持氏討伐に動いたのが永享十一年（一四三九）である。幕府方の関東管領上杉憲実《のりざね》を討伐しようとする持氏に対し、幕府は軍勢を派遣し、篠川御所足利満直にも出撃を命じた。間もなく持氏は自害したが、対立の火種はくすぶり、翌年には結城氏朝《うじとも》らが持氏の遺児を奉じて挙兵、その混乱で足利満直も命を落としてしまう。京都の義教も翌々年に赤松満祐《みつすけ》に暗殺され（嘉吉《かきつ》の変）、幕府と鎌倉府の対立を主導してきた中心人物が相次いで消えたことで、時代は新たな局面を迎えた。

時期区分③大崎氏と白河氏

義教暗殺により将軍職が事実上の空白となり、鎌倉府という脅威が影をひそめたこともあって、有力守護大名による保守的な幕政運営がつづいた。既存の役職はそのまま温存され、宝徳四年（一四五二）には、内裏《だいり》再建のため陸奥国にも段銭《たんせん》（幕府・朝廷が諸国の田数に応じて徴収した金銭）が賦課《ふか》され、大崎氏に徴収が命じられている。斯波《しば》氏一族の奥州探題大崎氏は、陸奥では武家秩序の頂点に位置づけられ、幕府と巧みに連携して探題としての存在感を示していたのだ。

ところが新将軍の義政が関東政策に失敗し、ふたたび幕府と関東との関係が悪化すると、奥羽も巻き込まれていく。長禄四年（一四六〇）、幕府は東日本の武家諸氏に公方成氏《しげうじ》討伐の軍勢を催促し、陸奥南部の諸氏は白河氏の指揮下に入るよう指示されている。篠川御所滅亡後は、白河氏が幕府勢力の凝集核となっていたのだ。もっとも、白河氏は奥州探題大崎氏との連携も指示されており、武家秩序で高位にある大崎氏は、やはり無視できない存在だった。

こうした周辺諸氏への軍事指揮の延長として、文明二年（一四七〇）に白河政朝《まさとも》は、陸奥南部の相馬隆胤《たかたね》の懇望を受けて一揆を結んでいる。応仁の乱の最中、東国でも京都でも戦乱がつづくなか、白河氏は周辺諸氏の盟主となっていた。文明十三年、白河政朝は白河鹿島神社の神前で一万句連歌を興行するいっぽうで、将軍義政に馬などを贈っており、幕府と結びついた白河政朝の権勢・財力は誰の目にも明らかであった、

白河氏は幕府の要人からも頼りとされていた。細川政元・足利義材《よしき》の二人はともに幕府内部での影響力を強化するために、延徳三年（一四九一）には政元が、翌々年には義材が北陸まで下向していた。政元は白河氏との会談を予定し、義材は越中放生津《ほうじょうづ》（富山県射水市）から起死回生を図るべく、白河氏をはじめとする諸氏に支援を命じていった。政元にしろ義材にしろ、幕府への影響力を強めるために、白河氏と結びつこうとする共通した動きを確認できるのである。

応仁の乱後の幕政の混乱は将軍家を二分させ、その影響を受けて関東の古河公方家も分裂していった。古河公方足利政氏・高基《たかもと》父子の内紛から永正の乱と呼ばれる地域紛争となり、白河氏もまた動乱に引きずられるように分裂していく。家中の支持を失った政朝は永正七年（一五一〇）、那須へと没落。以後、その消息は途絶えてしまうのである。

長めの一五世紀

以上、室町期の奥羽について、おおざっぱに約一〇年ごとの把握を試みた。考察のための大きな枠組みとして、一三九一年（奥羽の鎌倉府移管）から一五一〇年（白河政朝没落）まで、長めの一五世紀というスケールで見てみると、室町期の政治構造が把握しやすくなるようだ。

長めの一五世紀のうち、前半は京の室町幕府と鎌倉府の対立関係によって、奥羽がつねに緊張にさらされていた時期となる。いっぽう、後半は幕府と鎌倉府の対立が後景に退いていき、将軍家・古河公方家それぞれが分裂への道を歩みはじめることによって、とくに陸奥南部で権勢を持っていた白河氏が引きずられるように衰退していく過程であった。京都・鎌倉の対立のエネルギーが大きければ大きいほど、奥羽の安定化が図られていき、逆にエネルギーがしぼんでいくと、奥羽内部でも地域紛争が顕在化してくる、このような流れが導き出せるだろう。

もちろん、この時期も、奥羽国内では断続的なこぜりあいなど、地域紛争が皆無であったわけではない。それにもかかわらず、たとえば同時期の九州で、博多支配をめぐり大内氏と大友氏の間で恒常的に抗争がつづいたのとは異なり、奥羽両国内においては地域独自の対立軸が形成されることがなかった。奥羽内部での軍事行動も、導火線となったのは京・東国の対立であったとすれば、室町幕府という政治体制が一程度の規定性を持ち得た時代として、長めの一五世紀を位置づけることできそうである。

探題、日本海、白河氏

このように考えると、室町期奥羽の切り口として浮かび上がるのは、以下の三点である。

一点目は、室町幕府の重鎮斯波氏の一族として、奥州探題職にあった大崎氏の存在である。もっとも、大崎氏も単独で成立しつづけることができたわけではなく、京都の幕府との連携をつづけながら、やはり斯波氏一族であった高水寺《こうすいじ》斯波氏や出羽の最上《もがみ》氏と一体となって、室町幕府体制下において政治的に重要なポジションを維持しつづけた。幕府と東国の対立という荒波が次々と押し寄せるなかでの奥州探題大崎氏の動向は、奥羽を考える何よりの材料となる。

次に二点目として、奥羽を一体的にとらえるならば、畿内と近い地理的特性を持つ日本海側の重要性に留意したい。とくに、日本海の海上交通により畿内と結びついていた出羽の様相を踏まえることで、陸奥側にも新たな側面が見えてくるはずである。また、日本海の北部には、当時の認識で日本の外とされた蝦夷島《えぞがしま》が連なる。境界の場という地理的特性を持つこのエリアは、安藤氏が掌握しており、その様子も合わせて見ておこう。

三点目は、白河氏の盛衰である。幕府と東国の対立軸が室町期奥羽を規定したとき、その影響を誰よりも大きく蒙ったのは奥羽の最南端にあった白河氏である。その盛衰は、室町期奥羽の位置づけを映し出すスクリーンでもあるのだ。

この三点を、さらに詳しく掘り下げてみよう。

2　探題と奥羽両国

奥州探題とは

ふつう奥州探題とは、室町幕府が陸奥国統治のために設置した役職であると説明される。もちろんこれで間違いではないが、より正確には、探題の持つ諸権限は、それぞれに適用範囲が異なっていたと考えたほうがよさそうだ。

たとえば奥州探題の軍事指揮権について。南北朝争乱が各地で深刻化すると、室町幕府は幕府有力者を地域管領や国大将という現地司令官に任命・派遣し、紛争鎮静化にあたらせた。奥羽には、幕府重鎮の斯波氏などが、一族を奥州管領・羽州管領として下向させていた。あいつぐ幕府重鎮の分身の下向は、上京の機会が乏しい地元の幕府方武家勢力にとっても、幕府とのコネクションを確保する人物として受容されたのである。

だが既述のように幕府と鎌倉府の政治的駆け引きの産物として、奥州管領は改変され、まもなく同じ斯波氏が今度は探題として任命されることになった。奥州管領の系譜を引き継いだ探題も、陸奥国内諸氏への軍事指揮権を保持している。これは、東日本の京都御扶持衆と鎌倉公方との軍事的緊張が解消されなかったために、有事のさいは幕府方の橋頭保となるべく、奥州探題の軍事指揮権が温存されたものと考えることができるだろう。

奥州探題職にあった斯波氏（のちに大崎氏を名乗っていく）が軍事指揮権を確保できたのは、周辺諸氏に比べ格段に高貴な出自を持つためである。もともと足利氏と血縁的に近い斯波氏は、将軍家に次ぐ高い家格を与えられた一族だった。足利氏を頂点とした室町幕府の秩序、いわゆる足利の秩序において、斯波氏はナンバーツーの位置にあり、その同族である大崎氏もまた、必然的に高い位置づけをされていたのである。こうした秩序は、書札礼《しよさつれい》や儀式・対面時の序列など、あらゆる場面で可視化されることになる。極言すれば、室町幕府という政治体制から逸脱しないかぎり、武家の諸氏は、全国を覆っていた将軍家を頂点とした足利の秩序を受容しなければならないのだ。

奥羽という遠国にあって、奥州探題大崎氏が軍事指揮権を保持し、地元の諸氏から推戴《すいたい》される要因の一つは、この権威の高さに求めることができるだろう。事実、大崎氏は周辺国人に対し、朝廷の官職への任命を推薦した官途推挙状という文書を発給していた。これは、大崎氏発給の官途推挙状が、実際に中央で補任《ぶにん》されたものと同等の意味を持つという認識が共有されていたことを示している。足利一門・斯波氏一族という家格の高さから、当時の武家社会秩序で上位にあった大崎氏の地位は、周

図3-2　室町期の奥羽

辺諸氏にとっては権威的な象徴だったとすることができるだろう。

国人と探題

軍事指揮権と斯波氏の高い家格という点では、奥州管領と奥州探題に共通性はあるが、それ以外の職権は相当に異なっている。裁判権をはじめ統治面でも広範な職権を与えられた奥州管領に比べると、そのような権限は確認できないのだ。

もっとも、陸奥国内には大崎氏のほかにも、郡単位で分郡と呼ばれる領域を確保し、在地支配権を進展させていった有力な国人が数多く存在した。たとえば陸奥南部では、会津地方の蘆名氏、仙道の白河氏、浜通りの岩城氏や相馬氏、陸奥中部では伊達氏や葛西氏、陸奥北部では南部氏などといった諸氏には、一五世紀から地域支配を進めていた痕跡がある。

こうした郡レベルでの国人領主としての顔は、陸奥中部の大崎地方（現在の宮城県大崎市付近）を押さえていた大崎氏にも見られる。つまり大崎氏は、大崎地方の国人という側面と、奥州探題としての側面と、二つの特徴を兼ね揃えていた氏族であるということができるだろう。直接統治する領域の大きさは、陸奥国内の諸氏とそれほどの差はないが、軍事指揮権とその裏付けとなる出自の高貴さは、周辺諸氏を凌駕《りょうが》するものだった。室町期の陸奥国が、奥州探題大崎氏を視点とした序列があるいっぽう、各地では郡レベルの地盤を持った有力者たちが育っており、この重層的な政治構造に注意しなければならない。

このように奥州探題大崎氏は、室町幕府から特別な存在として処遇され、陸奥国における武家秩序の頂点に位置づけられていた。ただし、幕府と探題の関係は、つねに円滑だったわけではなく、そのことが探題の地位にも微妙な影を落とすことになる。

将軍義教の積極政策

くじ引きで将軍職に就いたという数奇な運命をたどった足利義教は、それゆえに自分の政治の正当性を主張することに力を注ぎ、敵対する鎌倉公方持氏には厳しく臨んだ。義教は地方に対しても、将軍の影響力を強化していく方策を選び、たとえば九州探題渋川氏は、義教政権初期において一時的に冷遇されていたようだ。義教は、探題のような従来型の間接的な地方統治を介さず、より積極的に、みずからが直接指示を下す統治方法を模索していたといえるだろう。

同じことは、探題設置国であった奥州でも確認できる。この時期、鎌倉府との関係が緊迫の度合いを増し、幕府方となる周辺諸氏が京都との連携を強めていく状況下で、『満済准后日記《まんさいじゅごうにっき》』などの幕府関係史料に、関東や陸奥の諸氏が頻繁に登場するにもかかわらず、奥州探題大崎氏の名前はまったく登場しない。このことは、将軍義教による東国政策において、奥州探題大崎氏は主軸から外されていた結果であるとせざるをえない。

そこには二つの理由がある。一点目は、既述のように、義教は幕府方の凝集核として、陸奥南部にいた篠川御所足利満直に白羽の矢を立て、満直を中心とした特別軍事編成を支援していた。陸奥中部にある大崎氏と比べれば、主戦場となる北関東・陸奥南部への距離的な近さは篠川御所に分があり、家格の面でも、斯波氏一門の大崎氏よりも、将軍と同じ足利氏である満直の方がさらに上位にある。義教にとって、満直のほうが利用価値は大きかったのであろう。

理由の二点目として、幕府内部の勢力バランスの変化があげられるだろう。幕府重鎮の斯波義将《よしゆき》が応永十七年（一四一〇）に六一歳で没してからというもの、斯波氏歴代の当主は早世や内紛がつづき、徐々に衰退への道を転がり落ちていく。家督問題に将軍義教が介入したこともあり、斯波氏の独自性は失われていった。

斯波氏と細川氏

こうした本家の変質は、当然ながら奥州大崎氏の立場にも影響がおよぶ。もともと大崎氏は、本家である斯波氏を取次《とりつぎ》（幕府内部における仲介役）とし、幕府との通交を成立させてきた。だが斯波氏の退潮にともない、一五世紀の中ごろになると、取次は幕府官僚の飯尾氏に交代し、さらに将軍側近の伊勢貞親《さだちか》へと変化していった（『余目氏旧記』）。ここには、新たに将軍となった義政のもとで、貞親が権勢を増長させていくという幕府の内情が反映されている。

斯波本家という幕府と大崎氏を結びつけていたパイプが、徐々に機能不全に陥っていく一五世紀前半。将軍義教と奥羽の諸氏と間を取り持つ役割は、おもに細川氏が果たしていた。

同じ足利一門として将軍家を支えながら、管領職をめぐる斯波氏と細川氏の激しい対立は、一四世紀の室町幕府政治史を彩る重要なキィワードである。一五世紀以降の両者の対立については評価が難しいのだが、奥羽の場合、大崎氏関連の記事が少なくなる将軍義教期には、細川氏が、篠川御所をはじめとする奥羽の諸氏と幕府の間の取り次ぎにあたっていた。幕府や将軍から彼らに発信する時や、逆に彼らの側から幕府・将軍に返信するときは、細川氏がこれを仲介したのである（金子、二〇〇二）。

将軍主導による陸奥南部の特別編成と、幕府内部の勢力バランスとが複雑に影響しあいながら、諸氏の行動のあり方は規定されていたのである。

将軍代替わりと貢馬

将軍義教期の冷遇、斯波本家の衰退という不運に見舞われた奥州探題大崎氏であったが、一五世紀後半においても幕府との結びつきを確保しつつ、政治的な地位を維持していた。たとえば寛正六年（一四六五）、将軍義政は南部氏・大宝寺《だいほうじ》氏・白河氏に名馬の進上を命じているが、そのさい、探題宛てには別に丁重な書式の文書が作成されていた（『親元日記』寛正六年四月十三日）。史料の作成者は幕府の政所執事代であった蜷川親元《にながわちかもと》で、武家の秩序に精通した人物である（本書口絵、国宝「白糸威褄取鎧《しろいとおどしつまどりよろい》兜大袖付」参照）。

奥羽は馬の産地として古くから有名であったが、この時、義政が名馬進上を命じたのは、この年の冬に弟の義視を還俗させ、将軍職の後継者として代替わりを進める、その準備のためであった。新将軍の代始めを奥羽産の名馬で飾り立てようとしたのである。

幕府としては奥羽諸氏へと個別に連絡することもできたが、名馬を確実に進上させるためには、大崎氏の助力が必須であると考えたのであろう。あるいは、あえて大崎氏を中心に据えることで、陸奥一国をあげた代始め祝賀プロジェクトであると演出する狙いがあったのかもしれない。奥羽からの貢《こう》馬《ば》が持つ政治的意義を踏まえると、奥州探題の役割もまた、それなりに大きなものであったと考えるのが自然である。

ここには、代替わりを契機に室町幕府将軍と奥羽の関係が再生産され、そこに探題が位置づけられた構図を見てとることができる。新将軍の代始めを寿《ことほ》ぐものとして、貢馬に象徴される遠国の産物は、将軍の武威を表すまたとない仕掛けなのである。奥羽の地域性のゆえに、その関係性は代替わりのたびに甦ることになるのだ。

大崎氏の周辺

一五世紀後半の奥州探題大崎氏を考えるさいに、もう一つ興味深い史料がある。これまでの研究ではあまり検討されていないようであるが、やはり蜷川親元の日記のうち、別系統の写本に記された一節を意訳して紹介しよう。

奥州探題の大崎右衛門佐殿への書状は、氏家三河守が奏者となる。
陸奥国の斯波治部大輔《じぶのたいふ》殿への書状は、瀧渕《たきふち》が奏者となる。これは斯波三十三郷の領主である。
羽州探題の最上右京大夫《うきょうのたいふ》殿への書状は、氏家伊予守が奏者となる。
これら三ヶ所の事は、太田上野介光が報告してきたものである。

（宮内庁図書寮所蔵本『親元日記』文明十年正月表紙書入）

断片的なメモ書き程度の記述であるが、ここから次のようなことが分かる。まず、繰り返し触れてきた、大崎氏の身分的な地位の高さである。これは披露状という貴人宛ての書式で、蜷川親元から大崎氏に書状を送るさいには、大崎氏の重臣であろう氏家三河守を宛名として、氏家三河守から大崎氏に披露してもらう手続きを必要としたのだ。そのため蜷川氏は、奏者となる家臣の名前を記し、幕府側は正確に把握していた。ここから、この文明十年（一四七八）頃に、幕府―大崎氏間で恒常的な文書の往復があったことが分かるだろう。

つづいて、大崎氏とともに列記された二人の存在である。「斯波治部大輔」とは、『余目氏旧記』に「奥之斯波殿」として登場する高水寺斯波氏である。斯波一族の本貫地《ほんがんち》（本籍地）である志波郡（斯波郡とも。現在の岩手県紫波郡付近）の領主であった高水寺斯波氏は、別の史料でも「奥州の大崎・斯波両所」（米良文書）と並び称される存在であった。永享七年（一四三五）、陸奥北部の和賀氏の内紛に端を発した戦闘では、大崎氏とともに、高水寺斯波氏が軍勢を出しており（「稗貫状」）、高水寺斯波氏が大崎氏の補佐役だったことが推測できる。『親元日記』に「斯波三十三郷領主」と明記された点から、大崎氏とともに京に使者を送っていた高水寺斯波氏について、当時の幕府が十分に認知していたことが判明する。

羽州探題最上氏

そしてもう一人の「羽州探題」「右京大夫」は最上氏である。南北朝期に出羽国最上郡（現在の山形県山形市付近）に入部した斯波兼頼を祖とする最上氏は、大崎氏と同じように、羽州管領・羽州探題の任にあった斯波一族である。近年では羽州管領職の開始時期について議論が分かれているが、斯波氏一族が最上郡に入り拠点化を進め、おそらくは大崎氏が奥州探題に任命されたのと時を同じくして羽州探題となったことが、室町期最上氏の活動基盤だったものと推測される。

もっとも、最上氏に関する史料は奥州探題大崎氏よりもはるかに乏しく、その実体はなお判然としないなかで、このメモ書きは「羽州探題」と明記された数少ない同時代史料の一つであり、最上氏への披露を担当する家臣が「氏家伊予守」であったことも判明する。この人物は、やはり大崎氏の家臣であった「氏家三河守」と同族であったとすれば、最上氏と大崎氏とが、共通性の高い家中構造を持ったことが想定でき、羽州探題最上氏もまた、奥州探題大崎氏を補佐する一人であったことになるだろう。

このように応仁の乱後も室町幕府と奥羽との関係は維持されており、奥州探題大崎氏を中心とした武家の政治秩序が保たれていたことが確認できるのである。大崎氏は同族の高水寺斯波氏・最上氏と連携しながら、陸奥北部から出羽にかけての影響力を保有しつづけていた。なかでも、京との物理的な距離では大崎氏よりも近い位置にあった最上氏が、幕府と大崎氏との通交実務を支えていた可能性は高い。つづいて、日本海の海上交通をはじめとする多様なルートによって、畿内と密接に結びついていた出羽国側に視点を移してみよう。

図 3-3　羽黒山五重塔（出羽三山神社提供）

3　日本海側から見る

庄内と羽黒山伏

五穀豊穣から交通安全まで、人々は願いを山に託し、祈りを捧げてきた。その山岳信仰の拠点として、熊野や吉野などとともに有名なのが、羽黒山《はぐろさん》を中心とする出羽三山である。中世においても、羽黒山・湯殿《ゆどの》山・月山《がっさん》の三山は多くの信者を集め、三山と信者がいる在地とを往復する修験者（山伏）たちは、出羽山伏とか羽黒山伏と呼ばれ、信仰を支えていた。聖地と信者との間を常に往復した山伏たちは、いわば移動を生業としたのである。

もっとも当時の旅は、危険とも隣り合わせである。琵琶湖を船で渡っている時に不運にも殺害されてしまった出羽山伏のエピソードが伝えられているが（「本福寺跡書」）、このように出羽山伏の行動範囲は出羽一国にとどまらず、京・鎌倉の大寺社や熊野・吉野などでも修行をするため、広く全国を移動していた。出羽三山の信仰規模に比例して、彼らの行動半径も広がっていくのである（図3-3、羽黒山五重塔）。

中世の奥羽には出羽三山だけでなく、鳥海山《ちょうかい》や男鹿《おが》、岩木山《いわき》・岩手山《いわて》、陸奥南部の霊山など山岳信仰の聖地があり、それぞれを山伏たちが駆けめぐっていた。山伏は、宗教者であるとともに、交通の達人でもあり、篠川御所足利満直から幕府に送られた使者にも「山臥」がいたように（『満済准后日記』正長二年九月二日）、人の力による伝達が確実な方法だった時代、とくに遠距離を結ぶ通信に活用されることになるのである。

幕府・探題と羽黒

前節までに見てきた奥州探題大崎氏と幕府との関係性からすれば、その通信インフラとして、陸奥中部と京とを結ぶ途上に位置する出羽三山の山伏が重視された可能性は高い。やや後の史料だが、天文七年（一五三八）に大崎氏が幕府に送った使者は「ユトノ行者」つまり出羽三山の湯殿山行者《ゆどのやまぎょうじゃ》だったという徴証もある（『親俊日記』天文七年六月十五日）。また、大崎氏の本拠であった陸奥国栗原郡では、中世後期に羽黒修験の教線が拡大していくという指摘もある（笠原、二〇一〇）。太平洋側に顕著な熊野修験勢力は、海上交通とともに紀伊半島から展開し、もともと陸奥国では熊野修験の影響力が大きかった。ところが南北朝期以降、栗原郡などで羽黒修験の勢力が広がるのは、大崎氏と羽黒の密接な関係を示しているだろう。

大崎氏だけでなく、当然ながら幕府も出羽三山を注視していく。永享二年（一四三〇）八月一日、将軍義教や細川持之《もちゆき》が羽黒山に懸仏《かけぼとけ》（鏡面に仏像などを彫刻したもの。寛政八年〈一七九六〉に焼失）を寄進したのは、北方の鎮護という宗教的な理由だけでなく、幕府と鎌倉府との対立下で、篠川御所満直をはじめ奥羽諸氏との連携を強めている事情からすれば、羽黒修験への影響力確保のためであったと考えられよう。あるいは、篠川御所が幕府に派遣した使者「山臥」も、羽黒山伏だった可能性もありうる。

このように、陸奥国だけでなく出羽国もまた、幕府や探題から要地として認識されていたのだ。なかでも、出羽三山の膝下にあたる庄内地方を拠点とした大宝寺氏は、室町期の奥羽を考える上でも興味深い氏族である。

大宝寺氏の名前

鎌倉時代、大泉荘（現在の山形県鶴岡市付近）に入部した武藤氏の一族は、室町期になると大宝寺氏と呼ばれるようになった。室町前期には、大宝寺教氏《のりうじ》・淳氏《あつうじ》・健氏《たけうじ》の三代が確認できるが、それぞれ京都の斯波義教・斯波義淳・斯波義健の三人から一字を拝領した名乗りである（家永、一九九五・杉山、二〇一四）。これは偏諱《へんき》という作法で、主人の一字を家臣などが拝領し、主従関係を明確にする意味があった。つまり大宝寺氏は、京都斯波氏を主君と仰いでいたといえるのである。大宝寺氏に偏諱を与えた京都斯波氏は、奥州探題大崎氏の本家である。京都の斯波氏による、奥羽の大崎氏・高水寺斯波氏・最上氏と連携した奥羽支配ネットワークの一角に、大宝寺氏も含まれていたのだ。

事実、宝徳元年（一四四九）からの出羽国赤宇曽郷《あこうづ》（由利本荘市）の年貢をめぐるトラブルでは、幕府は当初「竹松殿」(羽州探題最上氏か)に事態の解決を命じ、最上氏は雄勝郡の国人小野寺氏に指示をしたが不調に終わり、打開策として、現地の有力者に協力を求めるならばと名前をあげられたのが、「大宝寺」と「大崎殿様」の二人であった(遠藤、一九八八)。このように、斯波一族により形成された奥州探題・羽州探題体制を支える地元有力者として、大宝寺氏の名が幕府周辺にも広まっていたのである。

上洛と貢馬

その大宝寺氏にとって転機となったのは、寛正四年(一四六三)十月から翌年五月までつづいた、淳氏の上洛ではないだろうか。この前年に淳氏は将軍義政から古河公方成氏の討伐の軍勢催促を受け、幕府と東国の対立が再燃するなか、奥羽が古河公方対策の拠点として注目を浴びていた時期である。同じころ、「出羽守」に任じられた淳氏にとって、幕府との関係を強化する絶好のチャンスだった。出羽の産物を携えて上洛した大宝寺淳氏は、帰国後も幕府には音信を送っており、親密化が進んでいたことがうかがえる。

そこに、さきほど述べた寛正六年の貢馬進上一件が位置付けられる。大崎氏をはじめ南部氏・白河氏への名馬進上命令は、幕府と大宝寺淳氏との親密な関係を前提にしていた。庄内地方は奥羽の窓口にあたり、そこを押さえている大宝寺氏を従わせることで、大崎氏・南部氏・白河氏との連絡を行なわせ、貢馬進上を確実にする思惑があったのであろう。

だがこの貢馬は滞りがちだったようだ。南部氏から進上されるはずの馬は、同氏と小野寺氏の紛争によって足止めされてしまい、幕府は大宝寺淳氏に馬の「警固」をするように命じている。「警固」とは安全かつ円滑に馬を輸送させるために警戒する任務である。庄内地方は最上川を通じて内陸部と結ばれており、その先の交通路に対する影響力を同氏が保持していたのであろう。

大宝寺淳氏による幕府との連携強化の結果、その後の大宝寺歴代は政氏《まさうじ》・澄氏《すみうじ》は、将軍家（足利義政・足利義澄）から偏諱を受けており、淳氏以降、大宝寺氏の主君が斯波氏から将軍家に変更されたことになる。さきに触れた京都斯波氏の退潮傾向は、奥羽全体に影響をおよぼしていた。奥州探題大崎氏が斯波氏から伊勢氏に取次を変更したのと同じ時期に、大宝寺氏もまた偏諱の対象を変えていたのである。

このように出羽南部においても陸奥と同様に、幕府の動向とリンクしていたことが判明した。これとはやや事情が異なるのが、出羽北部から陸奥北部にかけてである。

北の物産

奥羽から畿内へのルートには、北陸道など陸路も使われていたが、物資の大量輸送という点では、船舶による日本海の往来が盛んだった。敦賀・小浜など畿内周辺の港から日本海沿岸を経由して蝦夷島（現在の北海道）に至るまで、多くの廻船が往復したものと推測されている。たとえば寛正四年（一四六三）、幕府の裁決の場に若狭国小浜でのトラブルが持ち込まれているが、「十三丸」というその船は、名前から津軽十三湊と関係する船と見られている（「政所内談記録」）。船が行き来し、人や物も運ばれることで、京では「昆布・干鮭公事」と呼ばれる北海物産への商業税が成立していたほどだ。

ほかにも毛皮や鷲の羽など、畿内周辺では見られない希少品に対して京の人々は憧れを持ち、幕府も将軍職の根幹として「北の押さえ」を重視したことが指摘されている（遠藤、一九九一）。津軽十三湊を本拠とし、北方交易を掌握していた安藤氏は、応永三〇年（一四二三）、幕府に馬二〇頭、羽五〇、銭二万疋、ラッコの皮三〇枚、昆布五〇〇把を進上した。矢羽として使う鷲の羽は馬とともに武威の象徴であり、二万疋という膨大な銭（現在の貨幣にすれば約二〇〇〇万円分）も安藤氏の財力を誇示するものである。のちに安藤氏は若狭羽賀寺の再建スポンサーにもなっており、その富裕さは周知のものだった。

折しもこの頃、将軍職が義持から義量《よしかず》へと譲られており、安藤氏の使者は、新将軍の代始めを祝福するものだった。将軍代替わりに、奥羽諸氏との関係性が再生産される構図が、ここにも確認できるのである。

安藤氏の没落と再興

その安藤氏も一四三〇年代に南部氏との抗争に敗れ、十三湊から蝦夷島へと没落していった。その後も安藤氏と南部氏の対立はつづき、一時は安藤氏が十三湊を回復することもあったが、南部氏の勢力を食い止めることができず、ついには断絶する。考古学による十三湊の発掘調査でも、一五世紀半ば以降に十三湊が衰退することが判明しており、主を失った港町が交易拠点としての役割を終えていったことが裏づけられている。

断絶した安藤惣領家を継承するべく、南部氏は安藤政季を擁立するが、政季は南部氏のもとを脱し、出羽小鹿嶋（現在の秋田県男鹿市付近）で同族の湊安藤氏の支援を受けながら、のちに能代へ拠点を移して檜山《ひやま》安藤氏とされた。周辺諸氏からは檜山安藤氏が惣領家とされ、なお蝦夷島での影響力も確保していたのである。その蝦夷地では一四五七年のコシャマインの反乱以後、アイヌ蜂起が頻発・長期化し、交易の利を求めて北上していた和人は、徐々に撤退していった。蝦夷島の争乱は一六世紀前半までつづくことになり、その背景として安藤氏・南部氏の抗争が影響したものと考えられているが、その詳細は不明である。

やすやすと拠点を移し、事態が悪化すると即座に逃げ出すという行動パターンからは、安藤氏が海上交通を把握し、拠点の移動に抵抗感を持たなかったことが推測される。一六世紀に至るまで、津軽海峡の海上交通に大きな影響力を保持しつづけた安藤氏の存立基盤を考える上で、興味深い特徴といえるだろう。

湊安藤氏

海に軸足を置いていた檜山安藤氏に対し、出羽秋田湊を本拠とした湊安藤氏は、やや性格を異にするようだ。湊安藤氏は戦国期に事実上の滅亡を迎えてしまうため判然としないが、一四世紀末期に秋田湊（コラム「後城と秋田湊」を参照）に入部した安藤二郎にはじまり、室町幕府とも関係していたことが推測されている。なお幕府との関係性という点では、檜山安藤氏にはその痕跡が見られないことから、畿内を志向して幕府と結びつく湊安藤氏と、津軽海峡の影響力を保った檜山安藤氏というように、両者の権力基盤が異なっていたという指摘もある（黒嶋、二〇一二）。

謎の多い湊安藤氏の成立については、一四世紀末期における北方の騒擾《そうじょう》に対処するため、幕府が安藤二郎を取りたてて「北の押さえ」としていったという理解が通説的なものである。一五世紀における湊安藤氏と幕府の関係が推測できることからすれば、その妥当性は高い。

ただし、湊安藤氏が成立する時期には、本章で見てきたように、奥羽二国への鎌倉府支配が進められており、その整合性が問題となるだろう。幕府が鎌倉府と協調して湊安藤氏を成立させた可能性もあるが、注意したいのは初代となる安藤二郎の名乗りである。

同時代史料を欠くが、後世の系図類では「鹿季」とも「廉季」とももとされる二郎の名は、「かの（ど）すえ」と呼ばれていたようだ。かりに二郎が誰かの偏諱を受けたとすれば、これに該当しそうな名乗りを持つ有力者は室町幕府周辺には確認できない。いっぽう、既述のように、一三九〇年代に奥羽支配を推し進めていったのは、鎌倉公方足利満兼であった。まったくの想像であるが、時期的な一致から、満兼の偏諱「兼」を受けて成立したのが、湊安藤氏ではないだろうか。のちに室町幕府を重視する方向へと舵を切るのも、湊安藤氏がもともと武家政権によって成立したという前提を踏まえれば、理解しやすいものとなる。

詳細な検証は今後の課題となるが、鎌倉府は「陸奥・出羽両国」を管轄しているという強い意識を持っていた（「結城文書」）。越後を含めた日本海側における鎌倉府御料所などの展開や、「陸奥・出羽両国のかため」とされた篠川御所・稲村御所の入部（「鎌倉大草紙」）とも合わせて、一四世紀末期の東日本における足利満兼の政策の一環として考えることができるかもしれない。

4 白河政朝の栄華

小京都白河

ふたたび話は室町幕府と鎌倉府の対立に戻ってきた。これまで見たように、この対立軸はつねに奥羽の諸氏を翻弄していた。最後にその影響を直接に蒙った氏族として、関東に一番近い奥羽最南端の白河氏に焦点を当ててみよう。

永享の乱から享徳の乱へとつづく過程で、陸奥南部は幕府による特別軍事編成が進められ、篠川御所足利満直の滅亡後は、その後継リーダーに白河氏が抜擢される。陸奥南部の諸氏は白河氏への軍事的従属を幕府から命じられ、それに合わせて、白河氏の影響力も増大していったようだ。文明十六年（一四八四）には石河氏一族の赤坂氏などが石河氏を離れ、白河一家となり氏と家紋を変えることで、白河政朝への従属を明確にした（「八槻文書」）。

この三年前、白河政朝が一万句連歌を開催したことはすでに触れたが、白河氏の権勢とともに、連歌師や聖護院門跡道興《しょうごいんもんぜきどうこう》（関白近衛房嗣の子）など、京都にゆかりの文化人・芸能民が白河に下向するようになる。白河氏当主も氏朝の代、永享十二年（一四四〇）に上洛して以降、使節を度々上洛させ、馬をはじめとする陸奥の産物を幕府に進上している。こうした京との人的交流により、中央の文化が白河にダイレクトに流れ込むことになった。当時の白河はさながら、みちのくの小京都の観を呈していたといえるだろう。

枢要の地

やはり小京都として室町文化の華が開いた山口の大内氏の例をあげるまでもなく、京からの文化交流がつづいたということは、政治的にも、幕府と密接な関係にあったということである。だが注意したいのは政朝の時期、幕府と東国の対立は、文明十四年（一四八二）に将軍義政と古河公方足利政氏とが和解したことで（都鄙《とひ》合体）、ひとまず解消されていた点である。これまで幕府と東国の対立・抗争をエネルギーとして、立場を浮上させてきた白河氏にとって、新たな局面である。

かといって東国に平和が保たれていたかというと、そうではない。享徳の乱にはじまる古河公方側と関東管領上杉氏側への分裂は、都鄙合体の後、両上杉氏が抗争をはじめ、そのあおりで古河公方家も成氏の子政氏が息子の高基と内紛を起こしていく。分裂の連鎖に歯止めがかからないまま、関東では地域レベルでの戦闘が恒常化しつつあった。

いっぽうの室町幕府では、将軍職の継承という問題に直面していた。足利義政の子義尚が早世したことで、義視の子である義材が将軍となるものの、幕府内での立場が弱く追放されてしまい、あらたに義政の甥にあたる義澄が将軍に就いた（明応の政変）。応仁の乱後の幕府政治を主導した細川政元により、将軍の家系が交替させられたのである。

これに先立って政元は延徳三年（一四九一）、北陸経由で陸奥に下向していた。途中、京都の政情が悪化したため帰京しているが、幕府内での主導権を握る準備を進めたこの旅路では、越後上杉氏のほか、陸奥の白河氏との会談を予定していたとされる（末柄、一九九二）。政元が擁立する予定だった足利義澄は、かつて伊豆に下向した足利政知の子であり、将軍擁立後の東国政策において、白河氏の同意を取り付けておく必要があったのであろう。

帰京した政元は翌々年に明応の政変を敢行するが、将軍職を剝奪され越中放生津に逃れた義材も白河氏とコンタクトを取っていた痕跡がある（綿抜、二〇〇六）。彼もまた、白河氏の支援を取り付けて将軍に返り咲こうとしていたのだ。

白河政朝の行方

白河氏が幕府要人から頼みとされたこの時期、明応の政変により幕府の将軍家が二分し、それぞれが諸国の有力者を自陣に引き込む多数派工作を展開したことで、列島各地で争乱が激化していった。余波を受けて関東の古河公方家も分裂し、足利政氏・高基父子の内紛が周辺諸氏に飛び火して永正の乱と呼ばれる地域紛争となり、その火の粉は白河氏にも降りかかることになる。

もともと白河氏には惣領家とは別に、小峰家という有力な庶家があった。永正の乱の当初は協調していた惣領家と小峰家も、乱の展開によって足並みを乱し、ついには激しい内部対立を引き起こしてしまう。白河氏永正の乱とよばれるこの内紛劇は、古河公方家の分裂が大きな要因の一つであると想定でき、白河氏が上級権力に翻弄されて内紛に突き進んでいった点では、室町期の奥羽と同じ政治構造を確認することができるだろう。

永正七年（一五一〇）、白河氏の内紛を克服できなかった政朝は那須へと没落してゆく。政朝の足跡がプツリと途絶えてしまういっぽうで、白河氏の家督は小峰家が継承し、白河氏は新たな段階に入っていく（市村、二〇〇九）。奥羽の各地でもまた、戦国大名やそれに準じるような地域権力が生まれていく時期を迎えるのである。

通信の速度

奥羽だけでなく、列島の各地で地域紛争が慢性化した戦国時代。その様子は、室町期の奥羽とあまり変わりがないように見える。幕府と東国の対立に翻弄されて、平穏な時代だったとは言いがたいのはたしかだ。では通信という点から、奥羽の室町時代と戦国時代と比べてみるとどうなるか。

奥羽の諸氏は幕府・鎌倉府と結びつき、遠距離の通信手段として、沢山の人々が行き交う社会でもあった。たとえば正長二年（一四二九）、篠川御所足利満直が八月十日にしたためた書状は、同月三十日に幕府に届いており、陸奥南部から京都まで約二〇日たらずで到着した計算になる。だがこれが戦国時代になると、織田信長が上杉謙信に出した書状が約一ヵ月後に、伊達輝宗に出した書状は約二ヵ月後にならないと到着しなかった（「上杉家文書」「伊達家文書」）。単純に比較すると、戦国時代は、文書の送達に室町時代の倍の時間がかかる社会だった。もちろん、戦国期の各地で紛争が蔓延化し、スムーズな送達が実現できなかったためである。

逆にいえば、一見すると乱世だったように見える室町時代とは、戦国時代に比べると、それなりに安定した社会であるとすることができる。戦争の規模も局所的であり、その混乱部分を避ければ、使者の往来は短時間で済んだ。使者に限らず、物の流通という点でも、中央と地方を結ぶ回路はそれなりに安定していたのである。

幕府と鎌倉府の対立に巻き込まれていたことは、幕府・鎌倉府といった政治の上部構造が在地社会の動向に大きな影響力を持ち、遠距離の奥羽でも政局に動員されるほど、中央と地方が有機的に結びついていた時代なのだといえる。

室町期社会の輝き

携帯電話もインターネットもなく、人の力によって遠い距離を結ぶしかなかった室町期、これまでに見たように奥羽では出羽三山などの山伏がその任務を負うことが多かった。白河氏と幕府との間を取り結んでいたのは白河八槻《やつき》修験の山伏たちであったし、戦国期に伊達氏と幕府の間を往来していた坂東屋富松も、もともとは熊野修験の関係であった。ほかにも医師や禅僧や連歌師などといった広義の芸能民たちが、山伏と同様に幕府と奥羽の間を往復し、こうした媒介者たちによって、奥羽のような遠方の地域と、京・鎌倉が有機的に結びついていた。彼らは政治的な使者となるだけでなく、あわせて中央の文化・技術を地元に広める役割をはたすのである。

室町時代と戦国時代をどこで区切るべきか、研究者の間でも見解が分かれているように、室町幕府は一五世紀から一六世紀にかけて、ゆっくりと終焉を迎えていった。その長い終わりの時代も、幕府と地方は有機的に結びついていた。室町幕府の武家秩序が奥羽の諸氏に受容されていったように、京から発信された文化や流行もまた、奥羽の地に根づいていったのである。判明しているものは、白河政朝の一万句連歌や、足利将軍家の「花《はな》の御所《ごしょ》」を模倣したという梁川《やながわ》城（現在の福島県伊達市）の庭園遺構など一部にとどまるが、今後、文献史料の再検討とともに、発掘調査など多方面からの検証が進むことで、中央とダイレクトに結びついていた室町期奥羽のより詳しい光景が明らかになってくるであろう。その豊かな歴史情報を引き出す作業は、まだはじまったばかりなのである。

図3-4　出羽山伏（『七十一番職人歌合』群書類従より）

中世十三湊の景観

中澤寛将

十三湊《とさみなと》は、津軽半島西海岸の十三湖《じゅうさんこ》西岸に位置する、北日本を代表する中世の湊町である。『廻船式目《かいせんしきもく》』には、「三津七湊《さんしんしちそう》」の一つとして「奥州津軽十三湊」が挙げられている。十三湖周辺には、史跡十三湊遺跡をはじめ、福島城跡、唐川《からかわ》城跡、山王坊《さんのうぼう》遺跡、明神沼《みょうじんぬま》遺跡など、十三湊を支配した安藤氏関連の遺跡が数多く存在する。

十三湊遺跡は、十三湖西岸の砂州上に立地する湊町である（青森県教育委員会、二〇〇五）。中世十三湊の成立期（一三世紀初め）には、十三湊遺跡中央部（現在の湊迎寺《そうごうじ》門前付近）に掘立柱建物からなる小規模な集落が形成された。一四世紀前半になると、その後背地に十三湊を支配した領主権力の居館と推定される一辺四〇メートル四方の方形区画が整備される。最盛期（一四世紀中葉から一五世紀前葉）には、十三湊遺跡を南北に区分する大土塁と堀が築かれる。大土塁北側では都市計画的な屋敷割が認められ、掘立柱建物と井戸からなる屋敷が展開する。一五世紀中葉になると、大土塁北側の屋敷地が衰退し、代わって大土塁南側において中軸街路に沿って屋敷地が形成される。

十三湊遺跡最盛期の一四世紀後半、十三湖北岸の台地に福島城が構築される（青森県教育委員会、二〇一二）。その「外郭《がいかく》」東辺および北西辺には、比高七メートルを超える土塁、幅一〇メートルを超える堀が構築される。特に、「外郭」東辺土塁・堀は、陸路による十三湊への侵入を監視する防塁としても機能したと推定される。一五世紀前半には、城内北西部に一辺約二〇〇メートルの方形区画（「内郭《ないかく》」）が整備される。発掘調査の結果、その南東辺で板塀によって区画された屋敷跡が確認された。その内部は、「主殿」と推定される掘立柱建物跡を中心とした建物群から構成され、対面儀礼の空間と日常生活空間が分離されている。「内郭」は室町幕府の建築様式の影響を受けて整備された、安藤氏の政治的拠点と推定される（青森県教育委員会、二〇一四）。

福島城跡の北方には唐川城跡が位置する。南部氏に攻められた安藤氏が最後に立て籠もった山城とされる。発掘調査の結果、古代の井戸跡や竪穴《たてあな》住居跡、鉄生産関連遺構が確認され、平安時代後期の環壕集落であることが確認された。城内からは中世陶磁器も出土し、中世に再利用されたことが判明している。

このほか、十三湊では宗教施設と推定される遺構も確認されている。十三湊遺跡最南端に位置する檀林寺《だんりんじ》地区では、南北約六五メートル×東西約五〇メートルの区画溝、墳墓、柵塀跡・土塁、マウンド状遺構群などが確認され、茶臼や瀬戸花瓶・青磁盤などの奢侈《しゃし》品や宗教用具が出土している。出土

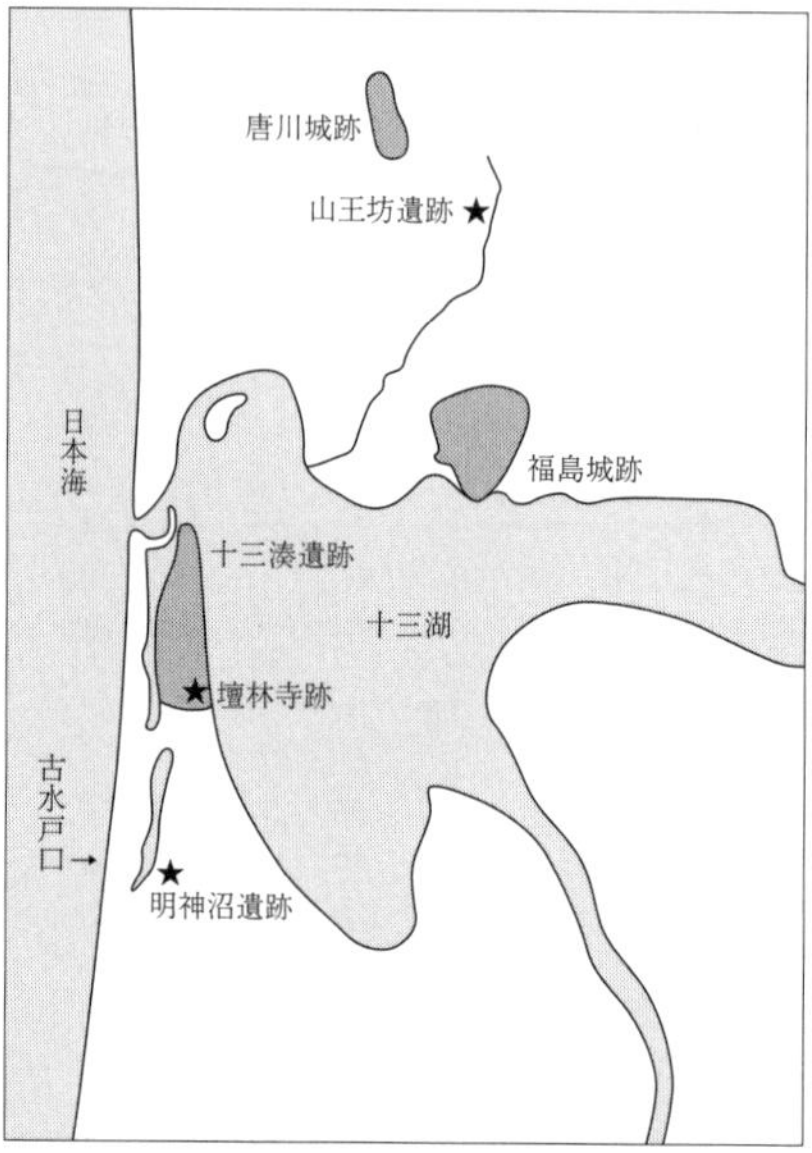

十三湊関連遺跡地図（筆者作成）

遺物から一五世紀前葉から中葉に機能したと推定される（青森県教育委員会、二〇〇五）。

十三湊遺跡南方の砂丘に立地する明神沼遺跡では、幕末に一〇〇体以上の宗教遺物が出土したという。江戸時代に成立した『十三絵図』には、前潟・後潟（セバト沼）・明神沼が十三湖から日本海へ通じる水路として描かれている。その立地状況から、明神沼遺跡は十三湊の南限に置かれた宗教施設と推定されている（青森県教育委員会、二〇一四）。

十三湖北岸に位置する山王坊遺跡では、方形配石墓を特徴とする奥院、拝殿・渡廊・舞台・中門・瑞垣《みずがき》・本殿が並ぶ社殿跡として復元可能な礎石建物跡、仏堂跡と推定される礎石建物跡が確認され、十三湊最盛期に機能したと考えられている（五所川原市教育委員会、二〇一〇）。

以上のように、十三湊遺跡と関連遺跡群の発掘調査によって、各遺跡の盛衰や展開が連動することが明らかになった。特に、最盛期には、十三湖西岸に日本海交易に関わる港湾機能・流通機

福島城（青森県教育委員会、2012より）

能を集中させ、北岸に宗教施設や城館等を配置し、十三湖周辺の各種遺跡が一体となった、広義の「十三湊」が形成される。

一五世紀中葉頃、十三湊は衰退・廃絶する。文献史料によれば、永享四年（一四三二）に安藤氏は南部氏の攻撃を受けて蝦夷島へ退去する（『満済准后日記』）。その後、室町幕府の調停によって十三湊に帰還するが、嘉吉二年（一四四二）にふたたび南部氏の攻撃を受け、蝦夷島へ退去したという（『新羅之記録』）。発掘調査では、一五世紀以降、十三湊遺跡や明神沼遺跡で飛砂が厚く堆積したことが判明している。かつて十三湊は津波で滅びたと考えられてきたが、南部氏との抗争や砂丘形成といった自然環境の変化により衰退したのが実態である。一五世紀後半、南部氏が十三湊を治めるが、積極的に利用した痕跡はない。ふたたび人口増加が認められるのは一六世紀後半以降である。江戸時代になると、十三湊は弘前藩領内の四浦の一つとして、青森・鰺ヶ《あじが》沢《さわ》・深浦とともに重要な湊津として整備され、近世十三湊が幕を開ける。

四　人と物の交流

綿貫友子

東北地方の景勝地をとらえた観光ポスターや旅行番組などでしばしば目にし、耳にする、どこか風雅な趣《おもむき》をもって感じられる「みちのく」という呼称は、「道《みち》の奥《おく》」が言い縮められたものである。古代、都と東国の国衙《こくが》とを連絡する北陸道と東海道が尽きて、さらに奥、東山道のなかでの最奥に位置する陸奥・出羽両国が都から僻遠《へきえん》の地であるとみる都人の認識にもとづく総称である。

距離を隔て、気候・風土を異にし、踏査することが容易ではない広大な領域をもつが故に「未知《みち》の奥」でもあった両国には、恐れと憧れとが交錯した思いが向けられた。「蝦夷《えみし》」「東夷《あずまえびす》」という呼称に、そこに暮す人々を未開の粗野な者とみる意識が投影されるいっぽうで、砂金・馬・鷹などの産物が珍重され、所望された。「みちのく」だけでなく「白河の関」「象潟《きさがた》」「松島」など、いくつもの地域が詩歌や絵画の題材となった。作者にとっては未踏の地で、心象風景に過ぎない場合も少なくなかったにもかかわらず、臨場感をもって表現されているのは、人伝《ひとづたえ》にもたらされ、増幅されつつ広まった彼《か》の地の情報があり、それが想像力をかきたて創作につながったからであろう。人の移動とともに物が動き、元々はそこに付随していた情報が無限定の空間へと拡散し、再生産されていった。

遠隔地間を人が移動するきっかけのなかでも、中世で筆頭に挙げられるのは、軍事行動である。その他に、朝廷や幕府と地方の政務機関との連絡、貢納《こうのう》や夫役《ぶやく》（労役による納税）、商業活動、布教、参詣、技芸の伝授などがある。

図 4-1 「慕帰絵詞」の「松島の図」（西本願寺蔵）

商業活動、布教、参詣、技芸の伝授などは、何れも職責や使命のもとに、私用とばかりも言えない公共性を帯びてなされ、用務のための広域移動、遠隔地への長期出張に相当する。観光・娯楽目的での旅も皆無ではないが、社会資本が整っておらず、戦乱や災害が多発するなかでの「自力《じりき》」頼みの広域移動が、苦労と緊張の連続であったことは想像に難くない。数少ない私的な旅の機会である参詣を例にとってみても、苦行を重ねることが神仏への功徳《くどく》を積むことと考えられ、敬虔《けいけん》な信仰心に駆られ、心身の消耗を厭《いと》わず難路をはるばるたどったのであり、道中で美しい景色や珍しい文物に接する機会があるにせよ、そうした旅を物見遊山にたとえることは憚《はばか》られる。

旅することが容易でなく、限られた人々の経験に過ぎなかった時代、非日常であればこそ記されることとなった旅の諸相を中世の東北地方に関わる人と物という観点から探り、その交流についてみてゆく。なお、当巻が対象とする時代は主に南北朝・室町期であるが、鎌倉期、戦国期を主対象とする前後の巻にも交通・流通が主題となる項目がないことや史料的制約から、南北朝・室町期に限定せず、前後の時期も視野に入れて検討する。また、旅のなかには守護《しゅご》や地頭《じとう》の所領への配置に代表されるような用務先への移住目的でなされるものもあり、移住の結果、展開されることとなる交流もきわめて重要な意義をもつが、限られた紙幅で紹介するのは難しく、鎌倉期の奥羽両国に関するものでは近年、詳細な論考が著されていることから（七海、二〇一二）それらの研究成果に委ねたい。

1　陸奥・出羽国の主な水陸交通路

三関〈勿来関・白河関、念珠（種）関〉に至る幹線道

東北地方の外と内とを画する境域三ヵ所には、九世紀末、防備の拠点として関が置かれた。勿来関《なこそのせき》・白河関、念珠《ねずが》（種）関《せき》である。勿来関は陸奥国岩城郡、白河関は同国白河郡、念珠（種）関は出羽国温海《あつみ》郡の境域南端（一説には、越後国北端、「鼠喰《ねずみくい》〈齧《かじり》〉岩」と称される海浜の岩近く）に位置する。それぞれには、古代、京と諸国国衙《こくが》とを結ぶ官道である東海道・東山道・北陸道が連絡し、奥羽への支配拡大のための軍勢や官吏が通過し、経営の証《あかし》としての貢納物が都に向けて運び出された。中央政権の支配領域拡大とともに一一世紀以降、軍事施設としての実態が失われた後も、奥州合戦や奥羽仕置、戊辰《ぼしん》戦争といった時代を画することとなる勢力抗争にさいしては、攻防の最前線となり、古くからの経路がおおむね継承された東海道・東山道・北陸道の要所として強く意識されつづけた。

日常的な交通は、平穏な通交の状態が維持され、経過する限りにおいては史料や記録に残されることは稀である。経路を考えるうえでは、非日常な利用であれ、紀行文の他、大量の人やモノが移動するために、当時、確保されていたなかでも基幹的な通路が選ばれたとみられる軍事活動や貢納物輸送に関わる記事が参考になるだろう。

文治五年（一一八九）七月、奥州合戦にさいし、鎌倉幕府は軍勢を東海道軍・大手軍・北陸道軍の三手に分け、それぞれが東海道・東山道・北陸道をへて平泉を目指した。

交通路としての「海道」は海沿いの道、「山道」は山沿いの道を意味する。ただし、京と地方官衙を結ぶ七道のうち、東海道《とうかいどう》は常陸国、それも厳密には国衙所在地（現石岡市）までであり、それより遥か北の陸奥国へと遠征した鎌倉幕府の一隊が「東海道軍」とされたのは、部分的に水路・海路の渡航も含み、常陸国衙以北でも沿海地域を縦断する海道が進路に選ばれたためであろう。古代には陸奥国南域の地域を分ける呼称として海道と山道があり、それぞれ現在の福島県「浜通り」と称される一帯と「中通り」と称される内陸部一帯およびそれらを宮城県内まで延伸させた地域に比定される。それぞれの地域を縦断する道が海道・山道であった。東海道の延長路といえる陸奥国の海道は、あえて区別するなら東海道《あづまかいどう》と呼ぶのが妥当かもしれない。東山道は奥羽山脈東麓に沿って南北に走る道を指す。

東海道軍の進路については、『吾妻鏡』文治五年七月十七日条が「宇大《うだい》、行方《なめがた》を経て岩崎、岩城《いわき》を廻り、遇隈河《おうくまがわ》の湊《みなと》を渡りて参会す」と記す地名、経路に錯誤があるとみるか、ないとみるかで解釈が分かれる。錯誤はないとみる藤原良章の見解にしたがえば、鎌倉街道中道《なかつみち》を進み、宇大（武蔵国豊島郡）から常陸国行方郡の霞川水系をへて海路陸奥国岩城・岩崎を廻り、遇（逢）隈河湊へ渡航、上陸し多賀《たが》国府で大手軍との合流が予定されたと解される（藤原、二〇〇五）。

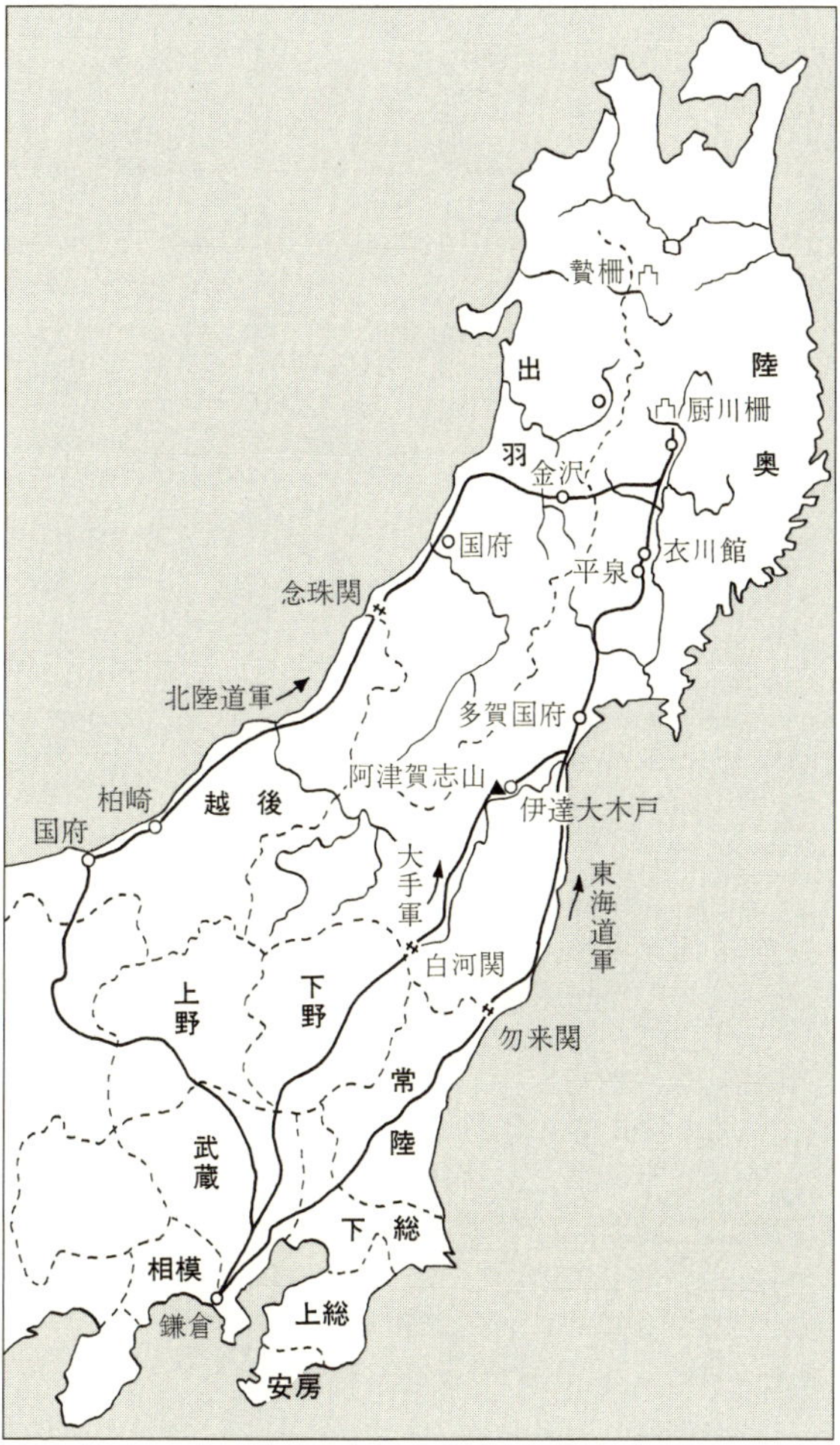

図 4-2　奥州合戦図（関幸彦『東北の争乱と奥州合戦』戦争の日本史，2006 年）

大手軍は、鎌倉街道下道《しもつみち》から下野国古多《こた》橋駅・宇都宮宿・新渡戸《にとべ》駅を経由し、白河関経由で陸奥国に入った。国見《くにみ》駅をへて、自然地形を利用し藤原泰衡が築かせた巨大で重厚な阿津賀志《あつかし》（厚樫）山防塁を激しい攻防の末に撃破し、船迫《ふなはざま》宿をへて多賀国府に着いた。待機して東海道軍と合流後、黒川・玉造《たまつくり》・葛岡《くずおか》郡などをへて平泉へ向かった。北陸道軍は、鎌倉街道下道から上野・越後国をへて念珠関へ進軍する計画で出陣し（『吾妻鏡』文治五年七月十七日・同八月十三～二十二日）、紫波《しわ》郡比《ひ》（樋）爪館《づめたち》（現紫波町）から北奥を指して逃れた樋爪俊衡《ひづめとしひら》を追撃途上の頼朝勢と九月四日、同郡陣岡蜂《じんがおかはち》杜（社カ）で合流した。出羽国鹿角《かづの》郡・比内《ひない》郡方面から好摩《こうま》・七時雨《ななしぐれ》山を通る流霞《ながれかすみ》路（七時雨山越／鹿角街道）から雫石《しずくいし》をへてきたものとみられる。

『吾妻鏡』は、治承四年（一一八〇）の以仁王《もちひとおう》挙兵から文永三年（一二六六）の将軍宗尊親王《むねたかしんのう》の上洛までを日記形式で記すが、政所《まんどころ》や問注所《もんちゅうじょ》の記録、『明月記』や『玉葉』などの日記類、『平家物語』などの語り物他に取材した編纂物である。上述の経路に同時代状況が的確に反映されたかどうかは慎重にみてゆかなくてはならないが、編纂が終わる一四世紀初頭までに鎌倉の幕僚、その時期より遡って、京の住人にさえ知られていた交通路を含んでおり、活用しうる重要な情報と言えるだろう。

東海道〈あづまかいどう〉　宇多《うだ》や逢隈、牡鹿《おしか》（石巻・湊）など、太平洋に臨み、海路と連絡する河口の湊付近を通り、三陸沿岸部へと断続的につづいたとみられる東国の海道＝東海道《あづまかいどう》を含む陸奥国沿岸地域の呼称としての「東海道」は、南北朝期の史料にも散見される。建武二年（一三三五）八月二十八日付の武石胤顕《たけいしたねあき》軍勢催促状によると、相馬一族で亘理《わたり》郡等を領した武石胤顕から「東海道」の兵を率い、安達郡木幡《こはた》山（現福島県川俣町・東和町）に小平氏を攻めることが好《よ》島《しま》荘地頭伊賀式部三郎に命じられた。翌年二月にも相馬《そうま》光胤《みつたね》等に対し、斯波《しば》兼頼《かねより》に属して「東海道」に向かうことが命じられ、光胤の軍勢は行方郡に小高《おだか》城を築き南朝と対峙した。興国元年（一三四〇／ただし年号は追筆）正月二十二日付の北畠親房御教書写《きたばたけちかふさみぎょうしょうつし》には結城《ゆうき》親朝《ちかとも》に宛てて広橋経泰《ひろはしつねやす》が無事下着したのは殊勝なことであり、「東海辺事《とうかいあたりのこと》」について話し合うことがあれば、よくよく取り計らうように、ということや、当時、常葉《ときわ》城（現田村市）にいた田村氏らが「常葉城の輩《ともがら》は海道に属す」という表記がみえ、浜通りとの関わりが示される。

同年六月二十九日、北畠親房は結城親朝に書状を送った。そこには北畠顕信が白河に留まらずに陸奥に赴いたことを恨まないで欲しいということ、重ねて、東海道もしくは那須方面へ出兵して欲しいということが記されていた。結城氏が居城する白河が陸奥国内であるにもかかわらず、「陸奥に赴く」という表現、派兵を促した先は、陸奥国の入口で、奥大道《おくだいどう》を南下すれば那須方面へ、また、重要な分岐点とみられる矢《や》（八）槻《つき》から鮫川《さめがわ》をへて東に進めば勿来《なこそ》や平潟《ひらかた》などへ、あるいは矢槻から南下し、現在の水郡線や久慈川流路に沿うかたちで瓜連《うりづら》、那珂《なか》をへて水戸、さらに石岡に至り、東海道に連絡するという白河の位置を再確認させるものだろう。同年十月十日付をはじめ翌年にかけて、東海道もしくは那須方面への出兵が度々催促された。東海道にせよ、奥大道にせよ、南朝方の補給・連絡路を確保するうえでの切迫した要請であった。

東海道方面への重要な分岐点となった矢槻には、延元元（一三三六）年八月の相馬胤平軍忠状で「矢槻宿」の存在が確認される。後述するように、文明十九年（一四八七）三月から五月にかけて陸奥国南東部を巡った聖護院門跡道興准后《しょうごいんもんぜきどうこうじゅんごう》は白河二所の関（寄居・白坂の境明神＝二所明神所在の関の故地）に次いで「矢つぎ（槻）」に向かっている（『廻国雑記』）。

観応二年（一三五一）二月から三月にかけて、観応《かんのう》の擾乱《じょうらん》が陸奥国へも波及し、二人の奥州管領吉良貞家と畠山国氏は、それぞれ足利尊氏派、直義《ただよし》派に分かれて敵対した。畠山らが籠《こも》る岩切《いわきり》城が陥ち、留守《るす》但馬守《たじまのかみ》が西走した、岩切城救援に高師直《こうのもろなお》の余党が襲来する、といった情報が錯綜《さくそう》するなかで、吉良貞家は結城《ゆうき》朝常《ともつね》に「白河関」の警固を命じた。陸奥国の防衛の最前線としての意義があらためて問われたのである。その貞家が南朝方によって同年十月、国府多賀城を追われたさいには、広瀬河での合戦をへて、「東海道滝尻《たきじり》」へと南下し、「山道稲村」へと向かって態勢を立て直したことが供奉《ぐぶ》した石河兼光の軍忠状から知られる。滝尻は菊田荘内（現いわき市）、山道稲村は、東山道沿線に位置し、後に稲村御所が置かれることとなる岩瀬郡稲村（現須賀川市）にあたる。元植田薬師堂銅造阿弥陀像の背部には正中二年（一三二五）二月一日に大工又太郎・銀細工《ぎんざいく》円心らを檀那《だんな》に、奥州菊田庄滝尻宿で鋳造されたことを伝える刻銘がある。滝尻には鎌倉末期に大工や銀細工、鋳物師も居住する宿があったとみられる。

時期は隔たるが、文明十六年（一四八四）八月二十三日付の檀那願文《がんもん》には「あふしう東海道ゆはきの内」（『熊野那智大社文書』四）という表記があり、ゆはき＝岩城を包摂する東海道が、現在、福島県の浜通り地方と称される地域とおおむね重なることは明らかである。

奥大道と主な宿

三道のなかで基幹をなしたのが東山道である。そのうち、鎌倉街道中路と連絡する武蔵国以東の道が「奥大道」とも呼ばれた。下総・下野国を通り、陸奥国内では白河をへて、奥羽山脈の東麓に並行する比較的平坦な地域を縦断し、多賀国府に近接する岩切付近から松山、胆沢《いさわ》、平泉に近接する衣関《ころもせき》、厨川《くりやがわ》などを通り、中世には日本の東の境界とされた外ヶ浜《そとがはま》へとつながっていた。

平泉の「寺塔已下注文《じとういかちゅうもん》」（注文とは上申文書。『吾妻鏡』文治五年九月十七日条）は、藤原清衡が奥六郡を支配するようになった当初、白河関から外ヶ浜まで、行程にして二十日余りで結ぶ道路の一町ごとに、金色の阿弥陀像が描かれた笠卒都《かさそと》（塔）婆《ば》を立てて陸奥国の中心を計測し、そこに関山中尊寺を建て、山頂と寺院との中間に関路を開き、「旅人往還《おうかん》の道」にしたとする。一一世紀半ば以前、安《あ》倍頼時《べのよりとき》が白河関から外ヶ浜に至る道の中間に、秦の要地として著名な函谷関《かんこくかん》になぞらえ防御目的で衣関を置いた（同月二十七日）状況とは対照的に、清衡による支配を称揚する一文ではあれ、旅行者の往来の利便性が意識される治安状態が記されるのである。

奥州合戦に臨む幕府軍の経由地では国見宿やその別称とされる藤田宿の他、船迫宿などがみえる

（『吾妻鏡』）。文治五年十一月八日条では奥州総奉行葛西清重《かさいきよしげ》に対し、逃亡中の藤原泰衡与党を道中の宿々で捕縛し、鎌倉に連行するよう求めており、当時すでに複数の宿があった。それは宿を必要とする相応の通行量があったことをも示す。陸奥国へと支配領域を拡大させた幕府は、日常的に展開される頻繁な往来を前提に、奥大道を治安維持上の要所とみなし、人馬の補給や休憩が行なわれる駅や宿を警備の拠点として重視した。

建長八年（一二五六）六月二日条では、相模守（北条時頼）・陸奥守（北条政村）から、近年、奥大道で夜討・強盗のために通行の支障が生じているのは地頭沙汰人らの怠慢による。速やかに領内の宿々に宿直人《とのい》を置き、自領、他領にかかわらず住人等に夜討・強盗の出没情報を隠さぬよう起請文《きしょうもん》で誓わせ、警備にあたれ、それを怠った者は処分する、という命令が小山出羽前司《おやまでわのぜんし》以下二四名に下されている。陸奥国内で該当するのは壹岐《いき》（葛西《かさい》）六郎左衛門尉《さえもんのじょう》・同七郎左衛門尉・陸奥留守《るす》兵衛尉《ひょうえのじょう》・宮城右衛門尉・和賀《わが》三郎兵衛尉・同五郎右衛門尉・岩手左衛門太郎・岩手二郎の八名で、それぞれが地頭職を有する所領から奥大道は宮城・磐井《いわい》・胆沢《いさわ》・江刺《えさし》・和賀《わが》・稗貫《ひえぬき》・岩手郡を経由したとみられる。

命令は徹底せず、二年後の正嘉二年（一二五八）八月二十日には武蔵守（北条長時）と相模守（北条政村）が阿波前司に対し、最近、出羽・陸奥両国で夜討・強盗の蜂起により往来者が煩わされていると聞く、として郡郷の地頭等が先の下知に背き、事態を放置していると指弾し、速やかに柴田郡内で支配の宿々に宿直屋を造り、御家人《ごけにん》を交代で出仕させ、厳重に警固にあたらせ、悪党を匿《かくま》っている所々について見聞したことを隠さぬよう、命令執行者として起請文を集めよと命じた（追加法三一九）。

　御家人の駐在地として柴田郡内の宿々が指定されたのは、郡内を奥大道が通るだけでなく、出羽道へと分岐する交通の要衝であったことによる。奥州合戦では阿津賀志《あつかし》山から逃れた藤原泰衡の兄西木《にしき》戸《ど》国衡《くにひら》は出羽国を指し、大関山を越えようと出羽道に向かう途上、同郡内の大高宮前で敗死した。大手軍が逗留し、源頼朝が国衡以下敵勢の首実検《くびじっけん》を行なったのも同郡船迫宿である。正治二年（一二〇〇）九月、鎌倉から派遣された宮城四郎が同郡芝田館《たち》に芝田次郎を攻略し、鎌倉参向途上にあった工藤行光の郎従は、白河関辺りから引き返して加勢したとされる（『吾妻鏡』同年九月十三日）。

　先述の奥大道警備を命じられた地頭のうち宮城郡を領した留守氏に関わるもので、正安元年（一二九九）九月の浄妙（留守家政）譲状には、まこ（孫カ）左衛門二郎家明に譲る知行地の西の境として「をく（奥）大たう（道）」が記されている。また、弘安八年（一二八五）四月の留守家広《いえひろ》譲状以降、応永二十六年（一四一九）十二月の留守家継《いえつぐ》譲状に至るまでの六通の文書に「かはらすく」「河原宿」の「在家五宇」の記載がみえる。河原宿は冠川《かむりがわ》（旧七北田川）南東岸、奥大道と交差する水陸の要衝に所在したと推定され、五日《いつか》市場《いちば》（庭）が併存した。さらに元亨四年（一三二四）六月の留守家明譲状には、嫡子家任《いえとう》に譲る地頭職として宮城郡高用名内《こうゆうみょうない》の余部《あまるべ》村田畠以下が記され、河原宿五日市場、冠屋市場などの他に「青薗目の田一町、宿を立て新道と号す、このうち在家二間、女子分を除く」という一項がある。地頭職の一部として宿内の在家を知行するだけでなく、既存の街道からは外れた場所に新たに宿を設置することで人通りを確保し、一定の通行量を以てそれを新道と称するようになった状況が推定され、地頭による地域開発の一端がうかがわれる。

それより古く、文永九年（一二七二）、胆沢郡にも中尊寺・毛越寺の院主が分領する「瀬原村河原宿」があった（関東裁許状）。衣関に近い衣川北岸、奥大道沿いの宿であったと考えられる。やや南下した同じ胆沢郡内で、古代の鎮守府胆沢城付近は北上川と胆沢川の合流点でもあり、仙北道で出羽国方面とも連絡する水陸交通の要衝である。

奥大道警備を地頭沙汰人らに命じた先述の建長八年六月の御教書中の陸奥国中の宿は陸奥国内の北限が岩手郡内だが、南北朝期の史料では、さらに北の糠部《ぬかのぶ》郡内で宿の存在が知られる。建武元年（一三三四）三月から六月にかけて、陸奥国司北畠顕家は北条氏余党平定のため多田《ただ》貞綱《さだつな》や南部《なんぶ》師行《もろゆき》らを糠部・津軽郡へと派遣した。平定後に義良《のりなが》親王を奉じて津軽へ下ることが予定され、同年八月二日付陸奥国国宣で南部師行に奥大道の路次や糠部郡内の宿々での御雑事の準備を命じている。

また、宮城郡以南でも、観応三年（一三五二）四月の吉良貞家書下に、「名取郡□田宿」の記載があり、欠字部分は「南方益」と推定されるが、この宿に関所を設け、凶徒や野心の輩の往反を取り締まることが熊野堂別当に命じられた。名取郡に所在する熊野神社が同宿を知行し、観応の擾乱にさいして足利直義や南朝方に与する者の行き来が国府の手前にあたる奥大道沿いの宿で厳しく監視されたのである。翌年七月には吉良貞経が熊野堂に造営料所として名取郡北方赤石本関所を寄進した。益田宿は現名取市増田、赤石は仙台市太白区坪沼付近に比定される。名取郡の南方、北方にそれぞれ関があり、さらに赤石「本関所」とされるのは、「新関所」と区別した可能性もある。前者は奥大道やそこから分岐し、笹谷越《ささやごえ》、あるいは二口越《ふたくちごえ》、後者は近世に関山越《せきやまごえ》と称されることとなる何れも出羽方面への街道の関で、相応の通行量を前提に設けられたものと思われる。

名取郡以南では、『東北の中世史』二巻飯村均のコラムに詳述された郡山《こおりやま》市安積《あさか》町で中世遺構の一部が発掘調査されている。荒井猫田《あらいねこた》遺跡の奥大道についてである。そこには鍛冶集団も居住した町屋が立ち並んでおり、阿武隈川とその支流笹原川にも近接する水陸交通の利便性を備えた宿の一類型で、一三～一四世紀を盛期に一二世紀後期～一五世紀前期まで存続したと考えられている。安積南郷北郷田地注文（相殿八幡宮文書／『福島県史』7）とみられ、奥州合戦の恩賞として安積郡を賜って以降、阿武隈川本支流域に勢力を拡大した伊豆の御家人伊東祐長《すけなが》の子孫安積伊東氏の所領を記した室町期の史料とみられる。そこには南郷として「中地」以下九ヵ所、中郷として「河内」以下一三ヵ所、北郷として「岩倉」以下八ヵ所、都合三〇ヵ所の地名とそれぞれの面積都合百五五丁二九段半が列記され、北郷のうちに「荒井」、北郷のうちに「安積宿」がみえる。また、中郷に挙げられた地名のうち「中谷田」は「日和田」（「部谷田」「日谷田」などの表記も）とみられ、阿武隈川支流の藤田川北岸地域に比定される。福島県船引町の大鏑矢《おおかぶらや》神社の鉄鉢《てつばち》には「文明十九季丁未六月一日　於日谷田根岸大工秀次」の銘が、宮城県柴田町船岡の妙立寺伝来の大蔵寺千手堂鰐口《わにぐち》には「安積郡部谷田住仁大工高久殿守三郎左衛門于時福徳三年辛宛（亥カ）六月日」の銘が（福徳三年は私年号で延徳三年〈一四九一〉にあたる。両銘文とも『福島県史』7）みられ、高度な技量をもつ鋳物師《いもの》が一五世紀末に居住し、鋳造していたことは確かである。南北朝期に遡れば、観応三年（一三五二）から翌年にかけて、南朝方の拠点宇津峯城（現須賀川市・郡山市）攻略にさいし、日和田には北朝方が在陣したことが知られる（文和二年五月日付伊賀盛光《いがもりみつ》代光長《みつなが》軍忠状、同日付石河兼光《かねみつ》軍忠状、佐原宗連《むねつら》軍忠状、何れも『福島県史』7古代・中世文書）。その後の田村氏一族の攻略にさいしても同様であり（観応三年十一月二十二日付吉良貞家披露状『同』）、日和田は軍勢が集結しうる交通の要衝でもあった。さらに、安積伊東氏一族を主体とする一揆が、篠川《ささがわ》公方足利満直《みつただ》のもとに結集することを約した応永十一年（一四〇四）七月日付の仙道諸家一揆《いっき》傘連判《かされんぱん》にも「部谷田　沙弥《しゃみ》慶勝《けいしょう》（花押）」がみえる。鎌倉公方足利満兼が、関東分国となった陸奥・出羽両国支配の要として応永六年（一三九九）に稲村御所とともに陸奥国内に置き、篠川公方が居住した篠川御所は、荒井の南東、笹原川を挟んで南側の笹川に所在したとされる。鎌倉期、奥大道が通る地域ということだけでなく、荒井猫田遺跡と周辺一帯は、鎌倉期以降も陸奥国南域の政治・交通拠点としてきわめて重要な意味をもった。

東西へ結ぶ道と河海への接続

奥大道から分岐し、東海道方面へ、あるいは出羽国へと連絡する東西の道では、太平洋や日本海の主要な湊や津との連絡も重要である。

内陸部から太平洋岸への陸路では、白河から矢槻をへて岩崎《いわさき》郡や岩城《いわき》郡など東海道方面に連絡する陸奥国南域の道の他、信夫《しのぶ》から宇多湊へ結ぶ道、三陸方面へは、近世に盛《さかり》街道と呼ばれることになる磐井郡から東山、千厩《せんまや》、室根《むろね》をへて気仙《けせん》郡に連絡する道、胆沢郡から人首《ひとかべ》をへて盛につながる道、紫波郡から川井をへて閉伊《へい》郡へと連絡する道、山目《やまのめ》から摺沢《すりさわ》をへて気仙郡につながる道、金沢、薄衣《うすぎぬ》、千厩をへて本吉《もとよし》郡に連絡する道など、近世、街道として利用されることになる経路は中世に遡って利用されていたとみられる。

いっぽう、日本海岸への陸路では、先述した出羽道の他、柴田郡より南の伊達郡北桑《きたこ》折《おり》で奥大道から分岐し、近世、羽州街道と呼ばれる出羽国村山郡内、大石田、最上《もがみ》郡鮭延《さけのべ》をへて雄勝《おがち》峠を越え秋田に結ぶ道が重要である。興国三年（一三四二）、庄内藤島城（現鶴岡市）にあった中院具信《ちゅういんとものぶ》が白河の結城親朝に宛てた書状には、戦乱のため出羽・白河間の連絡が絶え、去冬、結城氏から届けられるはずの茶が、鮭延辺《あたり》（現新庄市から真室川町域か）でことごとく奪われ、書状のみが届いたと記されている。また、この道は大石田で最上川、鮭延でその支流鮭川と連絡し、水路を介して酒田湊に連絡している。

最上川の重要な渡航地である本合海《もとあいかい》（現新庄市）は、『義経記《ぎけいき》』で、逃避行中の義経一行が出羽国鶴岡・狩川をへて清川《きよかわ》に至り、舟で最上川を遡り上陸した合河《あいかわ》の津に比定され、昭和八年（一九三

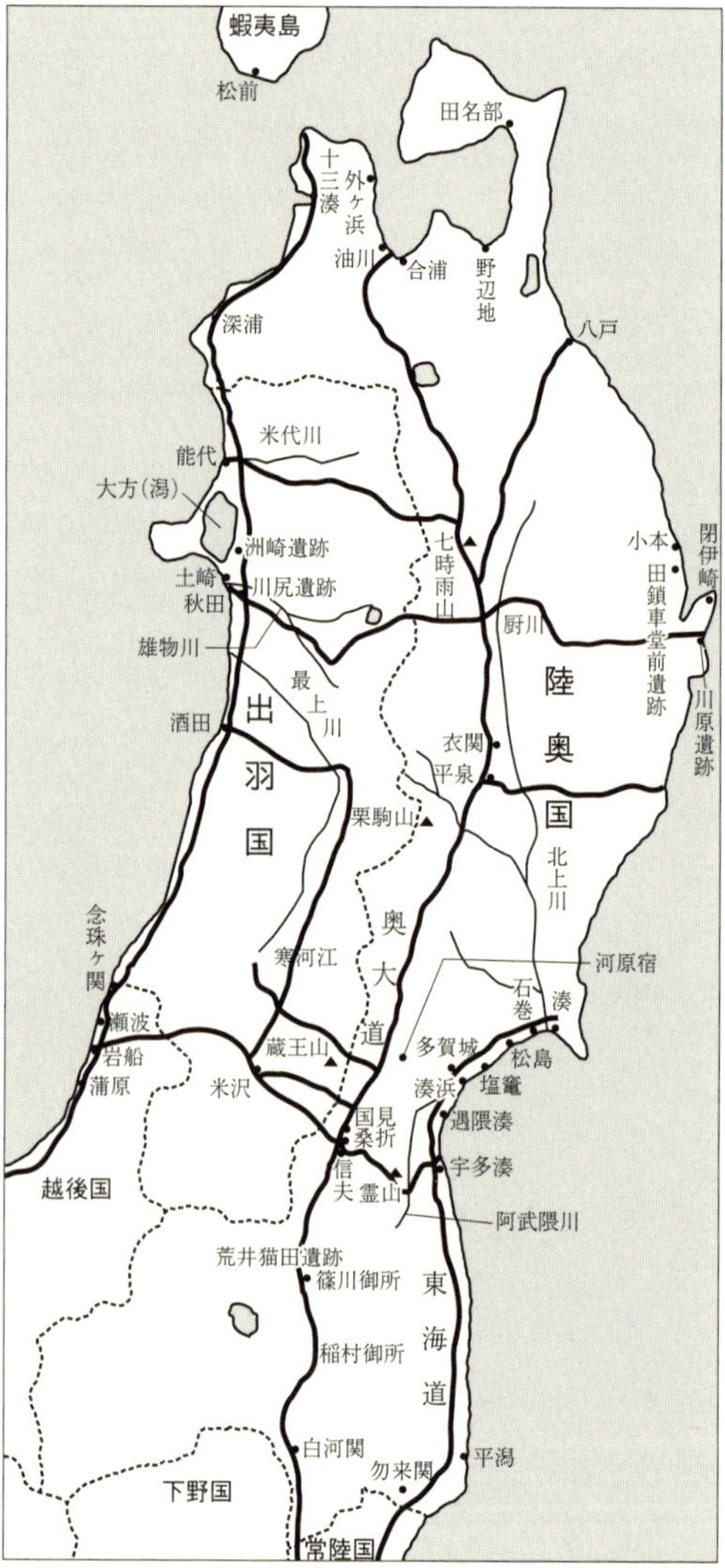

図4-3　中世陸奥・出羽国の主な水陸交通路

三）の架橋工事のさいに宋銭を主に、前漢から元にわたる時代の約三〇〇〇〇枚の渡来銭が出土した（堀場、一九八二）。また、金山《かなやま》町安沢地内では、昭和四二年に直径三七センチ、深さ三五センチの曲物《まげもの》に充塡された総量七五キロとなる大量の唐・宋・元・明代にわたる時代の渡来銭が出土している（同前）。いずれも最上川の水運でつながる酒田湊を介した交易との関連を推測させるものだろう。

内陸から三陸方面との陸路による連絡では北上山地を、出羽方面との連絡では奥羽山脈を越えなければならず、地域によって高度に差異はあるものの、険阻《けんそ》な山間部の通過をともなう厳しい行路であった。

主な湊津

土木・工業技術を駆使して低湿地の排水や広範囲にわたる埋め立てなどの土地造成、さらに舗装《ほそう》が行なわれるようになる近代より前の時代には河海の沿岸部であれば潮流や水面の変動次第で路面が水没したり、河海と近接しない内陸部であっても大雨や凍結などで路面が荒れたりして通行に支障が生じることが少なくなかった。戦乱などの人為的な障害によらずとも、陸路が常に安定した通路であったとは限らない。低湿地であるために安定した陸路を確保できない、あるいはリアス式海岸として知られる複雑に入り組んだ海岸線がつづく三陸一帯のように標高差があり、平坦地を広く確保できない立地にあっては水路が主要な交通路として利用された。

奥羽の湊津として、太平洋沿岸では宇多《うだ》・逢隈《おうくま》・塩竈《しおがま》・牡鹿《おしか》（石巻《いしのまき》・湊）・閉伊崎《へいざき》・小本《おもと》・八戸《はちのへ》、日本海沿岸では酒田・土崎《つちざき》（秋田）・野《の》（能）代《しろ》・深浦・十三湊《とさみなと》、津軽海峡に臨む外ヶ浜・油川《あぶらかわ》・野辺《のへ》地《じ》・田名部《たなぶ》などが挙げられる。

十三湊

十三湊について記した中世の文献史料は意外に乏しい。原型が一五世紀後期には成立したとみられる廻船航行《かいせんこうこう》に関わる慣習法の集成『廻船式目』の諸本のうち、日本海沿岸の七湊が挙げられるなかに奥羽では秋田とともに地名が記され（越前三国湊内田氏旧蔵「廻船大法」

図4-4　十三湊出土の麻縄が巻かれた木杭（五所川原市教育委員会所蔵）

他）ているのと『本浄山羽賀《ほんじょうさんはが》寺縁起《でらえんぎ》』に「奥州十三湊日之本将軍安倍康季《あべのやすすえ》」と記されるのみである。しかし、一九九一年から二〇〇四年にかけて旧市浦町（現五所川原市）域、岩木川が日本海に注ぐ十三湖《じゅうさんこ》西側の砂洲上の遺跡を主に、一五九次にわたる発掘調査の結果、一三世紀初めに湊として利用されるようになった前潟《まえがた》地区、その北側を主に一四世紀には集落が展開し、町場の建設が本格化する一四世紀後半から一五世紀前半までを最盛期に、湊の機能が衰頽《すいたい》したとみられる一五世紀中期頃までの様相が次第に明らかとなった。前潟の北西部では一五世紀中期にかかる荷揚げ場とみられる礫敷《れきじ》きの区域や舫《もや》い綱《づな》（船をつなぐ綱）とおぼしき麻縄が巻かれた状態の木杭（上図）を含め、桟橋状の港湾施設跡が発見されている。

一四世紀初頭には、徳治元年（一三〇六）九月、越前国佐幾良《さきうら》（崎浦）泊で鮭以下の積荷を掠奪された越中国大袋荘《おおいのしょう》東放生津《ひがしほうじょうつ》住人所有の「関東御免津《ごめんのつ》軽船《がるぶね》二十艘之内、随一」と称された大船のように、鎌倉幕府の免許を得た廻船が津軽方面との間を航行していたとみられる。その寄港地として有力なのが十三湊で、日本海にとどまらず、蝦夷島《えぞがしま》（北海道）などの北方世界や外ヶ浜、油川（大浜）をへて太平洋と結ぶ廻船も集散したものと考えられる。

牡鹿湊

中世の湊の多くは河川河口部に形成された砂洲《さす》の内側を停泊地に利用した。牡鹿《おしか》は、（旧）北上川河口部、酒田は最上川《もがみがわ》河口部にある。それぞれの河川は複数の支流を含め長大な流路を有し、太平洋と日本海それぞれの海路、沿岸地域と内陸とを結ぶ主要な水路として機能した。旧北上川河口部の浜堤と自然堤防が交錯する微高地上に所在する石巻市新金沼《しんかなぬま》遺跡からは四世紀頃の北海道系の続縄文土器や関東・東海地方伝来の土師器が出土し、それは海運・河川水運による古くからの交易を示唆する。

一二世紀、奥州藤原氏の政庁（平泉館）が所在したとみられる北上川の河岸段丘上に位置する柳之《やなぎの》御所《ごしょ》遺跡（現平泉町）からは、中国産白磁・青磁の他、膨大な量の常滑《とこなめ》焼をはじめ渥美《あつみ》焼・瀬戸焼などの東海系陶磁器が出土した。また、衣川の北岸で出土し、柳之御所に先行し、地域の伝承から、藤原秀衡母の居館を兼ねた藤原氏の迎賓館《げいひんかん》（衣川館《ころもがわのたち》）であった可能性も指摘される建物群跡の接待館《せったいだて》遺跡（現奥州市）でも、かわらけの他、常滑焼や渥美焼、中国産白磁などの遺物が出土した。旧北上川河口で出土した水沼窯《みずぬまよう》跡（現石巻市）は、一二世紀前半に開かれたとされる渥美焼の技術的系譜を引く窯《かま》跡で、奥州藤原氏が東海地方から工人を招いて開いた御用窯とみられ、太平洋を運ばれ、北上川河口にもたらされた陶器やその技術による伝製品が、川船に積み替えられ、柳之御所と伽羅《きゃら》御所の間に広がる猫間ケ淵《ねこまがふち》やさらに北上し、支流衣川の船着場で荷揚されたと考えられる。

東日本大震災後の復興事業にともなう近年の発掘調査では、川原遺跡（現釜石市鵜住居）や田鎖車《たぐさりくるま》堂前《どうまえ》遺跡（現宮古市田鎖）からも、多数の武具や馬具をはじめとする鉄製品とともに、平泉で出土したのと同様の中国産白磁、常滑焼・渥美焼・水沼窯製品、かわらけなどが出土し、それらの遺跡が奥州藤原氏関連の遺跡であることが判明した（公益財団法人岩手県文化振興事業団埋蔵文化財センター　現地説明会資料他）。牡鹿《おしか》湊から北上川を遡上する以外にも、海路をさらに大槌《おおづち》湾や宮古《みやこ》湾へと運ばれ、沿岸部から内陸の比《ひ》（樋）爪館《づめのたち》（紫波町日詰）などへと運ばれる複数の経路の存在を示すきわめて重要な証左である。

宇多か牡鹿か

牡鹿の名は、延応三年（一三三八）九月二十九日付の北畠親房の袖判《そではん》（文書の右端にある花押をさす）がある越後権守秀仲《ごんのかみひでなか》奉書にもみえる。同月初旬に伊勢国大湊から船団を組み、義良親王・宗良《むねなが》親王を奉じて海路東国を目指した北畠親房、結城宗広らが東海から関東沿岸を航行中、大風に遭遇して四散した。常陸国神宮寺城をへて小田《おだ》城に辿り着いた親房は、親王の御座船が陸奥国に着いたという情報を得て「宮のお船は直に奥州に到着されたと聞くが、宇多なのか牡鹿なのか、どちらなのか早急に御座所を知らせるように」と宗広の子息親朝に宛てて質《ただ》している。宇多は宇多湊で霊山《りょうぜん》や宇津峯《うづみね》城の、牡鹿は牡鹿湊で日和山《ひよりやま》城の、何れも南朝が主要拠点とした城の外港にあたり、東海道への接続も至便である。実際のところ義良親王は伊勢に、宗良親王は遠江《とうとうみ》に漂着しており、誤報ではあったが、二つの湊は陸奥国を代表する外洋航行船の到着地に相応しい湊であると認識されていたのである。

出羽国の湊

酒田については、鎌倉後期成立の『義経記』に酒田湊の名が見える。室町期の御伽草子の一話「ひめゆり」（『室町時代短篇集』所収）には「ではの国いつみのしやうさ（か脱ヵ）たの津」、幸若舞「屋嶋軍」には「あいたさかた津軽るかつふ《(合浦)》そとのうら《(外の浦)》」、「笈《おい》さがし」には「六条（挺ヵ）ぶねのせむどう《(船の船頭)》。七月のはじめ。あひたさかた《(秋田酒田)》をこぎいだし《(漕出)》、八月のはじめ。越前の国とかや。つるかのつ《(敦賀の津)》に聞えたる。せいじがもとを宿として」などの一節がある。文学作品だけでなく、文安三年（一四六六）に越後で種月寺を開いた曹洞宗僧南英謙宗が著した「玉漱軒記」（康正元年／一四五五）（種月寺文書）にも「逆沱《さかた》浦、舟船都会の津なり、三翼を浮かべ、十州三嶋の珍貨を致す」と記され、中世、逆沱（酒田）浦が、珍しい商品を積んだ一〇ヵ国、三つの島からのさまざまな大きさの廻船が集まる津ととらえられている。

詳細は旧稿（綿貫、二〇一四）に委ねるが、近年、旭川と雄物《おもの》川の合流地である秋田市川尻付近に位置する下夕野《したの》遺跡で、道路跡とみられる遺跡の中央を東西に通る溝跡、それに平行して複数の大小建物と井戸が複数見つかり、貿易陶磁や雄物川中流域の大畑窯で焼かれた陶器、米代《よねしろ》川下流域のエヒバチ長根窯で焼かれた陶器なども多数出土したことから雄物川・土崎（秋田）湊に関わる一二世紀後半から一四世紀中頃以降まで存続した流通拠点集落であったとされている。

図 4-5　酒田港の日和山公園にある常夜灯

時期的には約一世紀下るが『蔭涼軒日録《いんりょうけんにちろく》』長禄三年（一四五九）十月九日条から南禅寺仏殿の造営材調達が出羽の問職《といしき》によって妨害されていることがわかる。京への用材の漕送は、秋田家領に設定された太閤蔵入地《たいこうくらいりち》からの文禄三年（一五九二）から慶長四年（一五九九）にかけての伏見城造営用の杉材が著名だが、それを遥かに遡る一五世紀後期には行われていたとみられる。出羽で問が置かれ、用材の集積地となったのは土崎《つちざき》（秋田）湊ないしは酒田湊以外に考え難い。

また、井川町の洲崎遺跡は、八郎潟干拓前《はちろうがたかんたくまえ》には重要な水路でもあった湖、大方《おおがた》（潟）の南東岸に注ぐ井川河口左岸、湖岸から約二〇〇メートルの位置にあり、一九九七年から翌年にかけての発掘調査で、約三万平方メートルの調査区内から出土した杉板に僧侶と人魚が墨書された供養札、幅八メートルの直線道路跡や多数の堀や溝、三一〇余基の井戸跡、一一〇棟以上の掘立柱建物跡、土壙墓《どこうぼ》、竪穴状遺構、木・金属・土・石製の生活用具、多数の貿易陶磁、瀬戸・美濃・珠洲などの国産陶磁片などから一三世紀から一六世紀後期にわたる大規模な流通拠点集落であることが明らかとなった（本書口絵参照）。何れも日本海航路と水陸交通とが結節する位置に展開された中世流通拠点で、さらなる具体像の解明が期待される。

② 旅人と交流の様相

兵員が一挙に通過しうる軍事での利用や発掘成果の一端を観点に、水陸の幹線路を概観したところで、以下では、貢納や夫役、商業活動、布教、参詣、技芸の伝授など、個々の旅といえる事例から室町期を主に奥羽をめぐる人と物の交流についてみてゆく。

貢納と商業・贈答のあいだ

貢納は、貢納される収穫物や製品の現物そのものが領主のもとに運ばれ、消費されるとは限らず、輸送・保管上の利便性や、物品を交換、売買することでの収益目的から運用されることを前提に成り立っている。代銭納も運用の一例で、領主への納入後に限らず、輸送途上で和市《わし》（時の相場）をみて銭に替えられることも少なくない。貢納物は商品と化す可能性を多分にはらんでいた。また、納税としての貢納だけでなく、支配層間で何らかの利害関係のもとに不特定・不定期に行われる贈与慣行も中世社会においては重要な経済活動の一環であり、市場経済の成立を前提としていたことが指摘されている（桜井、二〇一一）。

古くは、八世紀半ば以降、一一世紀にかけては、中央諸官司が貢進を求める稀少な物品や調庸の分では賄《まかな》いきれない数量を満たすために正税を代価として該当する物品を購入し、進上する制度があり、その物品は交易雑物《ぞうもつ》と呼ばれていた。絹や砂金や馬は、後述するように陸奥・出羽からの主要な貢納物であり、贈答品であった。奥羽においては、貢納や贈与慣行のうえでも交易が古代に遡って必然的な意味をもっていた。

下向する商人

暦仁二年（一二三九）正月、北条時房《ときふさ》は将軍藤原頼経《よりつね》の意向として、北条泰時に対し、陸奥国の郡郷に割り当てた貢納物について、以下のように下達することを求めた。「准布《じゅんぶ》（現物を布に換算し貢納すること）による納入を止めたことで下級荘官や百姓等が現物納ではなく銭納を好むようになり、年貢の絹布が近年、粗悪になり、すでに公損の原因となっており、今後、白河関以東では銭の流通を禁止すべきである。下向する者が銭を所持することについては商人以下確実に禁じ、上洛する者が所持することについては禁ずるにはおよばない。早く、本来の良質な絹《けん》布《ぶ》を納めるように」（鎌倉幕府追加法）。白河関以東＝陸奥国に銭が大量に流入し、そのために年貢が銭納されがちであり、現物で納入される絹布でも質が粗悪になっているという状況の背景には、良質な絹布は商品として売られ、購入のために白河以東に赴く商人が多数存在するという実態があったのだろう。

鎌倉幕府が准布を停止し、銅銭を用いるべしとしたのは嘉暦二年（一二二六）八月一日（『吾妻鏡』）

とされる。その時期には銭が広範な地域に流通するようになっていたと考えられ、それは労働力も含め、何らかのものを売り買いする商行為と表裏一体の関係にある。

一一世紀半ば、藤原明衡《あきひら》が著した『新猿楽記《しんさるがくき》』には、西は貴賀之島《きがのしま》（鬼界島／現鹿児島県大島郡喜界町）、東は俘囚《ふしゅう》（律令国家に帰属した蝦夷《えみし》）の地＝奥羽まで、交易で入手した国内外のさまざまな奢侈《しゃし》品《ひん》を積み「財宝を波濤《はとう》の上に貯え」「運命を街衢《がいく》の間に交え」ながら各地を巡り、京の自宅に残した妻子を顧みることなく商いに奔走する廻船商人が登場する。商機を求めて遠隔地を移動する商人の実態があり、それに仮託されたものであろう。

『義経記』で、遮那《しゃな》王時代の義経を奥州藤原秀衡のもとに案内した京都三條の大福長者吉次《きちじ》信高《のぶたか》は「毎年奥州に下る金商人」とされる。笹本正治は、加賀の伝承をもとに金売りが古金（鉄）類を買い集める商人（金屋）とみなした柳田國男「炭焼小五郎が事」（『海南小記』）を挙げ、金売吉次と炭焼き藤太の伝説が東日本に行けば行くほど関連強く語られるとする。そして吉次一行の宿泊地近江国鏡の宿が、『平治物語』や『烏帽子折《えぼしおり》』で鋳物師《いもじ》村とも併称されていることに注目し、炭焼き・鋳物師・金細工・金商人は交流があり、彼らによって義経・吉次の伝説が成立したとする（笹本、二〇〇二）。『義経記』を見る限りでは吉次が金屋を兼ねたかどうかは不詳である。奥州への下向途上、鏡の宿で盗賊が吉次一行を狙い、その頭目《とうもく》は、都で名高い吉次が「多くの売物持ち」奥州へ向かうとし、その荷を「財宝」とも言い換えている。吉次の商《あきな》いは秀衡のような地方有力者を顧客に、多彩で高価な売り物を携えて下り、対価として、あるいはそれを元手にして仕入れた金を主体とする品を京に持ち帰るものだったのだろう。義経との対面をかなえた秀衡は、吉次に引出物として螺鈿《らでん》の唐櫃《からびつ》の蓋《ふた》一蓋分の砂金に加え、嫡子泰衡から捧げられた白皮一〇〇枚、鷲羽一〇〇尻、白鞍を付けた良馬三頭以下、一族郎等から捧げられた多数の獣皮・鷲羽を贈った。それを受領した吉次は「このように商いをして元手はとれた。不足はない」と急ぎ帰京しており、引出物は、商いの対価と認識されている。そこでは義経との関係を仲介すること自体が有力な顧客に向けての「商い」であった。

市立ての奨励と銭の使用

しかし、御用商人的な者による領主層に向けての奢侈品販売が商業の全てではない。『吾妻鏡』文治五年（一一八九）十一月八日条は、奥州合戦の後、源頼朝が奥州の支配を仰せ付けた葛西清重に対し、勧農などを指示し、所領内に市を立てたことを褒めたと記す。陸奥国内では市が稀少で、領主を市立てに積極的に関与させ、不特定多数の商人と客を集め、商業活動を促す狙いが実態としてあったのではないか。貨幣の流通も商業活動に連動する。約半世紀が経過するなかで、市は数を増し、貢納物の代銭化は昂じて、先述の暦仁二年（一二三九）の白河関以東での銭の流通禁止につながったのであろう。この法令では「銭を所持して」陸奥国へ下向することを禁じるのであって、商人が（銭を所持せず）下向することや銭を（陸奥国から）持ち帰ることについては禁じていない。幕府は、陸奥国へ商品を携えて下向した商人が、物々交換ないしは銭で支払を受けるかたちで商取引を行ない、帰国することを意図したのである。

さらに半世紀近くをへた弘安八年（一二八五）には、先述の留守家広が子家政に譲る地頭職のうちに陸奥国宮城郡冠屋市場の在家三軒、河原宿五日市場の在家五軒、塩竈津の在家一軒、艜舟《ひらたぶね》（底の平らな川舟）一艘が挙げられている。同じ支配郡内に複数の市があり、それらは複数の在家をともなう商業集落である。塩竈津の在家、艜舟も相伝されており、地頭として権限をもつが故の得分が家産として相伝されることから、留守氏は二つの市だけでなく、河海の交通の管理にも関わっていたことがわかる。

冠屋市場は、現在、八坂神社が建つ付近（仙台市宮城野区）にかつて所在した冠川《かむりがわ》明神の門前市とみられ、湊浜に注ぐ冠川（旧七北田川《ななきたがわ》）北岸の若宮前・洞《どう》ノ口地区に、河原宿は、冠屋市場の対岸、冠川を挟んで南東岸の奥大道と交わる河原、今市・鴻《こう》ノ巣付近に立地したとみられる。冠屋市場の在家については「きたまち」「ミなミ」といった在家の所在地を示すとみられる注記があり、冠屋市場の中には、北町やそれと対をなす南（町）が存在したのであろう。さらに在家三軒の役として、吉書《きっしょ》（代始めなどの後、初めて出す政務について記した文書）とかね（＝金）一両を衛門尉方へ措置するようにと記されている。代替わりの吉書とともに在家に賦課された税として（砂）金一両を納めるということは、金が代銭として機能していたことを示している。

正安二年（一三〇〇）の留守家政譲状《ゆずりじょう》に記された譲渡対象の在家のなかには、（河原宿）五日市場の西国弥次郎なる者の家が含まれている。西国を出自とする可能性を示唆する名の人物の家が市場のなかに所在するのである。五日市場が当初は、五のつく日に立てられた市にちなむ地域の呼称だったにせよ、この時期には商業集落となっており、彼はここに住まいをもつ商人と推定される。河原宿五日市場、冠屋市場については元亨四年（一三二四）の留守家明譲状にも記載がある。河原宿については、応永二十六年（一四一九）一二月の留守家継譲状にも在家をともなって記載があり、冠川（旧七北田川）と奥大道とが結節する交通の要衝の商業集落として存続したと考えられる。

衣関に近い衣川北岸、胆沢郡瀬原村にも宮城郡の河原宿より先、文永九年の史料で「河原宿」がみえることは先述した。仙台藩が安永年間（一七七二〜八一年）に蒐集《しゅうしゅう》、編纂した領内の地誌『安永風土記』の下衣川村条には、瀬原付近に古宿・宿・六日市場・七日市場・八日市場といった地名があるとされている。宮城郡の河原宿と同様、河原に宿と複数の三斎市が近接して立地する交通・商業の拠点となっていたことが推測され、七日市場は、先述の接待館遺跡の小字、奥州市衣川区大字下衣川字七日市場、また六日市場は接待館遺跡に隣接する細田遺跡・六日市場遺跡所在地の小字と重なる。斉藤利男は『平泉─よみがえる中世都市─』（一九九二）で、衣川北岸に平泉に先行する安倍氏以来の境界の商業都市が旧市街として存在したと論じた。商業都市かどうかの断定は保留せざるを得ないが、近年の発掘成果は、旧市街地の存在を考古学的に裏付けるものと言える。

その他に一四世紀後期の事例だが、文和二年（一三五三）三月六日付の吉良貞家奉書には田村荘（現田村市）内に「六日市庭」、天授二年（一三七六）正月二十二日付の南部信光譲状には「二日いち（市）

さかいた境田）」の記載があり、それぞれ六日、二日に開かれる三斎市がそれ以前に遡って存在したと考えられる。

市の商品

市ではどのような商品が売買されたのだろうか。先述の白河関以東での銭の流通禁止令で、陸奥国へ商品を携え下向した商人が、物々交換ないしは銭で支払いを受けるかたちで商取引を行ない、帰国することが幕府の意図とすれば、現実には陸奥国外からもたらされる商品と陸奥国の商品との間に価格や総量での不均衡があり、それが銭で決済される場合、陸奥国外から大量の銭が流入する状況をもたらしているという構図が想起される。国外からもたらされる商品への支払より陸奥国の商品への支払が相対的に高価である、陸奥国に購入対価となる商品が少ない、という二つのことが考えられる。市日は限られ、押買《おしがい》（強引な買取り）を禁じる法令が度々出されたことからもうかがわれるように商品自体が恒常的かつ潤沢《じゅんたく》に確保されていた訳ではない。陸奥国からの主要な商品とみられる駿馬《しゅんめ》や鷹、砂金、京などからもたらされる奢侈品については吉次と秀衡の間でのやりとりからもうかがわれるように領主層が御用商人的な遠隔地商人との間で市を通さずに取引したと解される。

市で取引されたと考えられるのは、土・陶・木製の日用雑器、農工具や鍋などの鉄製品、年貢の賦課基準にも採用され、広く用いられた布（麻布）などである。米や麦の多くも国外からもたらされ、市庭《いちば》で取引されたとみられる。先の法令で、代銭《だいせん》化の浸透にともない現物納される絹布の質の低下が

「公損の原因」となっているとされたのは、品質の低下そのものを問題視したというより、それを商品として運用するさい、価格の低下を招き、それによって生じる損失が少なくないことを意味していよう。特別に誂《あつら》えられた品は別として、現物納される絹布も市で取引された商品とみられる。

商品としての人

公然と語られはしないが、労働力として人間が商品とされたことも忘れてはならない。自然・気象災害、戦乱に端を発した飢饉が頻々と起きた中世、混迷する世上のもとで自活する手立てを失った者は、生き延びるための最後の手段として自らを、あるいは生き延びさせるために肉親さえも商品として売らざるを得なかった。

鎌倉幕府は本来、人身売買を厳しく禁じたが、飢饉にさいしては御家人が妻子眷属《けんぞく》を売って身命を助けたり、富裕な家に自身を売ったりすることで生き延びるのであれば許容し、また、飢えた者を養育する場合には奴婢雑人《ぬひぞうにん》として召し使うことを認めた。債務のかたとして下人《げにん》へと身分を落とす場合だけでなく、拘引《こういん》（誘拐）やかどわかしなど人さらいによる被害もある。

仁治元年（一二四〇）十二月には、人拘引ならびに売買を仲介する者は関東に連行し、売られた、あるいはその後、売られることになる者を見つけ次第、解放するよう「路次関々」への周知を命じた（追加法一五六）。また、建長（一二四九〜五六）の頃には、「拘引人ならびに人売り禁断すべきこと」として「人商人、鎌倉中ならびに諸国市間に多く以てこれあり」とされ（追加法三〇九）、人買い商人が商品である人間を連行して幹線路を移動し、鎌倉だけでなく諸国の市庭で売買していた状況がうかがわれる。現地の者とは限らない不特定多数が出入し、開催日も限られた市庭は、不規則な取引に相応しい場でもあろう。

弘安六年（一二八三）に成立した仏教説話集『沙石集《しゃせきしゅう》』には、三河国矢作宿《やはぎしゅく》で、商人が人を大勢連れて東国へ下ろうとしているなかに、声をたてて泣いている若い男がおり、文永年間の飢饉が殊に酷かった美濃国の者で、自らの身を売ることで母親を延命させようとしたが、再会できないまま「あづまの奥の山のおく、野のすゑにかさすらひゆきて」死んでしまうのであろうと悲嘆にくれていたと記されている。

説話「山椒大夫《さんしょうだゆう》」として知られ、説教節《ぶし》、浄瑠璃、謡曲でもその題材が広く用いられた安寿《あんじゅ》と厨子王《ずしおう》の伝説は、陸奥国大守岩城判官正氏《いわきほうがんまさうじ》の子で、母と乳母とともに都に上る途上の越後国直江津《なおえつ》で人買い商人に騙《だま》され、海路を東西に、姉弟は丹後へ、母と乳母は佐渡へと売られてゆくという設定である。また、謡曲「自然居士《じねんこじ》」には、大津を舞台に、都に上り多くの人を買い取って、「奥陸奥の国」へ下る途上の「東国方の人商人」が描かれる。「隅田川《すみだがわ》」では、人商人に騙され東国にさらわれて行った子を探し、物狂いとなって隅田川の渡しへとさ迷い来た母が、そこで船頭から、前年、奥州へ売られ行く途上衰弱し、放置されて絶命した吾子の消息を偶然聞くという設定である。商品にできる物資が乏しければ乏しいほど、労働力は重要な商品となる。また、家産の維持がさまざまな雑役を担う人手によってまかなわれていた時代、広大な領域を擁する陸奥国は人商人の活動の場でもあった。

馬と砂金

『義経記』は熊野山伏姿で平泉を指し逃避行中の義経一行に、出羽国田川《たがわ》郡の領主田川氏が子の病平癒《やまいへいゆ》の祈禱を受けたことへの布施として黒鞍《くろぐら》を置いた鹿毛《かげ》の馬、砂金一〇〇両、「国の習い」として鷲羽一〇〇尻、小袖《こそで》を贈ったことを記す。先述の吉次への引出物にせよ、馬・砂金・鷲羽などは、数量はさておき、創作上で列挙された品目ではなく、古代以来の奥羽を代表する品々であった。詳細は多くの先行研究で指摘されている（入間田、一九八二・大石、二〇〇一）。陸奥国の場合、一二世紀、奥州藤原氏の支配下で交通・商業の一定の発達を前提に、それ以前には公領から納められる官物の基本であった布に代わって年貢として支配領域固有の土宜《どぎ》（産物）が納められるようになり、その代表格が馬と砂金であった。

平安後期、摂政《せっしょう》、関白《かんぱく》を務めた藤原忠実《ただざね》は高陽院《かやのいん》で行なわれた競馬《くらべうま》に、黒栗毛《くろくりげ》の馬「寒河江《さがえ》」を出走させた（『殿暦』天仁二年〈一一〇九〉九月六日・同二十六日条）。出羽国寒河江荘（現寒河江市・村山市・山形市）は忠実の曽祖父藤原頼通の代には摂関家領となり、同荘からの貢馬とみられる。三年後、生母一条殿（藤原全子）から贈られた馬二頭は同国成嶋荘（現米沢市、高畠町）の年貢であった（『同』天永三年〈一一一二〉九月二日）。元永二年（一一一九）には、藤原清衡が京進する途上の馬・金・檀紙等が越後国小泉荘（現村上市）の定使《じょうし》に押領された（『中右記』保安元年〈一一二〇〉六月十七日）。小泉荘は岩船潟をへて日本海と連絡し、荘内の瀬波や岩船を北陸道が通る水陸交通の要衝で、奥州藤原氏が摂関家に寄進し、実務管理を担った奥羽荘園からの年貢輸送経由地の一つだったのである。

奥羽の摂関家領のうち陸奥国高鞍《たかくら》（現栗原市・一関市）・本良《もとよし》（吉）荘（現気仙沼市・南三陸町）、出羽国大曽禰《おおそね》（現山形市）・屋代《やしろ》（現米沢市・高畠町）・遊佐《ゆさ》（現酒田市・遊佐町）荘の五荘の年貢については、忠実以来、摂関家と藤原基衡との間で増徴をめぐる応酬（『台記』仁平三年〈一一五三〉九月十四日）があり、それぞれの品目と概数が明らかである。詳細は前掲の先行研究に委ね、ここでは五荘から金・布・細布・馬・漆・水豹皮・鷲羽が貢納され、馬についてはいずれの荘からも納められ、直接、地積や耕作と連動する田地からの収穫物ではなく、荘域内で産出、採集された原料やその加工品、あるいは荘域で入手しうる品であったという特徴を指摘しておく。漆については、一四世紀後期までに成立した『庭訓往来《ていきんおうらい》』の四月返状《かえしじょう》に列記された各地の特産物に「奥州の金」とならんで「奥漆」がみえる。水豹皮や鷲羽は、先行研究で奥州藤原氏が陸奥国十三湊を主拠点として展開した北方交易を介し入手したとされているが、水豹を、アザラシ・アシカ・オットセイ・トドなど類似して見える鰭脚類《ききゃくるい》の分類が不分明な状態での総称とみれば、陸奥湾や三陸沿岸、日本海の飛島などでも狩猟は可能であり（綿貫、二〇〇四）、鷲もイヌワシをはじめ猛禽《もうきん》類が奥羽の山岳部に生息することから、荘内ないしは近隣地域で捕獲された可能性もある。

基衡は毛越寺金堂の本尊造立時にも仏師雲慶《うんけい》に功物として「圓金《えんきん》百両。鷲羽百尻。七間々中径ノ水豹皮六十余枚。安達絹千疋。希婦細布《きふのほそぬの》二千端。糠部《ぬかのぶの》駿馬五十疋。白布三千端。信夫《しのぶ》毛地摺《もじずり》千端等也。此外《このほか》副山海珍物」を贈り、製作を終えるまで三年ほどの間に、京都と平泉の間を行き来する人夫と課駄（貢納物を運ぶ馬）は「山道海道」間で片時も絶えず、別禄として船三艘で届けた生美絹《すずし》が大いに喜ばれ、練絹《ねりぎぬ》（光沢のある絹生）も所望していると報告があれば、新たに三艘で練絹が追送されたという（『吾妻鏡』文治五年〈一一八九〉九月十七日）。圓金は大粒の金塊、七間々中径ノ水豹皮は輪紋《わもん》もしくは銭型アザラシの毛皮とみられ、内容は先述の摂関家領からの貢納品と重なる。駿馬の産地糠部が陸奥国、安達絹や信夫毛地摺（摺文様《すりもんよう》の布帛《ふはく》）の産地も同国安達郡や信夫郡と東山道沿いで、生美絹の生美が加美郡付近と推定されることから、文字通り解せば「山道海道」は、東山道・東海道ということになる。船が日本海・太平洋の何れの航路をとったかは不明である。太平洋に連なる北上川の水運と奥大道を基幹通路に、それらから分岐する陸路をへて北陸道や最上川水系とつながる日本海航路と結び、それは奥羽以西の日本国内に連絡するだけでなく、北方との連絡路ともなった。砂金や鉄、馬、絹といった地域の資源を備え、複数の交通手段と経路で複数の地域と結びつくことによる経済力が奥州藤原氏の政治交渉力の基盤にあった。

鎌倉幕府支配のもとで

鎌倉幕府草創期、源頼朝が「東海道の惣官《そうかん》」として、「奥六郡の主《おくろくぐんぬし》」とみなす藤原秀衡が朝廷に献上する馬や金を管轄国の年貢として幕府経由で納めることを求め（『吾妻鏡』文治二年〈一一八六〉四月二十四日条）、貢納物はいったん、鎌倉に届けられ、文治二年五月には馬三頭と長持三棹などが受領された（『同』同年五月十日）。同年十月一日には陸奥国からこの年の貢金四五〇両が届き、翌々日に幕府からの貢馬を加え京進された（『同』同年十月一・三日)。また、秀衡の子泰衡貢進の馬や金、桑絲《いと》(生糸)等が大礒駅に着いたという記載もある(『同』同四年六月十一日)。

奥州合戦後には、頼朝の凱旋に先行し、御厩舎人《みうまやのとねり》平五・新藤次が頼家に進上する馬一〇頭と鎌倉に帰着した(『吾妻鏡』文治五年十月十一日)。上洛する因幡前司(中原広元)に対しては頼朝が鞍を掛けた馬一〇頭、御家人も都合百余頭の馬を餞別《せんべつ》として贈り、それらが京での贈答に充てられた(『同』十一月八日)。鎌倉では奥州馬のなかから選ばれた上馬三〇頭のために一五間の御厩が建てられた(『同』十二月九日)。数のうちに入っていない格下の馬の数も含めると厖大な数の馬が戦利品とされたであろう。

東大寺再建用材として

陸奥の砂金は南都焼討後の東大寺再建に際し、造営料や鍍金《ときん》(金めっき)用材としても重視された。大勧進職《だいかんじんしき》重源の依頼を受けた西行が、「沙金」勧進に同族の秀衡を訪ねる途上、文治二年八月十五日から翌日にかけて鶴岡社に参詣した(『同』同年八月十五・六日)。秀衡からは「滅金(=鍍金)料」として五〇〇〇両が奉納されたが、陸奥からの貢金が年々減少するなか、大仏の鍍金には厖大な量が必要であるとしてさらに三万両の追加を求められると「貢金三万両は甚《はなは》だ過重であり、先例でも千両足らずである。近年は領内に多く商人が入り込んで砂金を売買し、大方掘り尽くされてしまった」として拒否した(『玉葉』文治三年〈一一八七〉九月二十九日)。上述のように、秀衡は翌年も朝廷に金を貢進してはいるが、砂金は、それを求めて商人が多数領内に出入する価値ある商品で、枯渇しかけているというのは要求に抗するための単なる弁明ではなかったのだろう。

一五世紀以降の贈答・貢納

南北朝期以降も建武元年の南部氏関係史料に「閉伊《へい》郡内大沢村御牧馬」、「糠部郡七《しち》戸《のへ》御牧馬」などの記載があり、陸奥国は駿馬の供給地でありつづけた。室町期にも、馬や金は、奥州の土宜として散見される。二世紀余を隔てた応永十四年（一四〇七）の長講堂領目録には出羽国大泉荘がみえ「年貢砂金百両　御馬二疋」が挙げられ「近来国絹二百疋進之」の注記がある。同荘は建久二年（一一九一）十月の長講堂《ちょうこうどう》所領注文《ちゅうもん》（『鎌倉遺文』五五六）では荘名のみ記された「不所課庄々」に数えられている。経緯は不明ながら、かつて砂金と馬とが貢納された時期があり、それが一五世紀初頭に国産絹で代替される状況にあった。年貢として一定量を定期的に進上しつづけることが困難になっていたとすると、その稀少性ゆえに価値は増すこととなる。

後崇光院《ごすいこういん》の記した『看聞日記』応永二十五年（一四一八）八月十日条には、「関東大名南部氏」が上洛し、将軍足利義持へ馬百頭、金一〇〇〇両を献上したという伝聞が記されている。この南部氏は、甲斐南部氏を祖とするが、当時は関東ではなく陸奥の大名、南北朝期に南朝勢力として陸奥国糠部・根城《ねじょう》など馬産地に重なる地域を拠点に勢力を拡大した三戸《さんのへ》・八戸《はちのへ》南部氏のうち三戸南部氏の守行とみられる。その二年前の上杉禅秀の乱から永享十年（一四三八）の永享《えいきょう》の乱に至る鎌倉府での鎌倉公方と関東管領《かんれい》の対立、鎌倉公方と室町将軍との対立に集約される東国での争乱では、それぞれの勢力に与《くみ》する東国大名の動きがあり、奥羽の大名からは幕府への臣従の証をたてる意図からか、当該期、幕府への贈答が度々記録されている。

応永三十年（一四二三）、安藤陸奥守は足利義量の将軍就任にさいし、馬二〇頭、鳥五〇〇〇羽、鵞眼《ががん》（銭）二万疋（一疋＝一〇文）、海虎皮《らっこかわ》三〇枚、昆布五〇〇把を献上した（『後鑑』）。翌年には、奥《おう》州探題《しゅうたんだい》斯波氏が砂金百両、馬三頭を献上した（『同』応永三一年十二月三日）。同三十四年八月には小野寺氏が上洛し、管領に馬数頭を贈った（『満済准后日記《まんさいじゅごうにっき》』同年八月十日）。また、永享三年（一四三一）と推定される足利義教《よしのり》御教書から、伊達持宗が将軍足利義教に栗毛と黒毛の馬二頭と砂金一〇裹（裹《つつみ》か）を贈ったことがわかる。

所望される駿馬

長禄三年（一四五九）正月十六日、将軍足利義政は召料として細川勝元を介し、結城直朝に馬を所望した。「走乗可然御馬」（走り乗るのに相応しい馬）を早々に進上してくれると有難いとして毛並などの詳細は寺町三郎左衛門尉から伝えるとした（「白河古事考」／「白河系譜」）。やや時期を隔てるが、寛正四年（一四六三）九月二十八日付で、結城直朝からの貢馬二〇頭、荷持ちの人員一〇〇人につき、往復での「海河上諸関渡」を煩いなく通過させるよう記した過書（関所の手形）が与えられた（「八槻文書」）。時期を同じくして、前年、出羽国守護に任じられたことへの御礼とみられるが、出羽国守護大宝寺《だいほうじ》成秀《なりひで》が上洛して将軍義政に銭一万頭と馬十頭を献上し、それらの馬は「良馬」と評判を呼んでいる（「蔭凉軒日録」十月四日・同七日）。翌年十一月二十八日には、小野寺隠岐守が月毛《つきげ》・黒鹿毛《くろかげ》・糟毛《かすげ》の馬三頭を進上し、剣一腰、緞子《どんす》一端、盆一枚を書状とともに下賜された（「親元日記」寛正六年三月十五日）。

　そうしたなかで義政は、同年末の土御門《つちみかど》天皇の即位に関わる事情からか、遣明使の派遣にさいしての朝貢品に充てたものか、同六年（一四六五）四月にも僧禅久を飛脚として陸奥に遣わして、氏家《うじいえ》安芸守・大崎殿・南部殿・南部伊予守（時政）・白河修理大夫（直朝）・大宝寺出羽守（成秀）等に馬の進上を命じるよう指示した。別紙に記された馬の体裁は、寸（体高）五尺（約一五〇センチ）以上、たとえ長《た》け（＝丈、足から肩までの高さ）が四尺八、九寸（一メートル四六〜四九センチ）であっても五尺の馬のようであれば構わない。毛色は佐目（白色）・葦毛（栗毛・青毛・鹿毛の毛色に白毛が混じる）以外の何でも構わない。たてがみは不足してもいいが、尾の毛は重要である。老馬であっても遠慮しなくてよい、ただし、小高い土地での乗り心地のよいものが肝要である……等々、見栄えと乗るのに適したものが肝要だとしている（「親元日記」寛正六年四月一三日）。

　求めに応じ、南部時政が馬を進上しようとしたところ、通路にあたる仙北地方が小野寺氏との抗争で塞がれており、同年八月二十四日、大宝寺出羽守に対し、貢馬（国家への馬の貢進）の路次を警固し、貢馬のなかでも大型で選りすぐりの一、二頭だけでも早く京進してくれると有難いということなどが奉行人蜷川《にながわ》新右衛門尉を介して命じられた（「親元日記」同日）。

　大宝寺出羽守からは、去る四月十三日、御馬一頭（黒、印雀目結《いんすずめめゆい》、長さ五寸五分）を進上したとして、親元への書状を遣わし、御馬は次郎四郎に渡したこと、小河から書状が届いたが、奥口での（南部と小野寺の）抗争で通路が塞がれていることについては承知していないとする書状が届いた（同九月二日条）。貢馬を求められた南部・小野寺・大宝寺氏以外の大名の対応は不詳である。文正元年（一四六六）十月十六日付で幕府が結城直朝被官人に過所を与えたのは、関連するものかもしれない。

伊達・白河の馬

文明十五年（一四八三）十月十日には、伊達成宗《しげむね》が伊勢参宮の途上入京し、翌日、義政以下に拝謁した。『実隆公記《さねたかこうき》』（三条西実隆の日記）は「馬数百疋」を率いて上洛したと記し、「成宗公御上洛日記」（『伊達家文書』）が記すところでは、在京中に義政に國綱銘《くにつなめい》の太刀一振、砂金一〇〇両、鴾《つき》毛と栗毛それぞれ一〇頭ずつの馬二〇頭、義尚《よしひさ》に景光銘《かげみつめい》の太刀一振、砂金一〇〇〇両、毛色は様々で馬二〇頭、日野富子に一万頭（銭一〇〇貫文）、細川政元に國綱銘の太刀一振、砂金五〇両、毛色はさまざまな馬一〇頭他、公家、武家、その被官らに多数の進物を贈った。さらに太神宮（伊勢外宮）・（石清水）八幡宮・新羅《しらぎ》（明神）・御霊社《ごりょうしゃ》・北野社・祇園社・多田院・今宮社・京極寺八幡社・壬生《みぶ》地蔵社の一〇社に馬一一頭を寄進し（「神馬引付」）、その合計は、参宮関連も含めて太刀二八振、馬九五頭、砂金六八〇両、銭六万疋に上る。進物のなかには、「文字摺《もじずり》」や「名取埋木《うもれぎ》」といった馬や砂金以外の陸奥国の産品も含まれていた。

奥羽の馬を求める動きはその後も散見される。幕府は延徳二年（一四九〇）閏八月二十八日付で、結城直朝の子である白河弾正少弼（政朝）からの貢馬二〇頭・荷持ちの人員二〇〇人についての往路と復路について、「海河上諸関渡」を煩《わずら》いなく通過させるよう記した過所を与えた（白河証古文書）。寛正四年（一四六三）九月の直朝の貢馬のさいの過所《かしょ》に比して馬の数は二〇頭と同じであるが、荷持ちの人員は倍増している。

延徳三年（一四九一）三月、細川政元は一四人の随行、三〇〇人の人夫とともに京を発ち、陸奥国を目指した。しかし、逗留中の越後府中で同国守護上杉房定《ふささだ》から説得され帰洛することになり、白河の結城小峰氏（政朝）に宛てて、「伺《うかが》うことが叶わなくなったので被官《ひかん》新開《しんかい》次郎右衛門尉に太刀一腰を届けさせる。しかるべき馬どもが欲しいので進上していただけると大変有難い」という主旨の書状を送った。政元一行は、蒲原《かんばら》津から阿賀《あが》野《の》川を経由して奥大道に入り、小峰領に向かう予定だったのだろう。帰洛した政元は、一三〇頭ないし二〇〇頭の馬を引き連れていたという。頭数に幅があるが、馬一頭につき同等数以上、通常二人の口取りが配されたと推定され、下向に同行していた「人夫」三〇〇人は、政元と随行との警固要員ではなく、逗留先への贈答品を含め必要な旅支度を運搬し、雑役を担う担夫と馬の口取りであり、当初から馬の調達が意図されていたとみるべきだろう。

一六世紀末には成立していた軍記物「不問物語《とわずものがたり》」はその顚末について「延徳三年二十六歳先年政元、奥州へ下向《げこう》有りて馬の牧共一見ありたく望おはして越後まで下向有しに、当国守護上杉□□請待《しょうたい》有りて、馬を多く集めて見せ申され、牧《まき》というも、過ぎざるの由を懇《ねんごろ》に申されて、越後より上洛ことありき」と記す。前年、足利義材の征夷大将軍就任に管領として臨んだものの直後に辞し、将軍と距離を置き、遠路陸奥国へ赴く、しかも、多数の馬を求めてのことである。越前の戦国大名朝倉孝景《あさくらたかかげ》（正長元年〈一四二八〉〜文明十三年〈一四八一〉）による分国法「朝倉孝景条々」には、「一　侍《さむらい》の役たるとて、伊達白川へ使者を立て、よき馬鷹を求められまじく候、自然他所より到来候らわば尤《もつと》もに候、それも三ヵ年過ぐるは、他家へ遣わされるべく候、長持されば、後悔出来候こと」という条文がある。一五世紀後期、伊達領・白川領が優れた馬や鷹の産地と認識され、その調達や贈答に領主層が強い関心を寄せていたのである。しかし、上杉禅秀の乱以降、東国では頻々と反幕、反上杉勢力による争乱が起こり、奥羽の諸勢力もその動向と無縁ではなく、政元の下向に政治・軍事的意図が疑われてもやむをえない時勢であった。親幕府、親将軍の立場にある上杉房定は、そこが牧であるかの如く多くの馬を集めて政元に見せ、説得し、下向を断念させた。それらの馬が贈られ、同道されたのであろう。結城氏に所望した馬の貢進については不明だが、翌年八月、結城政朝の京上にさいし、幕府は上洛人七〇〇人、馬五〇頭を対象に過所を与えており、何らかの呼応関係が推測される。

なお、「朝倉孝景条々」に馬と併記され、領主層の間での主要な贈答品となった鷹については、紙幅の関係から、天正期を主に伊達・(下国) 安東・武藤・大宝寺ら奥羽大名が音信を通じる目的や叙任に関連して織田信長へ贈った諸例の他、徳川家康への贈答など多数の例が確認されることを記すに止める。

これも貢馬の著名な例で、永原慶二らが詳述しているが（永原、一九七二・小林、一九八五・入間田、一九九〇）、永正十四年（一五一七）、伊達次郎は将軍足利義稙《よしたね》から偏諱《へんき》を与えられて稙宗《たねむね》を名乗り、義稙の口添えにより左京大夫補任を実現した。それにさいし、将軍・管領・幕府有力者七名に進上する奥州馬一四頭についての贈り先と馬の特徴を列記した留書《とめがき》（『大日本古文書家わけ　伊達家文書之二』）がある。使者とされた頤神軒存奭《いしんけんぞんせき》は、同年十月、陸奥国を発ち、越後国沼垂、蒲原、越中国岩瀬、越前国敦賀《つるが》など北陸道を通り、九里半《くりはん》街道経由で琵琶湖北西岸の海津にぬけ、湖西の陸路を南下して坂本をへて上洛し、翌年六月に帰国するまでの諸経費の内訳や経路を詳記した算用状（決算報告書、『同前』）を遺している。

朝廷・幕府と大名の仲介者としての遠隔地商人

義稙からの諱字《き》と左京大夫補任《ぶにん》にあたって、政治的折衝・斡旋《あっせん》に実力をもったのが聖護院門跡道増《しょうごいんもんぜきどうぞう》、礼物・進物の授受など実務面を仲介し、大永年間（一五二一〜二八）の陸奥国守護補任にさいしても同様に支援したのが坂東屋富松氏久《ばんどうやとみまつうじひさ》である。坂東屋は摂津富松を拠点に、坂東からの諸社寺参詣者への宿の提供から発展し、商業・金融と多角的な経済活動に携わった遠隔地商人で、伊達氏との関係は、先述した文明十五年（一四八三）の稙宗の祖父成宗の上洛時以前に遡る。戸（＝富）松に対し、上洛前年に支度金一〇〇貫文が与えられ、上洛時には坂本で出迎え、上京の宿を準備した謝礼として馬一頭と新たに一〇〇貫文が与えられた。稙宗の子晴宗の左京大夫補任、その子輝宗の偏諱《へんき》にさいしても富松与一が複数回にわたって京と陸奥国の間を往復した。伊達氏だけでなく、白川小峰氏、大崎氏など官途を望む大名や国人の意を受けて仲介にあたるとともに幕府からの将軍代始めの御礼督促《おんれいとくそく》などを彼らに伝える役割を果たした。

大永三年（一五二三）閏三月二十三日付で幕府は「従奥州進上馬・人数貳百人、荷持在之」を対象に過所を発給した。馬の頭数は不明だが、二〇〇人で構成される貢馬目的の大集団が移動したとみられる。前々年末の足利義晴《よしはる》の将軍就任に関わる進上であろう。

『蜷川親俊日記《にながわちかとしにっき》』天文八年（一五三九）閏六月二十四日条には政所代《まんどころだい》蜷川親俊が奥州南部商人左藤《さとう》掃部助時吉《かもんのすけときよし》を政所執事伊勢《いせ》貞孝《さだたか》に会わせ、左藤から伊勢に御樽代《おたるだい》として馬一〇〇頭と太刀《たち》が進上され、返礼として肩衣と返盃が下され、蜷川には五〇頭の謝礼があったことが記されている。『大館常興日記《おおだちじょうこうにっき》』は同年七月十五日条に将軍義晴による偏諱の御礼に上洛中の（三戸）南部彦三郎（安政）が参上したことを記しており、時吉はその使節の一員であった。先述の富松与次も伊勢貞孝や蜷川親元のもとに出入りしており（「蜷川親俊日記」天文八年七月二十八・九日条）大名の御用をつとめる商人が中央と関わりを深めるうえで、被官を介し幕府奉行人と面識をもつという贈答をともなう段取りが示されている。

宗教者の旅

中世、最も遠距離におよぶ旅をしたとみられる時宗の祖、一遍《いっぺん》が弘安三年（一二八〇）、旅の北限としたのは、承久《じょうきゅう》の乱に敗れ、配流先の江刺郡（現奥州市）で亡くなった祖父河野通信《みちのぶ》の墳墓であった。行路での食糧・宿の確保、治安の保障といった不確定要因が縷々《るる》存在するなか、神仏への奉仕者として聖性、霊威、無縁性などの外皮に護られ、旅の困難を僅かながらも軽減され、広域を移動したのは宗教者であった。史料に遺された一参詣団を構成する人数において中世で突出しているのは、熊野参詣に関わるものだろう。

『熊野那智《なち》大社文書』には、那智大社の御師《おし》（参詣者の世話人）を務めた米良《めら》家に伝わる「米良文書」をはじめ、諸国の檀那や彼らに布教し、参詣の先導や宿を提供する先達《せんだつ》の「職《しき》」売買に関わる文書を主に、一三～一七世紀前半にかけての一五〇〇通余の文書が収録されている。そのうち一四二通が陸奥国に関わる史料である。熊野社や熊野の神官鈴木氏を祖とする鈴木姓が東日本の太平洋沿岸部に多く、先掲の宇多湊に近接する宇多川下流域で宇多荘の中心地中野に、鎌倉初期、紀伊熊野社神官鈴木重源が荘支配のために下向したという伝承がある（遠藤、一九九〇）ように、太平洋の航路を介した信仰の伝播も推定され、陸奥国は熊野信仰と関わりの深い地域であった。なかでも、岩崎・岩城・田村・石川・白河郡など、陸奥国の南域での檀那や先達に関する史料が中世を通じて確認される。

古くは、陸奥国岩崎郡金成《かなり》村（現福島県いわき市）地頭の岡本資親《すけちか》が、先達白鳥寺住僧道尊《どうそん》らとともに弘安九年（一二八六）年十一月十三日、同村を発って翌月三日入洛し、同十八日に本宮、十九日新宮、二十日に那智と熊野三山を参詣した。帰途にあった閏十二月中旬には先達の縁で遠江国河村荘東方に逗留し、同月二十七日帰村した（正応二年七月九日付関東下知状）。応安三年（一三七〇）十二月三日付の白河庄刑部阿闍梨明尊檀那名簿《あじゃりみょうそんだんなみょうぶ》には斑目周防守殿《まだらめすおうのかみ》以下三七人の家長名とそれぞれの家に属す母や妻名、子女の数、家人名、参詣日などが列記されている（「八槻文書」）。永正六年（一五〇九）七月十日付の政盛署判過所には所々領主に宛てて、奥州白河からの参宮人二〇〇人・馬七頭・荷物八荷について国中諸関舟渡を相違なく通過させるよう命じている。新城美恵子が詳述しているが（新城、一九八二）、先述の坂東屋は、応永末年（一四二八）頃から田村荘で熊野先達職の買得を始め、嘉吉元年（一四四二）には荘内の先達職を実質的に所有したとされる。坂東屋が元々、坂東からの諸社寺参詣者の宿から発展したことからいって、先達職の買得は、宿泊だけでなく、参詣全般にかかる利権、そこには、荘内の有力者である檀那との信仰を介した関係の確保が含まれるのであり、後に政商として姿をみせる一契機となったと思われる。

他にも、文明十八年（一四八六）六月、京を発った聖護院門跡道興准后が、北陸・関東をへて翌年三月、奥大道から陸奥に入り、矢槻の八槻都々古別《つづこわけ》神社、別当大善院、田村の蒲倉大祥院《かばくらだいしょういん》など熊野信仰の拠点や国人・大名のもとを訪れ、五月まで滞在する間、白河二所関から松島に至る処々の歌枕の地を訪ねた（『廻国雑記』）例などがある。園城寺長吏《おんじょうじちょうり》・熊野三山別当職を兼ね、熊野系山伏の統轄を通じて天台系修験団本山派の組織を確立する過程での廻国だが、公卿近衛房嗣《くぎょうこのえふさつぐ》の子で、仏神事でも幕府・朝廷と密接な関係をもつ彼の旅は宗教的外皮に覆われつつも政治的要因が少なからず含まれていたとみられる。

連歌師の旅
―むすびにかえて

人やものが移動し、交流することに付随し、無数の情報が拡大再生産的に移動することになるが、先述してきた贈答《ぞうとう》や商業の当事者で、交流の担い手である領主層・有徳人《うとくにん》らにとって信仰とともに文化的素養として尊重されたのが芸能、なかでも連歌《れんが》である。応仁の前後から、混乱する京を離れ、各地の有力者に庇護され広域を旅する連歌師が散見される。金子金治郎が詳述しているが（金子、一九九〇）、応仁二年（一四六八）年十月、宗祇《そうぎ》は武蔵国品川の有徳人鈴木長敏《ながとし》の手引きで海路を常陸国那珂湊に渡り、筑波山などを巡った後、白河関を訪れ、結城直朝らと連歌会《え》に臨んだ。途上、海路が採られたのは、外護者である山内上杉管領家家宰《かさい》長尾氏、扇谷《おうぎがやつ》上杉家家宰太田氏と敵対する古河公方《こがくぼう》足利成氏《しげうじ》の勢力圏の通行を避けるためであったとされる。その二年後、宗祇と鈴木との親交を品川で仲介した心敬《しんけい》は、太田道真《どうしん》（道灌の父）が興行した河越《かわごえ》千句で同席した猪苗代兼載《いなわしろかねのり》（興俊）の案内で、印孝とともに日光から鬼怒川をへて会津に赴いた。蘆名《あしな》氏による興行をはじめ、会津各地での連歌会に臨み、初秋には白河関を訪れた足で結城直朝のもとを訪れ、句を詠んでいる。連歌会は連歌師を招き、地元有力者が連歌によって交流する場であるが、純粋な文化交流に終始した訳ではない。心敬の会津への旅も、古河公方勢力を包囲する勢力として蘆名家を幕府側に繋ぎとめる役割をもったことが指摘されている。永正六年（一五〇九）七月十六日、連歌師《れんがし》宗長《そうちょう》は、かねてから望んでいた陸奥国白河関を目指して駿河丸子《まりこ》の草庵を発ち、途上、武蔵鉢形《はちがた》（現埼玉県寄居町）の長尾顕方《あきかた》邸で越後出陣に遭遇するなど、騒然とする関東のなかを宇都宮まで辿り着いたが、宇都宮氏と那須氏との交戦により那須野を越えることが難しく、大雨による川の増水なども加わって、白河を目前に引き返すことを余儀なくされた（『東路のつと』）。

久しく憧れた歌枕の地に赴くことが一義ながら、連歌師たちが外護者に求められるまま彼らの興行する連歌会に臨み、行路においては彼らと敵対する領主の領地を巧妙に避けて移動せざるを得なかった姿は、本章を通して概観してきた中世の奥羽に関わる人とものの交流に通底していることのようにも思われる。史料が作成される経緯に起因してはいるが、中央から遠く隔った位置にありながら、その動向と無縁ではいられず、否応なく政治的意向に翻弄されつづける地域の悲哀がそこに垣間見えるように思うのは穿《うが》ち過ぎなのだろうか。

コラム

後城と秋田湊

伊藤武士

秋田湊は中世の日本海海運で栄えた湊であり、日本を代表する三津七湊《さんしんしちそう》の一つとして『廻船式《かいせんしき》目《もく》』にも記されている。その所在地は、秋田平野の西、旧雄物《おもの》川（現秋田運河）河口付近と考えられている。現在の秋田市北西部の土崎《つちざき》周辺を中心とするその一帯は、近世には土崎湊と呼ばれていた。北前船で栄え、雄物川の河川交通により内陸部ともつながり、米蔵が軒を連ねる秋田藩の物資集積港でもあった。

湊に関係する中世遺跡としては、他に土崎の北、新城川河口付近の飯島穀丁《いいじまこくちょう》遺跡があり、その付近に秋田湊があったとする説もある。しかし、穀丁遺跡付近が広い範囲で秋田湊に含まれ機能した時期があったとしても、中世秋田湊の中心はやはり水運の要地である旧雄物川河口右岸、近世土崎湊近辺にあったと考えられる（次頁写真）。

中世秋田湊について、船着場など湊の遺構自体は発掘調査により確認されていない。しかし、雄物川河口に近い右岸南側で、秋田湊と直接関係する町並の一部と考えられる遺跡が調査、確認されている。それが後城《うしろじょう》遺跡である。

後城遺跡は、近世土崎湊のやや南側に位置し、古代秋田城跡が立地する低丘陵の北西部裾野から旧雄物川の河岸にかけての間、海からの飛砂に覆われた標高二〇メートルの段丘上に立地している（下写真）。その発掘調査は宅地開発にともない秋田市教育委員会により一九七七年から七八年にかけて実施された。遺跡は古代と中世の複合遺跡で、下層からは奈良時代から平安時代の秋田城に関係する区画施設で囲まれた竪穴《たてあな》住居跡群などが検出されている。

中世遺構としては、遺跡西側のB地区では大規模な竪穴状の貯水施設、北西側のC地区では掘立柱建物跡、井戸跡等からなる居住域が検出されている（次頁写真）。大

秋田湊付近現況

後城遺跡居住域の遺構

規模な共同貯水施設を有し、長期間同じ場所に継続して営まれた建物や井戸跡などの遺構群は、一般集落とは異なる町屋、町並といった生活域を想定させる。いっぽう、遺跡南半中央のA地区からは土壙墓群が検出されており、居住域に付随する墓地跡、または、遺跡東方に所在したとされる中世寺院の墓域とも考えられる。

発見された遺構群からは、河口付近の川岸、つまり湊の施設近くに町並みがあり、その背後に寺院や墓域からなる宗教エリアをともなう「湊町」の姿が想像される。

遺跡からは、居住域を中心に食器・容器類や服飾品、銭貨の他、工具類、フイゴ羽口や坩堝《るつぼ》、漁労具である土《ど》錘《すい》、さらには塔姿板や宝篋印塔《ほうきょういんとう》までが出土している。生活色豊かなものから生産、宗教に関わるものまで、その様相は中世の遺跡らしく実に多様である。しかし、後城遺跡を特徴づけ、遺跡の性格を語るうえでも欠かせないのは、なんといってもその豊富な陶磁器類であろう（次頁写真）。

陶磁器類は居住域、町並みエリアから集中して出土しており、貿易陶磁器類としては青磁、白磁、染付等、国内産陶器類としては瀬戸美濃系陶器や珠洲《すず》系陶器を主体として、越前や唐津《からつ》系陶器などが出土している。その年代は一三世紀から一六世紀末にわたるが、その中心時期は一五世紀〜一六世紀中葉の室町時代と考えられる。つまり、それは後城遺跡の町並みが最も栄えた時期でもあった。

出土陶磁器類

貿易陶磁器類は、中国から輸入され日本海の交易ルートを通じてもたらされ、国産陶器類も日本海の海運により広域流通したものと判断される。その豊富さは、海運や湊と強い関連性を示唆するとともに、中世海運で栄えた三津七湊の一つ秋田湊に関連する町並にふさわしいといえる。逆に言えば、後城遺跡は、中世後期の日本海沿岸北部地域における交易・流通の実態を知るうえで欠かせない遺跡ということになる。

後城遺跡の最盛期である一五世紀から一六世紀にかけて秋田湊のある秋田平野周辺一帯を治めていたのは安東（藤）氏の一族、湊安東氏である。安東氏は中世に海上支配権を握り日本海交易により繁栄した一族とされており、秋田湊は重要な交易拠点であり、地域支配の核となる場所であった。湊安東氏は秋田湊に湊城を構え拠点としていたとされる。しかし、現在発掘調査により確認されている湊城跡は、後城遺跡から二キロほど北東に位置しており、その年代も安東氏が秋田平野に進出したとされる一五世紀に明確には遡らない。

そこで気になるのは「後城」という名称である。近世以前の遺跡周辺には「前城町」と「後城町」が存在したという史料があり、それが字名、遺跡名の元ともなっている。後城遺跡とその湊町は、その最盛期が重なることからも、湊安東氏と密接な関係にあったと考えられ、後城遺跡付近に、安東氏の秋田湊進出当初の城館が存在した可能性が考えられる。

湊の把握を重視した城館の存在、湊町と城館との密接な関係は、秋田湊のみならず、中世日本海岸の湊のあり方を考えるうえでも、重要な側面である。その詳細な把握は今後の課題となっている。

五　人々の信仰と文化

菊地大樹

1　仏教流布の宗教的土壌

交差するまなざし
—京・東国・奥羽—

源顕兼《あきかね》が編集した鎌倉時代初期の説話集である『古事談』第三僧行《そうぎょう》（一〇八話）には、京から武蔵に下ってきたある持経《じきょう》者（『法華経』を暗誦《あんじゅ》し信心する修行者）が登場する。この説話については別に触れたことがあるが（菊地、二〇一三b）、さまざまな角度から中世における列島の宗教的状況を反映しており、実に興味深い。この僧（持経者）は、あるとき博打《ばくち》に負け込み、勝者によって陸奥国に連行され、馬の代に替えられそうになる。これを、熊谷直実《くまがいなおざね》が弘めおいた一向専修《いっこうせんじゅ》の念仏者たちが救おうとするが、僧はそれまでの『法華経』への信心を改めようとはせず、結局念仏者からも見捨てられて、陸奥へと下って行った。

この説話は京都を起点とし、東国を舞台として、最後に陸奥国へと読者の視線をいざなってゆく。ここから、京都を中心とし、最外周に陸奥を見渡す列島の文化的同心円構造が浮き彫りになってくるのである。しかし、ここで重要なのは、京の人々から見て奥羽の地は、単純に都→東国→奥羽という同心円構造の最外周に位置づけられたのではないことである。例えば、後鳥羽院の御願寺であった最《さい》勝四天王院《しょうしてんのういん》には、藤原定家をはじめとする当代の歌人たちが障子《しょうじ》和歌（障子に描かれた諸国の名所に合わせて詠まれた和歌）を寄せた。そのさいに、大和や山城・摂津など畿内の名所の配置については、南面の晴の空間や常御所《つねのごしょ》に配されるいっぽう、陸奥国の名所六ヵ所は、「御所《ごしょ》遠キ方」に置かれていた（『明月記』建永二年四月二十一日）。しかし、それは単に、京にいる後鳥羽院から見て、彼が統治する列島の最外周に陸奥国が位置づけられているということではない。むしろ周縁であるがゆえに、定家をして「この国殊《こと》に幽玄《ゆうげん》の名所多く棄て難し」（この国〈陸奥〉には、殊に幽玄な名所が多くて、どれも棄てがたい）と言わしめたように、陸奥国は明らかに、情趣や憧憬というプラスの感情を込めた表象として受容されたのである（渡邉、二〇一〇）。

辺境からのまなざし

いっぽう、辺境の人々もまた、中心的世界を強く意識した。中世文化は、周縁に向かって単純に地方性豊かになっていくわけではなく、逆に周縁地域にあればこそ、中央の文化を強く意識し、それを受容しようと試みたのである。ゆえに古代において、奥羽における仏教受容はきわめて早い。また後程見るように、中世を代表し、幅広い階層から信仰を集めた長谷寺や清水寺の観音信仰、そして熊野信仰などは、中央における流布と歩調を合わせたかのように、奥羽地方に浸透していった。いわゆる鎌倉新仏教による教化の最前線も、はやくからこの地に進んでいったのである。

たとえば、浄土真宗寺院である山形県酒田市浄福寺に所蔵される「羽州飽海《あくみ》郡大泉荘《おおいずみのしょう》内酒田浄福寺由緒記」を分析した誉田慶信は、蓮如が北方世界への布教を強烈に意識し、蝦夷松前上国に「夷浄願寺」が建立されたことに注目する。誉田が指摘するように、「夷」の一字は単に北方地域の地理的呼称ではない。また本願寺の布教も、南から漸次進められて奥羽の地に至ったわけではなかった。吉崎に拠点を置いていた蓮如教団にとって、蝦夷布教は「蓮如教団の飛躍的発展を象徴する、もっともドラスチックな瞬間」だったのであり（誉田、二〇〇〇）、それを受容した奥羽の人々もまた、蓮如教団を通じて中央への視線を確保していったのである。

古代から中世へ——山林修行の系譜——

次に押さえておきたいのは、奥羽における山林修行の展開である。古代から中世にかけての仏教を考える上で、実践修行の場として、また民俗宗教の展開の場として、山林つまり霊山は極めて重要な役割を果たしていた。霊山は列島各地に大小さまざまに存在していたのである。奥羽にもまた、このような各地の動向と軌を一にして山林修行が展開してゆく。窪田大介は、九世紀における東北仏教の展開の中で、新たに山岳寺院が展開するようになることを指摘している。山岳寺院は、「山林修行の活発化と神仏習合の展開という二つの点で、民衆布教の活発化に寄与している」のであった（窪田、二〇一一）。

窪田も指摘するように、このような仏教の広がりと、山林修行・民衆布教の方向性が交わるところに出現するのが徳一《とくいつ》である。徳一は八世紀後半に実在し、東国から南東北を中心に教学振興や布教活動を進めた南都の法相宗《ほっそうしゅう》僧《そう》であった。その著作のほとんどは散逸しているが、最澄らは徳一の教説に強い影響を受け、教理書等にその説の一部が批判的ではあれ多く引用されている。このような徳一の教学が、仏教が奥羽に広まる上で果たした役割についても、従来から注目されてきた（田村、一九八六）。ここでは、徳一と中世の東北仏教との関わりから、次の二点に注目しておきたい。

一点目は、徳一にみる山林仏教の系譜である。天台宗の最澄と並んで同時期に活躍し、真言宗を伝えた空海が徳一に差し出した書簡（「高野雑筆集」、『平安遺文』四四〇七号）には、次のように見える。「徳一菩薩は、戒律を守って清らかな様子は氷の玉のようであり、その智慧《ちえ》は海のように深く豊かである。山林修行のために京を離れ、錫杖《しゃくじょう》を振りながら東国に下って行った」。ここで空海は、徳一のことを「菩薩」と呼んで敬意を表している。奈良時代から平安時代前期にかけて、優婆塞《うばそく》や沙弥《しゃみ》、禅師と呼ばれる山林修行者すなわち「優婆塞仏教」の系譜が重要であることは、別に論じた（菊地、二〇一一b）。そこでも指摘したように、優婆塞・菩薩等と呼ばれる修行者は、上座部仏教系とは異なる、大乗仏教の戒律の体系を重視し、それに従って優婆塞または菩薩であることを自他ともに積極的に標榜した実践修行者だったのである。空海が、徳一に対して山林修行のために東国に下ったとしているのは、実践修行者としての徳一の姿をよく捉えている。

二点目は、中世奥羽における表象としての徳一像の問題である。徳一に関する伝記史料などは、同時代的には貧弱であり、彼の行動や思想を断片的に伝えるに過ぎない。いっぽう、『私聚百因縁集《しじゅうひゃくいんねんしゅう》』や『元亨釈書《げんこうしゃくしょ》』といった中世に編纂された説話や伝記集には、徳一の人物像を考える上で重要な記述がみえるようになる。この意味では、むしろ徳一伝は中世仏教の問題であるということになる。

徳一伝説の意味

このような観点から、後の時代の縁起や伝記に注目して徳一伝説を分析したのが追塩千尋である（追塩、二〇〇五）。追塩は、『私聚百因縁集』に見える徳一像を分析し、「徳一は山岳修行者・遊行僧としての側面が強調されている」としている。この指摘は、先述した実像としての徳一像と比較してみても、それほどぶれはない。また追塩は、小林崇仁の研究（小林、二〇〇〇）をもとに、さらに徳一寺院開創伝説について考察を深めている。これによると、東北地方において徳一開創伝説を持つ寺院は福島県に圧倒的に多く、その他宮城・山形両県にも散在し、東北以外では茨城県などにも多く見られるという。

さらに追塩は、これらの寺院の開創伝説の背景として、大和長谷寺・京都清水寺の観音信仰の伝播を見出している。特に大和長谷寺については、一〇世紀末から中世末期までは興福寺大乗院末（法相宗）であったことから、「長谷寺に関係した僧侶たちが関東・東北方面に進出し、長谷観音信仰を普及していった結果が徳一開創寺院に反映している可能性が考えられる」と指摘している。そして、福島県いわき市長谷寺本尊十一面観音の文保二年（一三一八）の胎内銘《たいないめい》を紹介しているが、そこには「奥州東海道岩崎郡長谷《ながや》村観音堂徳一大師建立《こんりゅう》所也」と見えるという。このことからも、徳一開創伝説の東北への流布は、徳一伝説が説話集にまとめられるのとほぼ同時期の一四世紀前半には確認できることになる。このころから室町・戦国時代にいたるまで、東北地方において徳一開創伝説は繰り返し語られ、南奥羽を中心に流布していったのであろう。

ここから徳一伝説を、単に説話や伝説を流布させていった主体の立場からのみ考えるのではなく、それらを受容した人々が形成していた宗教的土壌のありかたからも考えることができるであろう。つまり、徳一の伝記的事実から考えて、彼は山林修行者の系譜を引くような宗教者であったらしいことが分かる。しかし、そのような徳一像が中世の説話類にも引き継がれていったのは、徳一開創伝説の受容者たちが、引きつづき山林修行の系譜を引く山岳寺院や、聖のような宗教者を好んで受け入れたことを強く示唆しているのである。ここに、中世東北仏教の宗教的土壌としての山林修行の意義があらわになってくるのではないだろうか。

近年、徳一が布教の拠点としたと考えられる福島県磐梯町の恵日寺《えにちじ》に伝来する「絹本著色恵日寺《けんぽんちゃくしょく》絵図」(口絵参照)を分析した白石賢一郎によれば、この図の成立は一四世紀末から一五世紀前半と考えられ、中世霊場としての恵日寺のありさまを伝えているという(白石、二〇〇六)。絵図には多くの堂塔や社殿が描かれており、交通の要衝としても発展していたことが知られるが、その伽藍《がらん》配置は背後の小城峰中腹へと至る傾斜地に展開しており、山岳寺院としての性格が明瞭に見て取れる。さらにこの図の右奥には、雪を被った磐梯山《ばんだいさん》がはっきりと存在感をもって描かれており、恵日寺の山岳寺院としての性格を表している。単に学僧であったばかりではなく、山林修行者としても活動した徳一の実像が、彼が拠点としていたと考えられた中世の山岳寺院恵日寺のイメージと重なりつつ展開してゆく様子を、この絵図からも読み取れるのではないだろうか。

宗教的フロンティア？

このように、中世奥羽の仏教を考える上で、古代以来の山林修行の系譜を考えることが非常に重要であることが分かってきた。しかしながら、その系譜が中世に受けつがれてゆくいっぽうで、奥羽の地ではまた、新しい信仰をも柔軟に受け入れていった。その理由としてまず考えられてきたのは、奥羽が宗教的な空白地帯、いわば宗教的フロンティアであり、新しい信仰を受容する土壌に優れていたということである。

たとえば近世の事例であるが、及川大渓は、天明七年（一七八七）に幕府の巡検使として東北から蝦夷にかけて民情視察をおこなった、古河古松軒《ふるかわこしょうけん》の『東遊雑記《とうゆうざつき》』の一部を紹介している。及川はその旅行記の中で、南部藩領三戸《さんのへ》の関において、民家に線香が常備されていなかったという話題に着目し、「線香ばかりでなしに、死者でもなければ寺院に用事がなかったわけで、布教教化が行われることもなく、実質的には無信仰の状態に放置せられ」ていたので、切支丹《きりしたん》や隠《かく》し念仏《ねんぶつ》などが「新しい形をとって救いなき民衆に直接すると、靡然《ひぜん》としてこれに帰依する」のであると分析している（及川、一九七三）。

しかしいっぽうでは、先にみたような古代以来の寺院が各地に展開し、民衆仏教に接近した山林修行の系譜が奥羽に引き継がれていたこともまた事実である。はたして奥羽地域における宗教的な広りは、点としての流布に留まるのか、それとも面的広がりをもって展開してゆくのか。筆者はやはり、中世の東北は決して宗教的フロンティアであったとばかりは言えず、東国以西の列島における宗教的展開に敏感に連動し、十分に仏教や神祇信仰を受容していたはずであると考えている。先にも述べたように、古代以来の奥羽は、中央から辺境の、そして辺境から中央への二重のまなざしが複雑な心性のもとに交差する地域であった。さらに、神祇《じんぎ》信仰や羽黒山《はぐろさん》信仰、浄土真宗の布教などから誉田慶信が説くように、奥羽の宗教的世界の動向は中央の動きを強烈に意識し、それに連動しているばかりではなく、さらに蝦夷や北方世界にまで開かれた状況のなかで展開していった（誉田、二〇〇〇）。

「エソ」への布教

例えば、滋賀県信楽町《しがらきちょう》の「玉桂寺《ぎょくけいじ》阿弥陀如来立像」は、その胎内《たいない》文書から、法然の一周忌を期して、主要な弟子のひとりであった源智《げんち》が広く勧進により造立《ぞうりゅう》したことが知られている。胎内文書は、源智の願文《がんもん》および勧進《かんじん》に結縁《けちえん》したおびただしい僧俗・貴賤の人々の交名《きょうみょう》（人名を書き連ねた文書）からなっているが、その結縁交名の一つ（「をみのさたつね等交名帳」）の末尾には「エソ三百七十人」と見える（柴田、一九八一）。中世の比較的早い時期、しかも法然没後一年以内という、浄土宗教団成立まもない段階において、都を中心に活躍したと思われる源智の布教の人脈が、すでに遠く「エソ」にまで及んでいたことに、驚きを禁じえない。さらに三七〇人分の結縁が、他の交名のように個別の名前が記されることなく、まとめて人数のみが記述されているのは、「エソ」の人々と源智（法然教団）との間にさらに何人かが介入し、独自にエゾの人々を組織していたことを暗示する。そのことから、日本海ルートを通じた交通ネットワークの存在を指摘することも可能であろうが、むしろここでは、そのようなネットワークに乗って、鎌倉新仏教の嚆矢《こうし》と位置づけられる法然の宗教が、「エソ」の宗教的土壌にいち早く染み込み、三七〇人の結縁者を獲得したことを重視しておきたい。

新しい仏教の展開

これ以後、奥羽には浄土真宗・禅宗・日蓮宗・時宗などの新しい信仰が次々に浸透してゆく。例えば、日蓮宗の僧で日蓮門下の六老僧（本弟子とされる六人の有力な弟子）の一人で、富士門流を開いた日興の主要な六人の弟子（本六）の一人に日目《にちもく》がいる。彼は、奥州平泉藤原氏を源頼朝の鎌倉幕府軍が倒した奥州合戦等の勲功によって、陸奥新田郡・登米《とめ》郡を与えられ、関東から北遷してきた小野寺氏（新田氏）の一族であった。日目は現在の登米市中田町の上新田坊（本源寺）を本拠とし、栗原市一迫町妙教寺《みようきよう》はじめ「奥四箇寺」を建立、布教を展開した。また、下総中山法華経寺《なかやまほけきようじ》を拠点とする中山門流も、「奥州姉歯《あねは》法花堂、同国伊具《いぐ》郡大怒満利法花堂」などを管領していた（応安八年四月八日付「日祐譲状」『中山法華経寺文書』）。彼らの足跡は、これらの拠点地域の周辺にいまに残る題目板碑《いたび》（本尊として南無妙法蓮華経の題目を刻んだ板碑、板碑については後述）等から知ることができる（坂井、二〇〇五）。

また、禅宗の活動も活発であった。曹洞宗を発展に導いた、瑩山紹瑾《けいざんじようきん》の孫弟子にあたる無底良韶《むていりようしよう》は、南北朝期の貞和四年（一三四八）に水沢市黒石の正法寺《しょうぼう》を開創した。ここを核とする曹洞宗の活動は特に著しい（船岡、二〇〇五・佐々木、二〇〇六）。また、出羽国玉泉寺《ぎょくせん》（羽黒山周辺）の開山了然法明《りょうねんほうみょう》は、道元に参禅した経験を持つが、彼は高麗からの渡来僧であった（佐藤、一九九四）。このことから、当時の奥羽には、渡来僧をも魅了するような宗教的土壌が成熟していたと考えられるのである。

しかし、これらの諸宗派の伝播の中でも特に際立っているのが、霊場松島への禅宗の伝播である。節を改めて、その具体相を見てゆきたい。

2　中世松島の宗教的世界

禅宗円福寺と頼賢碑

前節でも述べたように、中世奥羽には、院政期から鎌倉時代にかけて、新しい信仰が次々に流布していった。それまでに在地に、民俗宗教などの影響を受けながらさまざまな形で成立していたと思われる霊場のうちには、これらの信仰を吸収しながらさらに発展してゆく場所も多かったことであろう。ここではその中でも代表的な、奥州松島の宗教的世界について考えてゆきたい。

松島瑞巌寺《ずいがんじ》は、古くは延《えん》（円）福寺《ぷくじ》と称し、円仁の開創伝説を持つ天台宗寺院であった。延福寺の草創については不明な点が多いなか、鎌倉時代の様子をよく伝えてくれるのが、瑞巌寺からほど近い雄島《おしま》に今も建っている「頼賢碑《らいけんひ》」である。この碑文は、鎌倉時代の有名な渡来僧で禅僧である一山一寧《いっさんいちねい》の揮毫《きごう》になる。文字も一寧の筆跡に忠実に刻みつけられているという（舘、二〇〇六b）。碑面の内容についても詳細な検討が行なわれてきた（舘、二〇〇六a）。この碑文は形態としては板碑を意識していながら、中国の碑文の形式も踏襲していて、その揮毫者や内容のみならず形態からも異彩を放っている。

碑文は銘ならびに序（人物の功績を讃える韻文ならびにその序文）からなり、序の部分に本碑文を製作した経緯が詳しく述べられている。すなわち、徳治二年（一三〇七）に建長寺に再住した一山一寧のもとに、匡心孤運《きょうしんこうん》（舘隆志は匡心・孤運という二人の僧と見る）が師（観鏡房頼賢）の行実《ぎょうじつ》をもたらし、一寧に松島の由緒を語ったという。それによれば、松島の御《お》（雄）島《しま》には古くから妙覚庵があったが、見仏上人がやってくるとここに居を定めて毎日『法華経』を誦し、一二年で六万部を満たしたという。その霊異は広く評判となり、鳥羽院から本尊・器物を賜った。舘は「天台記」（瑞巌寺蔵、『松島町史』資料編二、松島町史編纂委員会、一九八九）を援用し、見仏が伯耆《ほうき》の人で長治元年（一一〇四）に松島に至り、また元永二年（一一一九）に鳥羽院から姫松一千本を賜って、この地を「千松島」と号したことを指摘している。「天台記」が何によってこれらの年代を見仏の事績に充てているのか不明であるが、その記述は具体的で不自然な点がなく、ある程度史実を反映したものと考えてよいのではないだろうか。そうであれば、松島の地に遅くとも一二世紀初めごろまでには、ある程度の規模を持った寺院が存在していたことになる。

碑文はつづけて、頼賢の行実を記す。頼賢は「本州源氏」の生まれで幼いころに出家し、天台・真言を学んだ。その後、四二歳にして不立文字《ふりゅうもんじ》の禅の世界に目覚め、松島円福寺に無隠円範《むいんえんぱん》を訪ねて弟子となる。その後、円爾《えんに》・蘭渓道隆《らんけいどうりゅう》・大休正念《だいきゅうしょうねん》らのもとを歴参して円福寺に帰ると、円範はすでに建長寺に移っていた。しかし、その後を継いだ第六代住持空巌《くうごん》覚慧（覚満《かくまん》禅師）から妙覚《みょうかく》庵主に指名され、『法華経』を誦し禅定を修して、見仏上人《けんぶつしょうにん》の再来と名声を博した。

禅と天台の一致

ここに見えるように、雄島の妙覚庵は、院政期には持経者（天台系か）の見仏が活動の拠点としていたが、鎌倉時代後期にはその場所に基本的には禅僧であった頼賢が住持として居し、一山一寧が序ならびに銘を送るような複合的な世界が現出していた。このような宗派の雑居状態に違和感を懐かれる方もあるかもしれない。しかし、禅宗が一つの宗派として自立するのは五山禅林の制が本格化する南北朝期以降なのであり、むしろ鎌倉時代後期までは、実態として天台と禅の兼修は普通のことであった。この点については、中世の霊場松島について七海雅人も論じている（七海、二〇〇五）。

このような宗教的環境のもと修された禅を「兼修禅」という場合があり、これに対して鎌倉建長寺の開山として有名な渡来僧蘭渓道隆が、はじめて宋風の「純粋禅」をもたらしたかのような説明がなされてきた。しかし、近年はこのような単純な整理の仕方について、批判や反省が広がっている。この点において、中世松島の状況を明らかにすることは、ひとり中世奥羽の宗教の実態を知るためのみならず、ひろく中世日本の宗教的状況を知る上で貴重であると言えよう。

禅僧のネットワーク

このように、頼賢は当時の著名な禅僧のもとに参じながらも、禅密一致（禅と密教の教えは究極的に一つのものであるとする立場）の環境の中で精進した。頼賢碑に見えるように、頼賢はかつて天台系の見仏の拠点であった妙覚庵の住持として指名され、天《てん》台止《だいし》観《かん》を講じてもいるのである。また、舘が考証したように、頼賢は同じく禅密一致の立場をとる法灯派の祖無本覚心（法灯国師）と同門であった。彼らはともに、その師である禅僧天祐思順《てんゆうしじゅん》から天台教学をも学んでいたのである。

さて舘によれば、かの蘭渓道隆もまた、この円福寺に文永元年（一二六四）ごろ住持として滞在し、同一一年ごろにもふたたび松島を訪れていた。やがて円福寺は発展し、貞治五年（一三六六）までには諸山となり、後に十刹に列せられたという（禅宗の五山官寺制度で、十刹は五山に次ぎ、諸山は十刹に次ぐ格付）。さらに円福寺は、関東祈禱所（天下泰平の祈りを行なわせるために幕府が指定した寺院）ともなっており、全国的に見ても拠点的な禅宗寺院として発展していく。松島は、おそくとも平安時代後期から鎌倉時代にかけて見仏のような聖・上人が集う霊場として発展し、室町時代には六十六部納経所としても全国的に知られる霊場であった（湯之上、二〇〇二）。幕府・北条氏や高名な禅僧たちは、辺境に営まれた霊場松島に照準を合わせ、意識的にこの地を、列島規模でみても主要な禅院として発展させていったのである。まさに霊場松島は「東アジア世界規模の人間関係をもって、京都・鎌倉と結びついていた」のである（七海、二〇〇五）。

このように、中世の円福寺は決して辺境の一地方寺院などではなく、蘭渓道隆以下、当時高名であった多数の禅僧が住持をつとめ、そのもとには、若いころの夢窓疎石《むそうそせき》のように（『夢窓国師年譜』正安二年条）、多くの優れた僧侶が集まった。舘は、疎石がおそらく頼賢の天台の講義を聞き、また出羽に了然法明を訪ねたであろうことを推測している。そもそも円福寺の初代住持とされる性才法心《しょうさいほうしん》と法明は、ともに南宋において無準師範《ぶしゅん》の会下《えげ》（教えを受ける所）に参学していたが、そこには他にも円爾などの日本僧が参禅していたことが知られている。歴代の円福寺住持は基本的に大覚派で占められてゆくが、そもそもその祖である蘭渓道隆その人も師範に参じた経験を持つのである。禅や天台教学の研鑽《けんさん》を積みながら、円福寺を通じて彼らが築いていったネットワークを見逃すことはできない。

円福寺と仏牙舎利

そこで注目されるのが、七海によって紹介された、貞治五年（一三六六）成立の「奥州松島山円福寺舎利伝記《しゃりでん》」（『瑞巌寺文書』、『南北朝遺文』東北編、一八三九号）である（七海、二〇〇五）。これは、円福寺に伝来する仏舎利の由緒を説いたものである。ここで注意しておきたいのは、この仏舎利が、一般に空海らが請来《しょうらい》したという仏舎利と異なり、源実朝によって請来され、鎌倉において武家によって護持されてきた仏牙《ぶつげ》舎利（釈迦の歯）であるという由緒を説いている点である。さらに、七海が同系統の縁起として指摘した三点の史料のうち、「正続院仏牙舎利略記」(『鹿王院文書』、『大日本史料』六―四〇)は応安七年(一三七四)正月十七日付で、「後光厳院が夢窓疎石に命じて円覚寺から朝廷へ献上させた」ものであるという由緒を説く。年代的には「円福寺舎利伝記」がやや先行しているが、いずれにしても類縁関係にあるテキストであることは確かである。

このように、「円福寺舎利伝記」と一連の縁起類には疎石の関与が見られるのであり、先述のような禅僧のネットワークを背景とした彼の若い時期の松島参住のありさまを想定してみたくなる。さらに、仏牙舎利をめぐる同系統の縁起については、七海が言及したもののほかにも、西山美香によって紹介された「仏舎利伝記《ぶつしゃりでんき》」がある(西山、二〇〇七)。これは春屋妙葩《しゅんおくみょうは》によって著されたものと伝えられており、やはりその師である疎石の関与を考えることができる。このように、「円福寺舎利伝記」もまた、先述のような奥羽の禅僧たちの縦横に張り巡らされたネットワークが、鎌倉や京にまで連なるものであることをよく示している。

仏牙舎利の由緒と正統性

だがこの仏牙舎利は実際に、はたしてこれらのネットワークの核たりえるような由緒と正統性を持っていたのだろうか。現在『瑞巌寺文書』の中には、源頼朝が信仰した舎利を見仏上人に寄進する旨の「北条政子仏舎利寄進状案」が残されている。しかし、鳥羽院政期に活動した見仏と北条政子では時代が齟齬《そご》する。また「円福寺舎利伝記」や類縁関係にある他の仏舎利記には、この舎利が実朝請来と語られているが、「北条政子仏舎利寄進状案」

では頼朝による信心の由緒を述べていて、この点も矛盾する。「円福寺舎利伝記」には、「(政子が)この舎利を見仏上人にご下賜《かし》になった。二位殿(政子)の自筆の書状が現存している」とあり、このころまでには「北条政子仏舎利寄進状案」は成立していたとみられるが、先述の二つの矛盾点から、筆者は偽文書と考えている。

しかし、その作成契機を考えることは、中世松島の歴史を考える上でなお重要な示唆を与えてくれる。すでに先学が指摘するように、南北朝期の松島では、天台宗勢力と禅宗勢力が対抗関係にあり、相論が起きていた(観応元年〈一三五〇〉十一月日付「松島円福寺雑掌景顕申状土代」『瑞巌寺文書』、『南北朝遺文』東北編一〇三二号)。それ以前の融和的な宗教的状況から、このころようやく、それぞれの宗派・教団の自立化の方向へ向かい出したのであろう。同じころ、円福寺では舎利信仰がさかんになっている。貞和五年(一三四九)には、現在は雄島にある金剛舎利頂礼《ちょうらい》を記念した結集板碑(『松島町史』二二一—三号、松島町教育委員会、一九八九)が、七海が考証したように雄島とは対岸の五大堂付近の海岸部を原位置として造立された。そこで禅宗側は、新たにこの舎利信仰を取り込むとともに、禅僧のネットワークを利用して縁起を創出し、自己の正統性を主張したのではないかと考えられるのである。幕府における訴訟を有利に展開するために、北条政子や源頼朝・実朝といった人物に連なる由緒を主張することには一定の意味があったと思われる。「北条政子仏舎利寄進状」もまた舎利の由緒を強調し、この訴訟を有利にする上で禅宗勢力によって偽作されたものであったと考えられる。

以上の経緯を整理すれば、一四世紀前半ごろから円福寺では舎利信仰が高まり、その翌年ごろから禅宗勢力と天台宗勢力との対抗が顕在化、観応元年（一三五〇）ころに訴訟が提起される。そこで禅宗勢力側は、自己のネットワークを利用しつつ舎利の由緒を説くとともに、禅宗勢力側が鎌倉時代以来の武家の由緒を引いて訴訟を有利に進めるために、「北条政子仏舎利寄進状」を偽作、さらに同じ目的で貞治五年（一三六六）には「円福寺舎利伝記」が作成された、というようにまとめられる。

3　中世奥羽における熊野信仰の受容

奥羽における熊野信仰の流布

前節に霊場松島を取り上げて検討したように、中世の在地社会において、仏教各宗派の別はそれほど明瞭ではなかった。新しい宗教は、先行する諸宗派と時には対立しながらも、おおむね抱擁的な関係を持って習合し、霊場などにあらたな宗教的環境を現出していったのである。この点は、少なくとも中世奥羽の、ひいては列島全体の宗教的特徴を考える上で極めて重要な論点である。そこで本節では、さらに宗派別にとらわれず、また貴賤を問わず受容されていった中世の民衆信仰として、熊野信仰を取り上げてみたい。

先にも触れたように、中世の奥羽には、列島全体の動向とリンクしながら、新しい信仰が入ってきていた。その一例として誉田慶信が検討したのが、羽黒山《はぐろさん》信仰や浄土真宗の伝播である。誉田はこの点について、十三湊《とさみなと》の繁栄ぶりと宗教的構成要素を知らせるものとして、「十三湊新城記」に注目している。これは、陸奥の西海岸北辺に位置する十三湖のあたりに栄えた、中世十三湊の様子を伝えた史料として貴重である。その中には、羽黒山等と並んで「熊野社の太鼓の音は、五衰（天人が死にさいして見せる、五つの衰え）の雲を掃い、これに感応して月が朗々としている」といい、「十三往来」にも同じく他の寺社と並んで熊野社が見えるという（誉田、二〇〇〇）。このように、紀伊に発生した熊野信仰は、遠く奥羽の果てにまでおよび、かの地の住人に受容されていたのである。

奥羽に熊野信仰が伝播していたことについては、この他にも熊野信仰を持った造立者による板碑を挙げることができる。宮城県名取市上余田字西田の板碑には、『法華経』譬喩品《ひゆほん》の偈《げ》とともに、応永十三年（一四〇六）十月二十日の紀年銘があり、「那智《なち》阿弥陀仏逆修《ぎゃくしゅ》全得故也」（那智阿弥陀仏が、生前に死後の追善仏事を修し、その功徳をすべて得るために〈この板碑を建てた〉）との銘文がある。那智阿弥陀仏なる法名から、造立者は熊野那智山《なちさん》への強い信心を持つ人物であったと想定される。このような法名は、珍しいながらも散見される。正平十八年（一三六三）正月四日付「熊野参詣檀那交名《だんなきょうみょう》」（『新出熊野本宮大社文書』「諸国檀那願文帳」、『南北朝遺文』東北編一四六三号）には、「おなしきくになかおかのこおりなちあミたふ」と見える。「おなしきくになかおかのこおり」とは、陸奥国長岡郡のことであろう。長岡郡は、古代には奥十郡の一つであった。中世には栗原・遠田郡に編成されたが、慣用地名として在地に残っていたのであろう。また、建徳二年（一三七一）正月十七日付「熊野参詣檀那交名」（『新出熊野本宮大社文書』「諸国檀那願文帳」、『南北朝遺文』東北編、一九一五号）にも、「奥州玉造郡住人那智阿弥陀仏円道」という人名が見える。

持渡津先達の活動

これら中世の熊野信仰者の様子をよく伝えているのが、紀伊熊野那智大社に残された文書群である『熊野那智大社文書』である。この中に、列島各地への熊野信仰のあり方を今に伝える檀那売券が多数残されている（及川、一九七三・森、一九八九）。「檀那」とは、先達《せんだつ》（信者を参詣の旅に案内する山伏）の仲介で熊野に参詣・宿泊し、布施を出す信者のことで、地域ごとに、あるいは有力者の場合は一族全体が檀那に組織されることもあった。それらの檀那の管轄権が「檀那職《しき》」と呼ばれるようになり物件化する。これを先達の間で売買するために売券が作成された。そのなかでも、従来から奥羽における熊野先達の活動として注目されてきたのが、持渡津《もちわたつ》の先達の活動である。持渡津という地名自体は、現代には残されていないが、ここではとりあえず、持渡津を「陸奥国遠田郡小牛田町不動堂附近」とする、笠原信男の説に従う（笠原、二〇〇四）。

『熊野那智大社文書』の中には、この持渡津先達に関する数通の文書が残されている。それらによれば、応安元年（一三六八）十二月九日に三河阿闍梨浄範《じょうはん》は、熊野那智山執行道賢《しぎょうどうけん》法印に三ヵ所の檀那職を売却した。その一つが「奥州もちわたつの大進律師《だいしんりつし》門弟《もんてい》引檀那《ひくだんな》」である。これについては願文（檀那による祈願の趣意を記した文書）もなく、由緒などの詳細が不明であった。しかし、奥州持渡津先達阿闍梨幸慶《こうけい》（大進律師）がさきに貞和五年（一三四九）に参詣にやってきた折に、浄範が彼に対して願文がないことを言うと、幸慶は先達の系譜と彼らが引率してきた檀那の由緒について注申してきたという。この結果作成されたのが、貞和五年十二月二十九日付「陸奥国先達檀那系図注文案」(『熊野那智大社文書』「米良文書」二九号)等の一連の文書・系図である。これによれば、初代(根本先達)観性房阿闍梨豪祐《ごうゆう》が熊野に参詣したのは仁治元年(一二四〇)三月五日であり、以来南北朝期にかけて二代目戒行房海祐《かいゆう》・三代目常陸阿闍梨行祐《ぎょうゆう》とつづき、四代目の大進阿闍梨幸慶からその子輔阿闍梨・大夫阿闍梨にいたる系譜が示されている。これら歴代の持渡津先達の系譜および彼らが保持する檀那職は、いずれも親子や親類としての血縁をもとに継承され、彼らの間では師弟関係が結ばれていた。

ここで興味深いのは、その系譜を明らかにする中で、代々の先達たちが、それぞれ奥羽にまたがる地域から檀那を引率してきたことを具体的に述べていることである(以下、一部仮名を漢字に改めてある)。例えば、行祐の真弟子(実子)大弐《だいに》阿闍梨は「糠部《ぬかのぶ》の内九ヶ戸よりまいり候檀那」「一戸の一方井の中務殿」および「出羽国山北山本郡稲庭《いなにわ》殿・川連《かわつら》殿」という檀那たちを引率している。またその大弐阿闍梨の舎弟(行祐の実子)大和阿闍梨は「津軽三郡内、尻曳《しりひき》の三世寺の別当」であり、彼も檀那を率いていたが、特に注目されるのは、彼が下国安藤又太郎宗季《あんどうまたたろうむねすえ》・師季《もろすえ》父子の先達を勤めていることである。持渡津先達は、安藤氏のような有力な檀那をも熊野へと導いていたのである。これはもちろんその有力者本人だけというわけではなく、一族や主従関係にある人々をも含むと考えられる。先達にとっては、殊に大切な檀那だったであろう。その他、行祐の弟子である三位阿闍梨は「鵜山入道《うやまにゅうどう》殿」なる人物を率いているが、その妻は三位阿闍梨の妹であったという。

このように、代々の持渡津先達は、地縁や血縁を大いに利用しながら奥羽一帯に安藤氏などの有力者も含めて檀那を獲得し、津軽尻曳三世寺の別当を勤めた大和阿闍梨のように、在地にも拠点を築きながら熊野信仰を広めていったのであろう。

名取熊野三山の成立

前項で述べたような熊野先達らの活動によって、奥羽の地には、紀伊の熊野三山を移した霊場が発達することになる。その中でも特に有名なのは、陸奥国名取の熊野三山であろう。名取熊野三山については、名取老女による勧請《かんじょう》伝説が広く知られている。高橋修によれば、これが名取熊野堂に引き付けた説話として形成されるのは、おそらく一四世紀なかばであり、このころ名取熊野堂は熊野三山として発展してゆくと考えられるという（高橋、二〇〇六）。

現在、名取熊野那智大社には、本殿改修のさいに土中から発見されたという銅鏡や懸仏あわせて一六二点が所蔵されている（加藤他、一九八一）。それらには、建治・正応などの年号が見え、一三世紀末ぐらいを中心に奉納されたものであろう。熊野那智大社の本地は一般に千手観音《せんじゅかんのん》であり、これに対して懸仏の多くは聖観音と本地の尊格がややずれるが、いずれにせよ名取熊野三山の成立時期を考える上で参考になろう。

そのような名取熊野三山の動向をよく伝える史料が、名取新宮寺《しんぐうじ》に伝わる中世の一切経である（東北歴史資料館、一九八一)。この一切経は奥書や原本の状態から、平安時代から鎌倉時代にかけて、少なくとも数次にわたって書写が行なわれたとみられる。これに、鎌倉時代後期の書写本および康永二年(一三四三)以降南北朝期を中心に書写・施入された版本を含む『大般若経』が加わり、現在の名取新宮寺一切経が形成された。このように、この一切経は欠巻を補うために他所で書写されたり、他所から経巻が流入したりもして、長期間にわたる複雑な過程を経て現在知られる形として成立したのである。

新宮寺一切経書写の社会的基盤

それでは、在地寺社であった名取熊野三山において、このような大規模な一切経の書写事業を支えた背景はどのようであったのだろうか。名取新宮寺一切経は、先述のような複数次にわたる複雑な成立過程をへていながら、全体の書目からは、『開元釈経録《かいげんしゃくきょうろく》』(八世紀に中国で編纂された経典の目録)などの目録類をもとにある程度計画的に書写・移入されたと考えられている。そこには個人の奉納経の規模を超えた、長期間にわたる大規模な書写事業を想定する必要がある。

もちろん、零細な寄進もまた一切経書写転読《てんどく》事業を支えていた。暦応四年(一三四一)十二月十九日、平泰経《やすつね》なる人物は、「熊野新宮」に対して「田所免三町之内二段」を、一切経田として寄進している(『名取熊野神社文書』、『南北朝遺文』五九七号)また、『放光般若波羅蜜経《ほうこうはんにゃはらみつきょう》』巻第七奥書(『南北朝遺文』東北編、一九七九号)には、「この経典は去る永和二年(一三七六)に読誦《どくじゅ》したのだが、また夏《げ》安居《あんご》（寺院に籠って一夏九〇日の間修行に専念すること）の間、開かせていただこうと思った。そこで、夏安居の始まる今日、（読誦を）始めた。永和三年四月十五日、定範満七十歳」と見える。これをはじめとして、定範によるさまざまな経典読誦を示す奥書が残されており、これも定範がみずからの個人的な修行として、一切経転読の願を立てて実行したものであると考えられる。

しかしながら、一切経転読についてはそれに止まらず、名取新宮社では有力者の支援をも受けていた。例えば、奥州管領《おうしゅうかんれい》（陸奥国支配のため室町幕府によっておかれた地方官制で、軍事指揮権・警察権などを持つ）である吉良貞家《きらさだいえ》は、文和二年（一三五三）四月九日、「不断大般若経読誦」のために「陸奥国名取郡北方内三本塚郷《さんぼんづかごう》」を名取熊野三山に寄進している（『名取熊野神社文書』、『南北朝遺文』東北編、一二二九号）。昼夜を分かたず読誦を続けるのが不断読誦であり、これを六〇〇巻におよぶ『大般若経』について行なうのは、零細な個人の祈願を越えた、かなりの規模の法会《ほうえ》を想定しなければならない。さらに貞和三年（一三四七）七月十八〜二十二日の五日間、名取新宮社で僧一〇人・俗一〇人の計二〇人によって一切経が転読供養されたが、その「大檀那」もまた、「当国御大将」である吉良貞家であった（『正法念処経』巻第十九見返書、『南北朝遺文』東北編、九五二号）。このように、名取新宮社における一切経書写転読事業は、在地の人々から奥州管領のような有力な人物までを巻き込んで展開していったのであった。

なお、このような『大般若経』あるいは一切経書写転読に関わった他の例としては、貞治四年（一三六五）九月十一日等の奥書を持つ、金沢八幡宮所蔵の『大般若経』が知られる（『南北朝遺文』東北編、一七六七号他）。ここには大檀那里見《さとみ》義忠《よしただ》・義安《よしやす》や小笠原義冬《よしふゆ》の名が見える（『南北朝遺文』東北編、一七六九号）。また、「陸前箆峯寺《こんぽうじ》十一面観音像胎内納入経」には、「文和二年癸巳（一三五三）六月十七日」等の年紀がみえ、書写者として「□□山北平賀横手増津寺住僧□心」「奥州色麻郡住人□福寺永□房」など（□は未読。『南北朝遺文』東北編、一二六〇・一二六一号）、各地の在地寺院の僧らの名前が見える。そして、これらの人々に交じって、奥州管領吉良貞家の奉行人（行政・裁判等の実務を担当した上級の武士）クラスであったと考えられる斎藤景利《かげとし》・都築家利《つづきいえとし》などの書写者の名前も見える（『南北朝遺文』東北編、一二七一・一二七二号）。このように、名取新宮寺一切経を経済的・精神的に支えた社会集団の中には、在地の住人の他にも、この時期に南朝方と戦い、奥羽を支配しようとしていた吉良氏や里見氏・小笠原氏等およびそれに連なる奉行人クラスの人々までが含まれる。彼らはいずれも外来の勢力であったがゆえに、名取熊野三山などの在地霊場において、地域社会の安寧を祈るために行なわれた一切経や『大般若経』の書写転読に積極的に参加することによって、その支配を円滑に進めようと図ったものであろう。

奥書にみる信仰圏

この他にも、名取新宮寺一切経奥書からは、さらにいろいろな情報を読み取ることができる。それらによれば、この一切経書写事業の一部は、名取（陸奥）といった在地の地域信仰圏を越えて、遠く出羽の慈恩《じおん》寺・立石《りっしゃく》寺のような主要寺院とも密接な関係を持って進められていた。例えば、『別訳雑阿含経《ぞうあごんきょう》』巻第十五等の奥書には、「名取熊野堂、以立石寺本、執筆顕光十地房」（名取熊野堂において、立石寺本を利用して〈写経を行った〉。執筆者十地房顕光）とみえる。このように、立石寺本が名取新宮寺一切経の書写の底本に使われていたことが分かる。また『顕揚聖教論《けんようしょうぎょうろん》』巻第十二等の奥書には「慈恩寺中院において、形ばかりであるが、仏道に縁を結ぶために、手伝って書写を行なった。自分も他者も世界のあらゆる場所において平等に利益がありますように。執筆者渕豪」とみえていて、慈恩寺において書写を行なったことが分かる。さらに『大仏名経』のように「一切経出羽国慈恩寺」という印記が押されているものもあり、その筆跡や料紙から、同じく慈恩寺から数百巻にのぼる経巻が移入されたことが知られるという。このことから名取熊野三山は、単に陸奥国名取郡の在地寺社として地域の信仰を集めたばかりではなく、先にも見た有力者とのコネクションも含めて、遠く出羽国の主要寺院までを包摂するような信仰圏を形成していたことが知られる。

そこで、このような奥羽における多様で重層的な信仰の広がり方をさらに考える上で、次節では板碑への信仰を取り上げたい。

4　板碑にみる仏教文化の広がり

東北の板碑

板碑とは、死者の追善あるいは自己の冥福のために建立された塔婆の一種で、典型的な形としては、石を平面に成形し、頭部を尖らせて二条線を引く。そして表面に装飾としての天蓋や花瓶などをともなった本尊を表す種子（後述）や紀年銘、願文や被供養者の名前等が刻みつけられるのである。板碑は一三世紀前半に関東の荒川中流域あたりを起源として全国に広がり、中世を通じて造立された。しかし、日本列島に均一的に分布するのではなく、特定の地域に集中する傾向がある。近年の自治体史の調査の進展により、板碑編などの史料集が地域別に編纂されるように

数を示す．数字なしは１基）

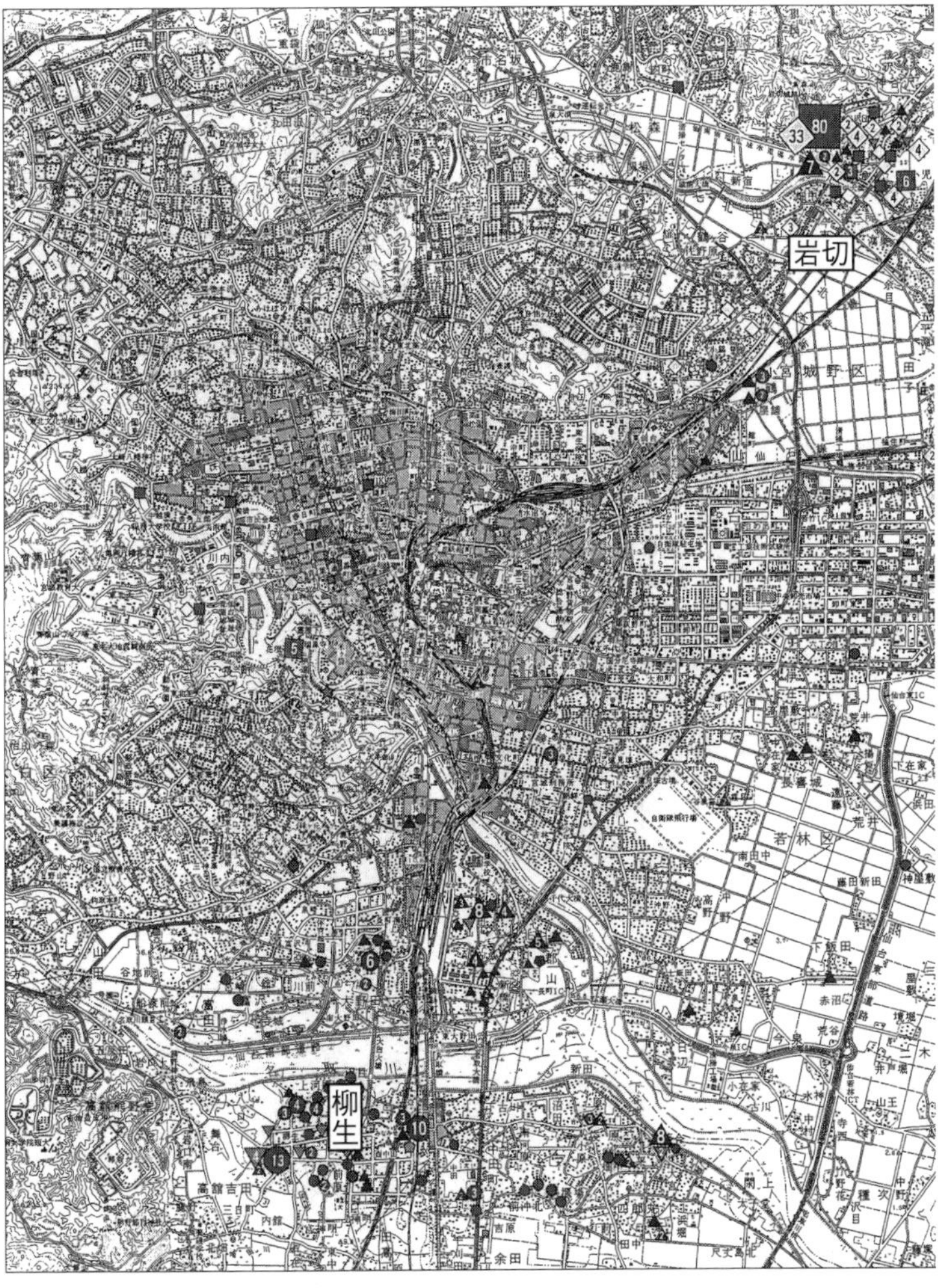

図 5-1　石材別板碑分布図（『仙台市史』より，マーク内の数字は板碑の

なったおかげで、このような集中的な造立の様相が容易に把握できるようになってきたことは喜ばしい。

東北地方にも各県に板碑が分布している状況が徐々に明らかになっている。いま思いつくままに挙げれば、青森県の津軽平野、秋田県の八郎潟《はちろうがた》および男鹿《おが》半島、岩手県の北上川流域、宮城県の仙台平野や石巻および北上川下流域、山形県置賜《おきたま》地方および庄内地方の生石《おいし》、福島県郡山周辺を含む阿武隈《あぶくま》川流域などである（大石他、二〇〇一）。時期的には地域によって幅があるが、大体鎌倉時代の後期から南北朝期にかけてが、各地における板碑造立のピークであった。必ずしも文献史料に恵まれない中世奥羽の在地社会における人々の信心を考える上で、板碑は格好の史料であると言える。ここではすべてに触れる余裕がないので、宮城県を中心にいくつかの例に即して見てゆきたい。

名取熊野三山と板碑

前節に見たように、名取熊野三山は中世を通じて、在地の人々や外来の有力者の外護のもと、出羽の著名な霊場にいたるまで広い地域に信仰圏を広げて繁栄していた。このことを考える上で、名取市に分布する板碑を見てゆくと、さらに名取熊野三山の宗教的性格が見えてくる。現在の名取市の板碑の全体的な状況については、『名取市金石史料』Ⅰが役に立つ（名取市教育委員会、一九八八）。これを見ると明らかなように、名取市が仙台平野、ひいては奥羽一帯でも有数の板碑集中地域であることが分かる。さらにこの分布状況を微視的に見た場合、名取熊野堂に隣接する大門山《だいもんやま》遺跡における板碑の集中度が極めて高く、ここが中世の霊場であったことをよく語っている。

実は、この大門山遺跡は一三世紀半ばから約一世紀の間に「高舘丘陵から新宮寺の裏手に張り出す尾根の南側斜面に形成された中世墓群」であり、「大門山が中世には名取熊野堂を構成する一要素」であった（高橋、二〇〇六）。しかし、大門山そのものは、名取熊野三山の支配層の墓所と考えられている。これに対して、その裾野から名取川を越えて広がる地域には、名取熊野三山に寄せられた信仰と一体となって、広い階層・地域の人々が板碑を造立した。

多様な板碑の種子

このことを考える上で、さらに板碑に刻まれた内容にも注目してみたい。仙台平野や北上川下流域の板碑、あるいはさらに山形県酒田市生石や、青森県弘前市中別所《なかべつしょ》などの奥羽各地の板碑群を調査して、おそらく誰しもが感じるのは、特殊な種字板碑の多さであろう。「種子《しゅじ》」とは、仏・菩薩等をサンスクリット文字に起源を持つ悉曇《しったん》（梵字《ぼんじ》）と呼ばれる特殊な文字で表したものである。これは、関東における板碑の種子の大半が阿弥陀如来をあらわすキリーク字、または阿弥陀・観音・勢至《せいし》の三尊をあらわすキリーク・サ・サク字であるのと対照的である。従来、板碑の分析は主に願文等に集中しており、種子については煩瑣な教学的背景を嫌い、必ずしも十分に分析が進んでこなかった。しかし、仏教学における中世密教の最近の研究は目覚ましく進展している。それらの最新の成果を踏まえて板碑の種子に注目することは、何よりも、その造立目的や造立主体を考える上で有力な手がかりを与えてくれるだろう。

例えば、北上川下流域には、タラーク一尊種字が比較的多い。タラークは虚空蔵菩薩または如意輪《にょいりん》観音を表す種子である。この場合、一つの種字が複数の主尊に配されることから、タラーク一尊の表す尊格をにわかに断定することはできない。そこで他の板碑も見てゆくと、石巻市三輪田《みのわだ》竹《たけ》の迫雷《さこらい》神社には、元応二年（一三二〇）六月二十六日銘を持つキリーク・タラーク・タラーク字という特徴的な三尊種字が見える。これは別に述べたことがあるが（菊地、二〇一一a）、中世真言密教の秘説と図像の集大成である『覚禅鈔《かくぜんしょう》』「如意輪観音法上」に見える説によれば如意輪三尊であり、変じて三弁《さんべん》宝珠《ほうじゅ》（三つの瓜の種を重ねたような宝珠）になるという。以上は、院政期に白河院近臣僧として活躍した真言宗の範俊《はんしゅん》の説であり、その中でも特に広沢流とともにもういっぽうの主流をなした小野流（三《さん》宝院《ぼういん》流）に特有な主尊であった可能性がある。

このような種子の教学的特徴は、この地域の他の地区にも見られる。例えば、密教で三つの代表的な世界観を表す胎蔵《たいぞう》界・金剛《こんごう》界・蘇《そ》悉《しつ》地《じ》の種子と思われるア・バン・ウン字の三尊形式を持つ貞和六年（一三五〇）三月十六日銘の板碑が、石巻市皿貝《さらがい》観音寺に造立されている。詳しい説明は省くが、これもまた真言宗小野流に特有の教説（理智事三点説）にもとづく種字の配列なのである。すると、この地区には一定の割合で、真言宗（小野流）の影響を受けて造立された板碑がある可能性もあり、主尊を考える場合もこれに沿って慎重に検討することが必要であろう。さらに、同時期に徳島県神山町付近にもア・バン・ウン字の板碑が多数分布していることを考えると、今後奥羽を起点として他の地域とも比較しながら、この時期の京を中心とした信心や文化の広がり方を考える手がかりとなるかもしれない。

なお、種字として特徴的なものは、他にもある。仙台市太白区郡山五丁目諏訪神社板碑と、同郡山字北目宅地の「嘉暦□年三月十五日」銘の古峯《ふるみね》神社板碑の種子は、ともにア・ビ・ラ・ウン・ケン字などの大日三身真言（大日如来が法身《ほっしん》・報身《ほうじん》・応身《おうじん》の三つの姿で現れるのにさいし、それぞれに説かれた真言）を五輪塔の形に図案化し、レリーフとして彫りつけたものである。これは「双円性海塔」と呼ばれ、やはり真言宗小野流で重視された（菊地、二〇一一a）。このような意匠の板碑は仙台市内ではこの二基だけであるが、それぞれ北目城の南西・北東を守っていたとの伝承があるのは興味深い（仙台市史編さん委員会、一九九八）。なお双円性海塔を取り込んだ板碑は、北上川下流域の石巻市東福田長泉院（興国四年銘）および同鹿又《かのまた》作楽《さくら》神社（正和元年銘）・同吉野町多《た》福院《ふくいん》（応永二十年銘）にも知られる（宮城県桃生郡河北地区教育委員会、一九九四）。さらに武蔵型板碑のうちにも、この双円性海塔を取り込んだものが複数あり、また五輪塔の形に仕立てた工芸品が愛知県稲沢市性海寺《しょうかいじ》に所蔵されている。これもまた、特殊な信心の広がりを示す痕跡として見てゆく必要があろう。

地域信仰圏の展開

以上のように、板碑の種子には時として、その造立主体の信仰や思想を特徴的に表すものがある。しかし、このことから直ちに板碑を宗派別に分類すればよいというわけではない。本章でいままで見てきたとおり、中世の奥羽には様々な信仰が浸透し、在地の信仰とも融合しながら地域信仰圏を形成して、時にはそれをも超えて広がっていった。中世の在地社会において、仏教の宗派は近世以降のように明瞭に分かれていたわけではなく、各宗派が入り乱れて次々に布教を行ない、それを受容する側も複数の信仰を柔軟に受け入れたであろう。奥羽の場合には、このような中世宗教の一般的動向に加えて、本章の冒頭にも述べた、中央と辺境の視線の複雑な交差が在地の宗教の流布に大きな影響を与えていたと思われる。いっぽうでは宗派別の教理的特徴を押さえると同時に、他方では在地の混在状況をも視野に入れて考えるとき、はじめて中世東北の宗教的特徴が明らかになると思われる。

コラム

仙台平野の板碑と石材

菊地大樹

第五章においても説明したように、宮城県には、仙台平野および北上川下流域に、特に板碑が密集している。最近、これらの板碑の石材に注目し、造立《ぞうりゅう》の社会的・宗教的背景を探ろうとする調査研究が盛んになってきた（仙台市史編さん委員会、一九九八）。

まず、名取市の名取熊野社から仙台市の南縁にかけての地区には、川原《かわら》石《いし》という石材によって造立された板碑が顕著に分布している。おそらくこの川原石板碑の分布は、名取熊野社を核とする地域信仰圏の広がりに一致しているのであろう。川原石板碑は、加工や銘文等が簡略であり、より下層の人々によって造立されたと考えられている。このことは、名取熊野社を信仰した多くの人々の階層を示唆している。川原石板碑は、現在の名取市の北辺を越えて、仙台市南縁（中田地区）、つまり旧名取郡と宮城郡の境を東流する名取川右岸に連続して分布し、一部はその左岸（西多賀・長町地区）にまで広がっている（鴇崎、二〇〇六）。

いっぽうで仙台平野の板碑には、川原石の他にも、アルコース砂岩（優白色で、新鮮な部分はやや緑色を帯びた灰色の、長石に富む堅硬な砂岩）や、石巻付近で産出する井内石《いないいし》（黒色の粘板岩）などの石材が使われていたことが知られている。特に井内石は、わざわざ石巻で切り出して仙台平野まで運搬してきたものであり、しばしば手の込んだ荘厳（天蓋や花瓶・蓮座など）が施され、銘文も豊富で、より上層の人々によって造立されたことが推測できる。

これらの石材は、地域的にもそれぞれ特徴的な分布を示している。名取川流域から仙台市の南縁部には、先ほども述べたように川原石の板碑が多い。これは、この地域が名取熊野社の地域信仰圏に包摂されていることもあるが、名取川の両岸に広がる川原が都市的な場を形成していたことにもよると考えられる。例えば、太白区《たいはく》柳生《やなぎう》五丁目延命《えんめい》寺跡には一九基の川原石板碑が集中しているが、この場所の旧地名は八日市場であり、中世の三斎《さんさい》市に起源を持つと考えられている。隣接地点からは副葬品と思われる銅鏡が出土しており、この地が葬送の場でもあったことを示しているという（菅野、一九九八）。

これに対してアルコース砂岩板碑は七北田川《ななきたがわ》下流域付近、井内石は青葉区川内《かわうち》（青葉山・仙台城跡）周辺および宮城野区岩切《いわきり》周辺に顕著な偏りをもって分布している。特に宮城野区岩切の東《とう》光《こう》寺およびその周辺には、中世の陸奥国府があったと考えられており、東光寺境内だけで一二二基の板碑の造立が知られている。そして、ここの板碑の石材のほとんどは、アルコース砂岩または井内石なのである。このことから岩切東光寺は、留守《るす》氏をはじめとする国衙官人など支配階級の人々のための霊場であったと考えられている。

また、青葉山が中世において霊場であったことは、仙台城築城前にいくつかの寺院があったと伝えられていること、青葉山に築かれた瑞鳳殿《ずいほうでん》（伊達政宗廟）・感仙殿《かんせんでん》（同忠宗廟）発掘のさいに、石室への転用石材として、大型で銘文の豊富な井内石の板碑が使われていたこと、そして現在も東北大学植物園内に並んで残されているアルコース砂岩・井内石の二点の巨大かつ精巧に造立された板碑の存在等により知られる。ここもまた、岩切と似た性格を持つ中世の霊場であったと考えられるのである（菊地、二〇〇六）。

仙台市最古の川原石板碑（一番左、『仙台市史』より）

以上のことから、この地域の板碑の発生についても見通しを持つことができる。『仙台市史』編纂過程で明らかになった最古の板碑は、太白区柳生字北の文永十年（一二七三）二月日銘の川原石板碑である。先にも述べたように、川原石板碑は一般に、石材をほとんど加工せずに板碑に用いており、小型で銘文にも乏し

井内石版碑（澱不動尊板碑）

左がアルコース砂岩板碑（川内古碑群）

い特徴は、この板碑も同様である。ところがこれにつづき、同年八月二十四日銘を持つのが、青葉山に隣接する青葉区広瀬町澱《よどみ》不動尊の井内石板碑、いわゆる「兵衛太《ひょうえた》郎《ろう》碑」である。これについては、銘文中に被供養者としてあらわれる兵衛太郎を留守家広に擬す説もあり（佐藤、一九九八）、また形態・種子《しゅじ》（仏を表す梵字《ぼんじ》）・銘文・荘厳・偈《げ》頌《じゅ》（経典中で、詩句の形式をとり、教理や仏・菩薩をほめたたえた言葉）のいずれをとっても、他の仙台平野の板碑のうちでとくに優品とされるような特徴を持っている。

つまり、両者は同年に、直線距離でわずか三キロ余り離れた場所で造立されながら、その特徴は一見して対照的なのである。そこで今まで述べてきたことを敷衍して考えてみると、柳生の川原石板碑については、現代の仙台市境を相対化し、むしろ名取熊野社の地域信仰圏に包摂される名取川右岸の板碑の動向と比較したほうがよいだろう。そこで名取市の板碑を通覧してゆくと、この地域でもっとも古い紀年銘を持つのは、高舘吉田《たかだてよしだ》字北宮神明《きたみやしんめい》前の文永八年（一二七一）三月銘の板碑である。この板碑もまた川原石製であることは言うまでもない。

このように、仙台市内における川原石板碑の造立は、井内石板碑よりわずかに先行するが、両者はほぼ同時期に造立されている。このことから、現在の名取市から仙台市におよぶ地域では、一三世紀後半の一二七〇年ごろからほぼ同時に板碑造立の文化がはじまったことが分かる。しかし、それらは地域信仰圏の上でも造立主体の上でも異なる、少なくとも二つのグループによって開始された。つまり、仙台平野における板碑文化の萌芽は、単純に一点から同心円的・画一的に起こったのではなく、身分や信仰の上で異なるいくつかの集団によって重層的に開始され、おそらく相互に影響しながら展開していったということになろう。

六　東北の国人たち

白根靖大

1　国人と一揆

国人

国人《こくじん》とは南北朝期以降の在地領主を指す言葉で、鎌倉時代の地頭や荘官の系譜を引く者たちとされている。鎌倉時代の地頭は本領のほかに遠隔地の所領を持つこともあったが、やがてある地域の所領を集中的に支配するようになったり、あるいは世代が下るにつれ、嫡流と庶流が分かれ異なる地域の領主になることもあった。南北朝期以降の国人たちは、遠隔地との血縁的結合よりも、地域の領主としての地縁的結合を強めていく。こうした国人は、この時代の地域の歴史にとって主人公と言えるだろう。

鎌倉時代、東北に地頭職《しき》を得て所領を有した東国武士の中に葛西氏がいる。葛西氏は、岩（磐）井・胆沢・江刺・気仙《けせん》・牡鹿《おしか》の五郡と黄海《きのみ》・興田《おきた》の二保《ほ》（岩手・宮城県）を与えられ、鎌倉幕府滅亡後もその勢力を保ち、南北朝期には北畠方の有力国人として働いた。南北朝合一後は、奥州探題大崎氏の下、伊達・南部両氏とともに奥州の国人の上位者として扱われるなど、地域を代表する有力国人となっていた。このほか、鎌倉時代以来の所縁を持つ東北の国人として、伊達・白河・岩城・相馬・留守・和賀・大宝寺《だいほうじ》・小野寺などの諸氏が挙げられる。

いっぽう、南北朝期に本拠となる所領を得て東北に根づいた国人もいる。たとえば、奥州管領をめぐる争いに敗れた畠山氏は二本松（福島県）に逃れ、争いの中で幕府から派遣された石橋氏は塩松《しおのまつ》（福島県）に入ったという。いずれも現地に土着し、その地域の国人として活動していくことになった。また、奥州探題・羽州探題（史料上は出羽探題と表記される）だった大崎氏・最上氏も本拠となる所領を有しており、自らの領主支配を展開したという点で国人としての側面があったことは第三章で述べられている。

さらに、内乱の過程で隣接する地域に進出していったケースも見られる。和賀氏は和賀郡（岩手県）が本拠だったが、奥羽山脈を越えて山本郡（秋田県美郷町）にも所領を獲得した。そこに進出した和賀氏の庶流は本堂氏を名乗るようになり、以降、出羽の国人として定着していった。

ちなみに、東北から他の地方へ本拠を移して去った一族がいる。それは鎌倉時代に平鹿《ひらか》郡（秋田県）地頭だった平賀氏である。平賀氏は、元々は尾張国に本領を有した松葉氏で、尾張のほか出羽・上総・越中・安芸などに所領を持っていた。出羽に土着した平賀氏の庶流は吉田氏や油河《あぶらかわ》氏を名乗っていったが、南北朝の内乱で足利方として尽力した嫡流は安芸国を本領とするようになり、出羽国における活動が見られなくなる。遠隔地所領を有する一族がどこを本拠に選ぶかによって、国人としての活動地域が変わった例となる。

一　揆

一揆とは、中世においては、団結することあるいは団結した集団を指す言葉である。当時は「一揆を結ぶ」と表現され、武士・百姓・僧侶といったさまざまな社会集団で見られるものだった。一揆においては構成員による合議が重んじられ、中には、合議のうえ多数決で結論を出し、その決定には不服があっても従うようにすると規定した一揆もある。合議による意思決定は室町幕府の政治にも見られ、また惣村《そうそん》においても同様の運営が行なわれた。構成員による合議を重んじる考え方は、この時代の社会集団一般に受け入れられていたとされている。

さまざまな社会集団の中で、国人たちが結んだ地域的な一揆を国人一揆と呼んでいる。国人一揆は地域の国人たちが協力する地域連合体で、幕府や鎌倉府、守護大名などの上位権力への対応、地域紛争の解決、国人の領主支配の維持といった役割を果たしていた。具体的には、関東で結成された平一揆や白旗一揆、毛利氏が中心となった安芸の国人一揆などが有名だが、東北の国人たちもまた一揆を結んで結集していたことが知られている。

たとえば、福島県の仙道《せんどう》一揆と海道《かいどう》五郡一揆がある。仙道一揆は応永十一年（一四〇四）に結ばれたもので、安積《あさか》・岩瀬両郡と田村荘の国人二〇名が参加した。中心となったのは安積郡の伊東一族で、白河一族である小峰氏や田村一族などのほか、地域の中小領主が名を連ねている。彼らの盟約の中には「上意に応じて同心し、忠節を致すべし」「私の大小の事は相談する」（「白河証古文書」）という文言があり、「上意」＝稲村・篠川《ささがわ》両公方の意向に応じて協力すること、一揆構成員同士の問題は相談して解決することを約している。この一揆は、鎌倉府より稲村・篠川両公方が派遣された後、近隣に位置する国人たちがその対応のために結んだものである。

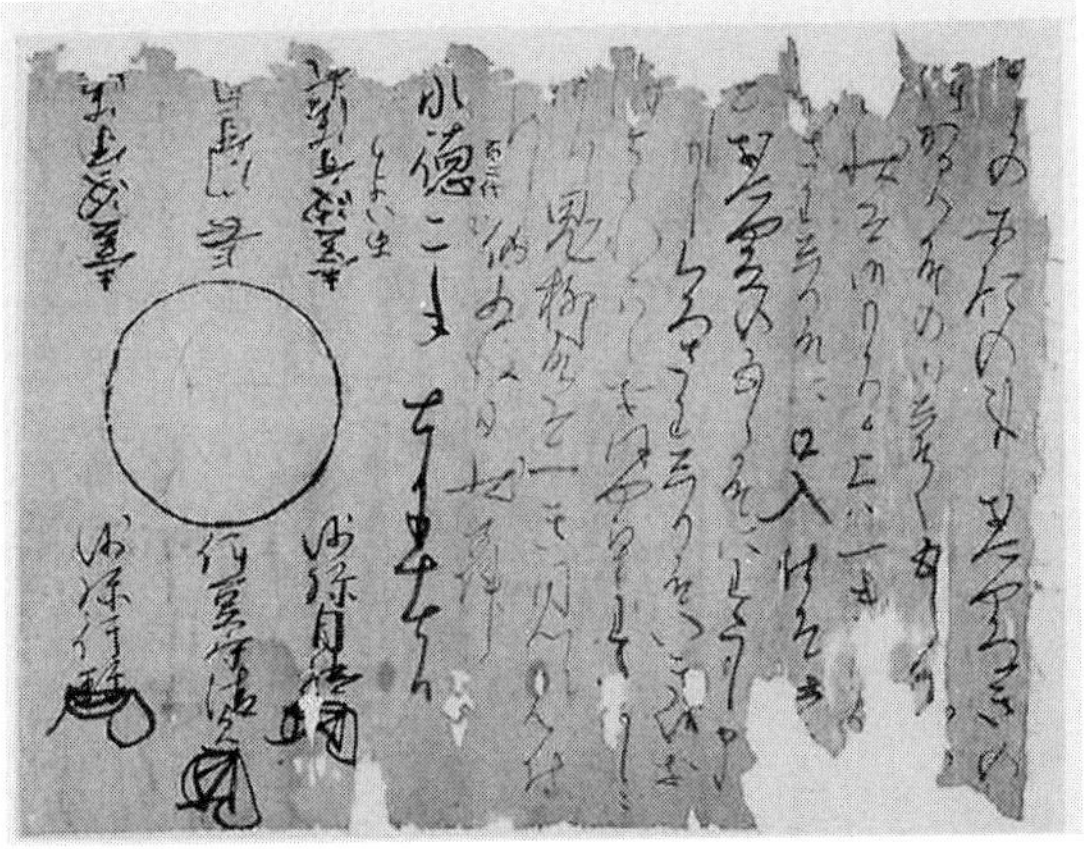

図6-1　和賀一族と葛西一族の一揆契状（東北大学日本史研究室所蔵鬼柳文書）

海道五郡一揆は応永十七年（一四一〇）に結ばれたもので、浜通りの岩崎・岩城・楢葉《ならは》・標葉《しねは》・行方《なめかた》の五郡に本拠を持つ、岩城・白土《しらと》・好《よ》島《しま》・諸根・相馬・楢葉・標葉などの国人一〇氏が参加した。こちらは「大小の事は相互に援助し合う」「政治的なことは五郡で相談して対処する」「所領争いなどは理非を基準として解決する」（「相馬文書」）と記しており、一揆構成員による相談を重視して協力し、紛争解決を図っていたことがわかる。

同じような例は東北各地で確認できる。第二章では、永和三年（〈天授三〉一三七七）に結ばれた伊達政宗と留守一族である余目持家《あまるめもちいえ》との一揆が挙げられ、相互扶助・政治問題の相談・所領争いの相談解決といった同様の盟約を交わしていたことが紹介されている。留守氏は大崎地方（宮城県）や北上川流域（岩手・宮城県）の国人たちとも一揆を結んでおり、それは奥州管領吉良氏に対抗するための政治勢力形成が目的だったと指摘されている（『仙台市史』）。また、永徳二年（〈弘和二〉一三八二）には、和賀一族である鬼柳《おにやなぎ》五郎の所領相続に反対する黒沢尻《くろさわじり》氏に対し、葛西一族が一揆同心して鬼柳五郎を助けると約した例（図6―1）も見られる。そのほか南部一族による一揆契状《けいじょう》（一揆の証文）も残されており、国人一揆は東北でも一般的だったと考えられている。たとえ現存する文書がない地域でも、国人たちは一揆を結び、お互いに協力し合いながら不安定な時代を生き抜いていたと見なしてよかろう。

一揆契状

一揆を結ぶさい、参加者相互が守るべき規則や約束事を記し、署判して誓約した文書を一揆契状と呼ぶ。前掲した伊達政宗と余目持家との一揆契状を掲げてみよう。

余目持家殿と政宗が一揆を結び同心すること

右について、今後は、事の大小を問わずお互いに協力し合う。政治問題については状況に応じて相談する。そして、所領争いなどの私的なトラブルについては一揆の中で相談して対処する。もし、偽りを申したら、

日本国中の大小の神様、さらに八幡大菩薩の罰を受ける。よって、一揆契状は以上のとおりであ

る。

永和三年十月十日　　兵部権少輔政宗（花押）

これは政宗が作成した一揆契状（「仙台市博物館所蔵伊達文書、図6-2」）である。この政宗はいわゆる独眼竜《どくがんりゅう》政宗の八代前の祖先にあたる人物である。伊達氏は宗遠《むねとお》の代に本拠地の伊達郡（福島県）から置賜《おきたま》郡（山形県）へ進出していた。いっぽう、所領から離れた地域の国人とも連携しており、政宗が余目氏と結んだ一揆はその一例となる。

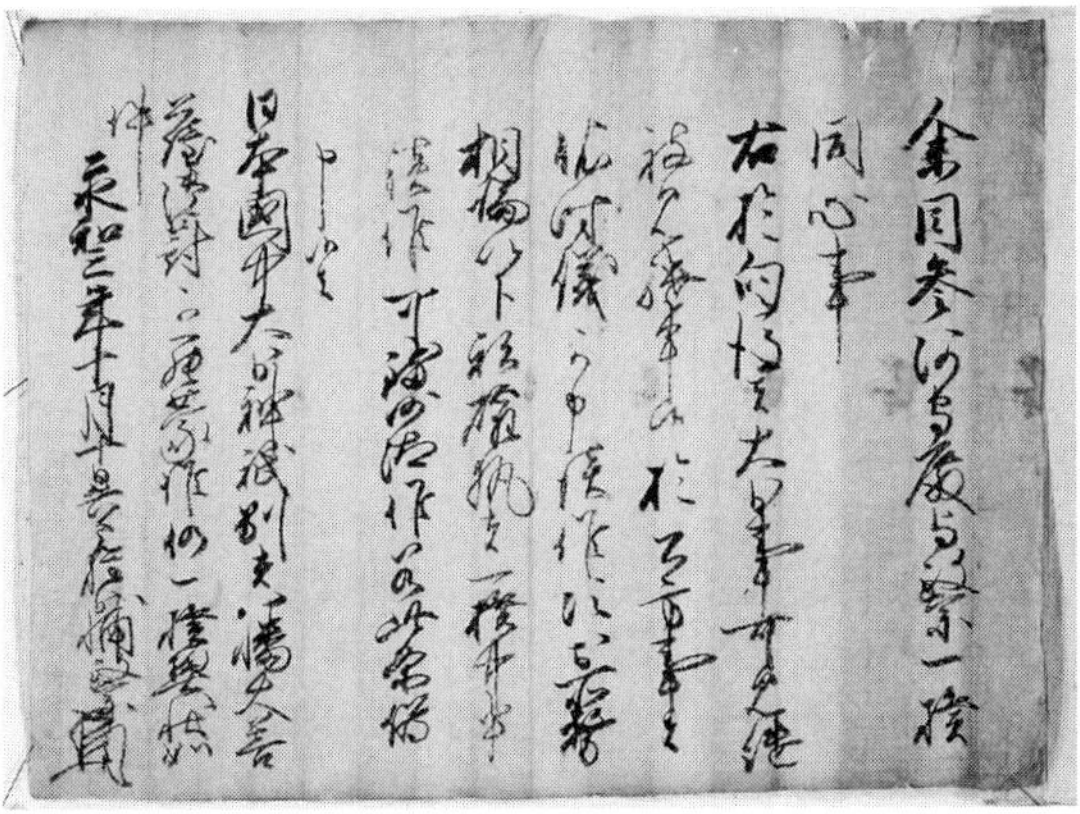

図6-2　伊達政宗が余目持家と結んだ一揆契状（仙台市博物館所蔵）

一揆契状に注目すると、相互協力を誓約する証として神罰を受ける覚悟を示す文言がある。このような形式の古文書を起請文《きしょうもん》といい、神仏に誓って約束事を守るという取り決めをするさいに作成された。先に触れた南部一族による一揆契状（「遠野南部文書」）にも同様の文言が記されており、神への誓約を経てお互いの信頼関係を築いたことがわかる。

この一揆契状は政宗と持家との起請文という形をと

っているが、構成員全員によって一通の一揆契状が作成された例がある。前述した仙道一揆や海道五郡一揆がそれで、いずれも最後に構成員全員の署判が傘連判《かされんぱん》の形で載せられている。傘連判とは、円形になるように放射状に署判したもの（カバー写真参照）で、署判者同士に上下関係がない場合に用いられた。仙道一揆にせよ海道五郡一揆にせよ、実際には中心となった国人がいたものの、構成員は同じ地域の国人として対等であることを示したわけである。

以上のような実態から、この時代の国人たちはヨコの秩序を形成し、お互いに協力し合いながら自分たちで問題解決を図る体制を築いていたことが明らかになる。中世は自力救済《じりききゅうさい》の時代と言われており、公権力の裁決に拠らない紛争解決が認められていた。国人一揆はまさに自力救済のための組織であり、地域紛争を調停する機能を有していた。南北朝の争乱、観応の擾乱、室町幕府と鎌倉府の対立など、不安定な公権力が地域の混乱を引き起こす政情がつづく中、東北の国人たちは地域的連帯をもって対応していたのである。

[2] 国人と室町幕府体制

御所

室町時代の東北において、御所と称された一族がいた。それは、奥州探題の大崎氏、羽州探題の最上氏、紫波《しわ》郡（岩手県）を本拠した高水寺《こうすいじ》斯波《しば》氏、津軽浪岡《つがるなみおか》（青森県青森市）を本拠とした浪岡北畠氏である。

大崎・最上・斯波の三氏はいずれも足利一門で、幕府管領を務めた斯波氏の一族である。斯波氏は足利一門の中で足利氏に次ぐ家柄で、武家社会において高い家格を有していた。大崎・最上・斯波の三氏も東北の他の国人たちより格上の一族であり、また幕府の中枢と結びつく血縁であることから、

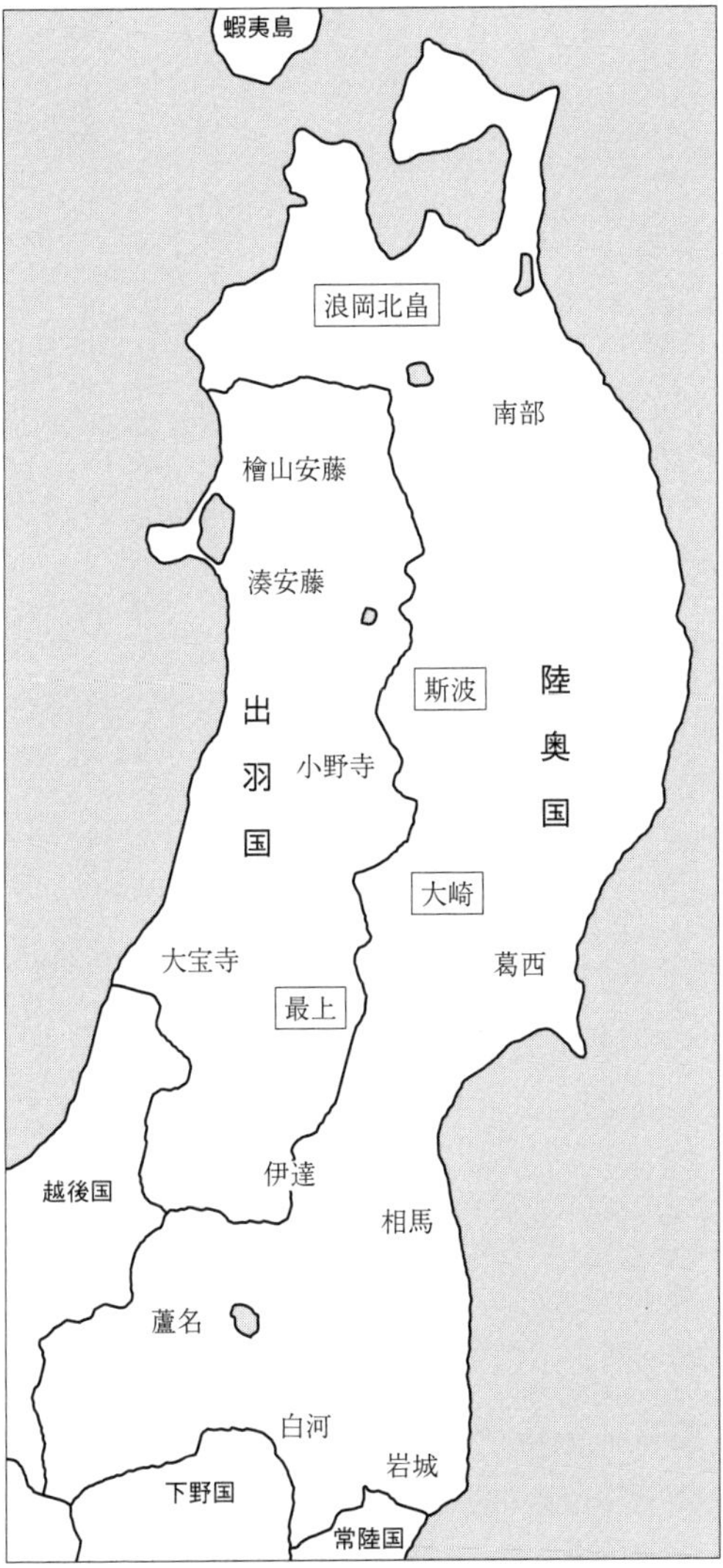

図 6-3　四御所と主な屋形（□は御所）

室町幕府体制の下で重要な位置づけを与えられていた。そうした彼らは「奥州大崎御所」「奥州の大崎・斯波両所」（「米良文書」）などと呼ばれており、御所という敬称を用いられていたことがわかる。

いっぽう、浪岡北畠氏は顕家の弟顕信の子孫で、一四世紀後半から一五世紀半ばにかけての頃、浪岡に入部したものと推測されており、「浪岡御所」と呼ばれ高い格式を有していたという（『五所川原市史』）。南北朝合一後、中央の北畠氏は北朝に帰順し、禁裏小番《きんりこばん》（内裏の警衛のために伺候する役目）を務めるようになり、のちに伊勢の国司から戦国大名になる一族も出た。浪岡北畠氏は中央の北畠氏と関係を持ちつづけたらしく、それが朝廷との結びつきにつながり、御所と呼ばれる格上の存在となったようである。

以上の四氏は、東北において高位の家格を持つ家となり、後述するように、座次《ざじ》や書札礼《しょさつれい》などで厚遇されていた。そして、室町幕府体制の下、東北を代表する一族と位置づけられ、この時代の東北社会において重要な役割を果たしていたのである。

屋形

屋形といえば室町時代には主に守護大名に与えられた呼称である。東北は、鎌倉時代以来、守護不設置であり、室町時代にも守護大名は存在しなかった。ところが、史料上、屋形と称された東北の国人が確認できる。

たとえば、宝徳元年（一四四九）に起こった赤宇曽《あこうず》郷（秋田県由利本荘市）をめぐる訴訟のさい、年貢の納入を現地の国人小介川《こすけがわ》氏に促すよう命じられた小野寺家道は、関連文書の中で「屋形」と記されている（「醍醐寺文書」）。小野寺氏は出羽国雄勝郡《おがち》（秋田県）を本拠とする国人で、このとき羽州探題最上氏を通して受けた幕府からの命令を遂行したのである。そのやりとりの中で屋形と呼ばれていたということは、家道が自称していたのではなく、幕府関係者からも認知されていた呼称だったと見なしてよい。

小野寺氏以外にも、同じ出羽の湊安藤《みなとあんどう》・大宝寺、奥州の伊達・蘆名《あしな》・白河などの諸氏が屋形に該当する。別の史料では「伊達・葦名・白川以下奥大名」（『満済准后日記《まんさいじゆごうにっき》』）という記述があり、この日記の記主三宝院満済《さんぼういんまんさい》（幕府の政治顧問）によって大名と見なされる存在だった。こうしたことから、彼らは守護大名に準じる扱いを受けていた国人という可能性が浮かんでくる。

永享六年（一四三四）に蘆名盛政が作成した譲状《ゆずりじょう》（相続文書）を見ると、冒頭に「陸奥国会津郡守護職」と記されている（「首藤石川文書」）ことに気づく。この「会津郡守護職」は蘆名氏が称していたもので、幕府に任命されたわけではないが、実際に現地において守護職権に相当する権限をふるっていたと考えられている。というのは、南北朝期、東北の国人は奥州総大将より郡検断奉行職《ぐんけんだんぶぎょうしき》を与えられ、守護職権に相当する権限を得ていた。相馬氏が「当郡守護相馬出羽権守」と呼ばれたことは第一章で触れられている。以来、郡単位あるいは広域の郡や荘にまたがり、実質的な守護として統治の一翼を担っていた、それが屋形と呼ばれる国人だったのである。

陸奥にしろ出羽にしろ、他の地方の国々に比べ広大である。一国単位の守護は任命されなかったが、両国には特別地方官として奥州・羽州両探題が設置され、守護大名に準じる有力国人が各地にいた。こうしたあり方は室町時代の東北の特色と言えるだろう。

家格秩序

東北の国人たちの間には家格秩序があった。それを示す例として書札礼を挙げることができる。書札礼とは書状を作成する際の礼式で、使うべき言葉や宛先の書き方などが定められていた。

留守氏の由緒や伝承を記した「奥州余目記録（留守氏旧記）」には、奥州探題大崎氏を中心とした書札礼が掲載されている。それによると、大崎教兼《のりかね》が幕府管領（斯波・畠山・細川）に送る書状は謹上《きんじょう》書《がき》と呼ばれる礼式を用い、管領から大崎氏への書状も同じ礼式だったという（図6―4）。つまり、大崎氏は幕府管領と同等の格式を有していた。東北で大崎氏と謹上書で書状を交わせたのは、羽州探題最上氏・高水寺斯波氏・塩松氏・二本松氏で、最上と高水寺斯波の両氏は同じ斯波一族、塩松と二本松の両氏は旧奥州管領の一族である。

これに対し、大崎氏が伊達・葛西・南部・留守の各氏に出す書状は略式で、彼ら四氏は大崎氏から見れば格下だったことになる。また、大崎氏に書状を差し出す場合、伊達氏は謹上書だったが、葛西・南部・留守の三氏は進上書《しんじょうがき》という礼式を用い、書状の宛先を大崎氏の側近にして、彼から大崎氏に披露してもらうという披露状形式をとったという。葛西・南部・留守の三氏の方がより厚い礼式で大崎氏に書状を出すことになっており、伊達氏は彼ら三氏より一段高い位置づけだったことを読み取ることができる。

さらに、この史料は国人たちの座次についても記している。大崎氏の御前に列座する場面を見ると、最前列に伊達・葛西・南部の三氏が座り、次に留守・白河・蘆名・岩城の各氏、その後に桃生《ものう》・登米《とめ》・深谷・相馬・田村・和賀・稗貫《ひえぬき》の諸氏が位置づけられている。この序列は南北朝期の奥州管領大崎氏の下での秩序を反映したものと考えられており、実際に一堂に会したかは疑問だとされているが、書札礼とあわせてみれば、東北の国人の家格秩序を復元する材料の一つとなり得る記述である。

ただし、「奥州余目記録」から読み取れるのは奥州に関する秩序であり、出羽については明記していない。奥州探題大崎氏を頂点とした秩序と同様、出羽には羽州探題最上氏を頂点とした秩序があったのではないかと推測されているのが現状である。

そこで視野を広げて他の史料を探索すると、幕府の政所執事だった伊勢氏が記した「伊勢加賀守貞満筆記」や「御状引付」が注目できる。このう

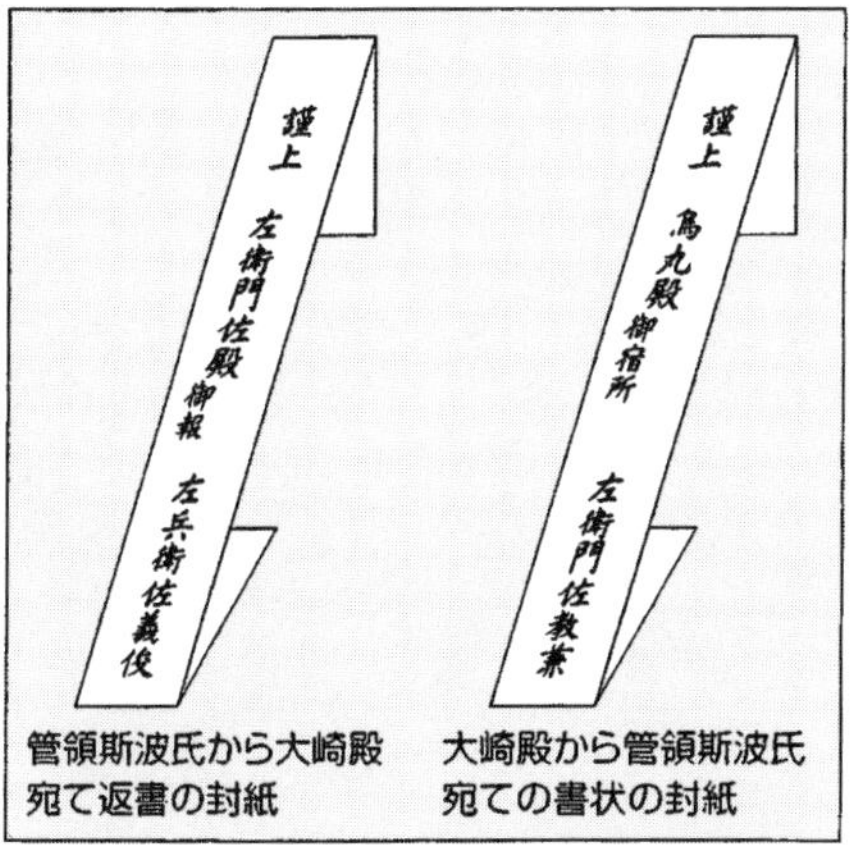

図 6-4 『奥州余目記録』の記述をもとに復元した書札礼（『仙台市史通史編 2 古代中世』より）

ち「伊勢加賀守貞満筆記」は天文二年（一五三三）に成立した故実書で、書札礼についても記述がある。成立が十六世紀前半でやや時代は下るが、故実書なので室町時代の書札礼を反映していると見なしてよい。この史料には伊勢氏が書状を出すさいに謹上書をする相手が載っており、具体的には伊達・大宝寺・蘆名・小野寺・南部・葛西・湊安藤の東北の諸氏と、島津・大友・松浦・菊池・少弐《しように》・伊東・原田・阿蘇の九州の諸大名が挙げられている。あくまでも伊勢氏から見た書札礼における位置づけだが、ここに載っている東北の屋形は、九州の諸大名と同等と見なされていたと言うことができる。

もう一つの「御状引付」はやはり天文年間の史料で、伊勢氏がやりとりした文書の控えを収めている。これを見ると、田村・二階堂・石川・葛西・亘理・高清水・岩城・湊安藤・白河・小野寺・相馬・百々の諸氏に対し、謹上書で書状を送っていたことがわかる。こちらは戦国時代の実例と見るべきだが、出羽の湊安藤・小野寺と奥州の各氏とが同等に扱われていたことは疑いなかろう。

以上を整理すると、奥州では、探題大崎氏を頂点に、一族の高水寺斯波氏や旧奥州管領の一族、次いで伊達氏、そして葛西・南部・留守（やがて降格）の諸氏、それから白河・蘆名・岩城の諸氏、さらに相馬・和賀などの諸氏という家格秩序が認められる。出羽においても、探題最上氏を頂点にして、大宝寺・小野寺・湊安藤の諸氏がつづく家格秩序を想定できる。こうしたタテの秩序が当時の東北社会を形成する柱の一つとなっていた。

家格秩序は国人間のタテの秩序と言えるが、だからといって、国人たちが探題と主従関係を結んでいたわけではない。タテの秩序は室町幕府の命令系統における上下関係であり、室町幕府体制を支える政治システムであった。

奥州の国人と探題

奥州探題の職権は、軍事指揮権・官途（朝廷の官職）推挙権・段銭《たんせん》徴収権などであると言われている。このうち官途推挙権の代表例となるのが、奥州探題大崎氏が南部氏に出した官途推挙状である。これは南部氏が蠣崎《かきざき》氏を下北半島から蝦夷地へ敗走させた「蠣崎の乱」の論功行賞として出されたものと考えられており、奥州探題大崎氏が南部氏の勲功を認め、南部氏に対してしかるべき官職を与えてくれるよう、幕府へ推薦したことを表している。鎌倉幕府以来、武士の官位は幕府（将軍）が朝廷に働きかけて授与されるもので、いわば「御恩」の一つだった。探題は推薦者という位置づけで、幕府から遠い東北において現地の詳細を把握するのが勤めだったと言えるだろう。

また、軍事指揮権については、寛正元年（一四六〇）、東北の国人たちに出された幕府からの軍勢催促（軍事動員）から確認できる。このとき将軍足利義政の御内書《ごないしょ》（将軍からの書状形式の文書）が出され、古河公方足利成氏《しげうじ》を追討するよう命じており、関東から東北まで広範囲にわたって軍勢催促がなされた（「御内書案」）。その中で東北の国人たちに宛てられた文書に注目すると、図6―5のような関係性が読み取れる。以下、御内書の記述に沿って詳述してみよう。

奥州探題大崎氏に宛てられた御内書には「国人等を動員して参陣せよ」と書いてあり、一見すると

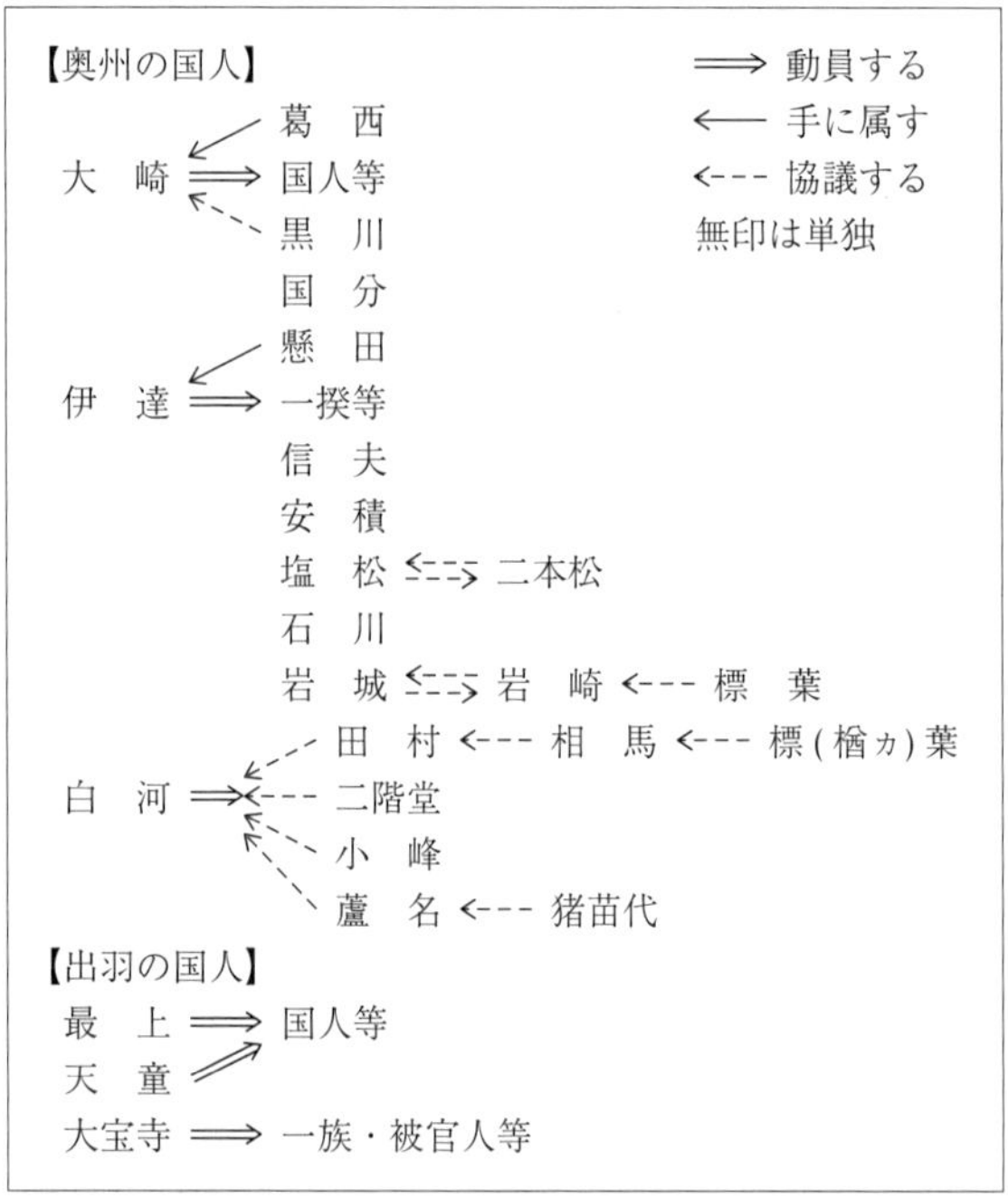

図 6-5　寛正元年（1460）に将軍より御内書を受け取った国人

奥州の国人を全般的に動員する権限があったように映る。だが、これに呼応する内容を有した御内書は葛西・黒川両氏宛のみで、葛西氏には「大崎氏の手に属して、戦功を上げれば恩賞を与える」という命が下り、黒川氏は「大崎氏と協議して、軍勢を進めよ」と命じられている。そのほかの諸氏に宛てられた御内書にはこうした文言は見当たらず、蘆名・小峰などの諸氏は「白河氏と協議して出陣せよ（あるいは戦忠に励め）」と命じられていたり、伊達氏は「一揆を動員して、軍勢を進め戦功を上げれば、論功行賞をする」と言われたりしている。以上のことから、奥州探題大崎氏は、奥州の国人を全般的に動員できたわけではなかったと言えるのではないだろうか。さらに、官途推挙権で見た南部氏との関係を考慮すると、寛正元年に軍勢催促はなされていないが、南部氏もまた葛西氏と同様の位置づけだったととらえることができるかもしれない。

いっぽう、南奥州においては白河氏の存在感が大きい。白河氏に対しては「軍勢を動員して進発し、戦功を上げれば格別の恩賞を与える」と伝えられており、探題や他の国人に属するのではなく、軍勢を動員する立場となっている。白河氏が動員する対象となるのは、前掲の蘆名・小峰などの諸氏のように「白河氏と協議して」出陣を命じられた南奥州の国人である。ただし、「白河氏の手に属して」とは書かれていないので、白河氏と動員される諸氏との間に上下関係はなく、いわば一揆による軍勢の中心として白河氏が位置づけられていると解釈できよう。こうしたことから、南奥州の諸氏に対しては、奥州探題の軍事指揮権がおよんでいなかったと見ることができる。

それは「一揆を動員して」という立場が与えられている伊達氏も同様で、奥州探題の指揮下にはなかったと見なすことができるだろう。伊達氏が動員するのは、「伊達氏の手に属して、戦功を上げれば恩賞を与える」と命じられた懸田《かけだ》氏のほか、伊達氏と一揆を結んでいた国人たちだった可能性が高い。やはり一揆が軍勢催促の基盤となっていた様子がうかがえる。

では、羽州探題の方はどうだったであろうか。羽州探題最上氏に宛てられた御内書には、奥州探題大崎氏宛の文書と同様、「国人等を動員し、軍勢を発向せよ」という文言が見られる。ところが、最上一族以外で、将軍から直接軍勢催促がなされた出羽の国人は、他に大宝寺氏だけである。大宝寺氏宛の御内書には「一族・被官人（家臣）等を動員し、格別の戦功を上げれば恩賞を与える」と記されており、動員する側の立場となっている。「最上氏の手に属して（あるいは協議して）」とは命じられていない大宝寺氏は、羽州探題最上氏の軍事指揮権がおよばない存在だったと理解してよかろう。

出羽の国人と探題

奥州探題の軍事指揮権が奥州全域にはおよんでいなかったと先に述べたが、羽州探題に関しても同じ実態だったのではないかと筆者は見ている。大宝寺氏の本拠地は出羽国大泉荘（山形県鶴岡市）で、南北朝期以降、越後守護上杉氏の影響力がおよんできていた。鎌倉府伺候《しこう》にあたり、大宝寺氏は上杉氏と分け合って鎌倉の居所を構えたという話（「奥州余目記録」）もあり、関東管領を務めた一族でもある上杉氏は、大宝寺氏のあり方を左右する存在だったと言えよう。いっぽうで、大宝寺氏が幕府と直接結びつきを深めていたことは第三章で述べられている。こうしたことから、大宝寺氏は羽州探題の軍事指揮に属さない立場を得ていたのではないかと考えられる。

さらに、出羽北部には安藤氏がいた。安藤氏は幕府より「蝦夷《えぞ》の沙汰」を担う立場として位置づけられており、鎌倉時代以来の北方支配における中核的存在だった。南北朝期になるが、多田貞綱という人物が「羽州守護か、津軽検断か、いずれかを仰せつけて欲しい」と願い出た史料（「結城古文書写」）がある。「羽州守護」は羽州探題につながる立場であり、「津軽検断」は「蝦夷の沙汰」を担う立場を指すと解せる。すると、「蝦夷の沙汰」を担う安藤氏は、羽州探題と並ぶ別個の公的立場を引き継ぐ存在であり、羽州探題の職権が及ばない相手だったと見てよいのではないだろうか。

したがって、羽州探題最上氏が権限をおよぼせたのは大宝寺・安藤両氏を除く出羽の国人で、置賜郡（山形県）は伊達氏の勢力が進出していたのでここも対象外となり、出羽国でも限られた範囲だったと考えられる。前掲した赤宇曽郷をめぐる小野寺氏と最上氏とのやりとりを鑑みると、小野寺氏の勢力圏あたりが北限になりそうである。

ところで、寛正六年（一四六五）、将軍足利義政が大崎・南部・白河・大宝寺の諸氏に馬の進上を求めたところ、南部氏と小野寺氏との間にいさかいがあり、南部氏から贈られるはずの馬が届きそうになかった。そこで幕府が馬の送付を警固するよう命じたのは大宝寺氏だった。奥州と出羽の屋形《やかた》同士のいさかいを収める役が、奥州・羽州両探題ではなく大宝寺氏に命じられたのは興味深い。その理由として、奥州と京都を結ぶ交通路に出羽の大宝寺氏が位置していたことが挙げられる。幕府は、実質的な問題解決策として、両探題ではなく、案件に関わりの深い屋形を選んだわけである。

国人たちが主従関係を結んでいたのは将軍（室町殿）であり、所領の安堵は幕府より受けるものだった。小野寺氏を例にとると、応永七年（一四〇〇）に本領と当知行《とうちぎょう》（そのとき実際に知行していること）の所領を幕府より安堵されている。その後も、足利義教と義政の代に、当知行地の所領に有していた小野寺氏の権益を認定する将軍の御教書が発せられており、幕府との結びつきを確認できる。このように、屋形と呼ばれた守護大名に準じる有力国人たちは、幕府との結びつきを直接保持し、京都との往来を重ねていた。幕府の政治システムにおいては奥州・羽州両探題が国人たちの上位に位置するが、両探題が国人たちを家臣としていたわけではなかったのである。

3　二つの中心のはざまで

鎌倉府の東北進出

南北朝〜室町時代の特色として、中央権力に二つの中心が存在したことを指摘することができる。具体的には、南北朝の争乱、観応の擾乱、室町幕府と鎌倉府の対立といった政治情勢である。通史的な内容は第一章から第三章で述べられているので、ここでは室町幕府と鎌倉府の対立について、東北の国人たちの視点から見直すことにする。

明徳二年（一三九一）、奥羽両国は鎌倉府併管とされた。この年、幕府管領が斯波義将《よしゆき》から細川頼元へ交代しており、斯波一族が奥州管領だったことからすると、鎌倉府に奥羽両国の管轄を認めたのはこの管領交代が影響したのではないかと言われている。いっぽう、鎌倉府の側が奥羽を管国にしたい背景もあったようである。それは鎌倉府に敵対する関東の勢力が東北の国人に活路を見出そうとする動きで、たとえば挙兵して敗れた脇屋義治《わきやよしはる》が出羽国へ逃亡したり、小山の乱で敗れた小山余党が奥州の田村氏らと結んだりした例がある。このような動きを封じるために、鎌倉府が奥羽を管国にしたがったとしても不思議はない。

翌明徳三年（一三九二）、鎌倉公方足利氏満は、奥羽の管国化を感謝するとして鶴岡八幡宮（神奈川県鎌倉市）の再建を行ない、その二・三年後に鶴岡八幡宮の遷宮・修理段銭を奥羽両国にも賦課した。また、目代や代官を東北に下して公田把握に着手し、国衙正税《こくがしょうぜい》（国衙が管理する税の一つ）を徴収するなど、東北に対する支配の手を伸ばしていった。そして、東北の有力国人たちは鎌倉に伺候《しこう》するよう命じられ、中には留守家明のように一九年間鎌倉に常駐する者もいた。伺候を命じられたのは大崎・最上両氏も例外ではなく、鎌倉の近隣に居を構えた。大崎氏は瀬ヶ崎（神奈川県横浜市）に住み「せかさき殿」と、最上氏は長尾（同）に住み「長尾殿」と呼ばれたという（「奥州余目記録」）。

さらに鎌倉府は東北の直接統治に乗り出した。それが応永六年（一三九九）の足利満貞《みつさだ》（稲村公方）・満直《みつなお》（篠川《ささがわ》公方）の奥州派遣である。いずれも鎌倉公方足利満兼の弟で、満貞は稲村（福島県須賀川市）に入り、満直は篠川（福島県郡山市）に入った。両者はいわば鎌倉公方の分身であり、鎌倉府の意向を直接東北に浸透させる役割を担った。だが、両公方の派遣は奥州の国人と鎌倉府の対立を生じさせる要因となった。

応永七年（一四〇〇）、伊達・蘆名・大崎氏らによる反鎌倉府の挙兵が勃発した。両公方の下向にともない、鎌倉府は、奥州の国人たちに対し、両公方のための所領の進上を命じたという。伊達氏は出羽国北条荘三十三郷（山形県）、白河氏は宇多荘（福島県）の進上を申し出たが、鎌倉府は荘よりも広大な郡を進上せよと迫ったため、これに伊達氏が反発し、蘆名・大崎両氏とともに挙兵したと伝えられている。同じ年、大崎氏は幕府より奥州探題に任命されている。南北朝期に奥州管領を務めていた大崎氏にとって、両公方は自らの地位を低下させる存在であり、看過《かんか》できない事態だったため挙兵に加担したものと思われる。結局、この挙兵は失敗に終わったが、鎌倉府に対抗する伊達・蘆名・大崎氏らは幕府との結びつきをさらに深めることになる。

鎌倉府による直接統治のため奥州に派遣された稲村・篠川両公方は、所領安堵や軍勢催促といった同じ内容の文書を下しており、役割を分担したり権限を分割したりすることはなかった。また、連署状も見られないことから、共同統治をしていたわけでもなかったようである。両者の違いは活動の時期で、はじめは稲村公方満貞が主だったが、やがて篠川公方満直に活動の中心が移ったと見られているる。詳細は不明だが、両者の間に何らかの確執・対立が生じ、満貞から満直へ権力主体が交代したということだろう。満貞は応永三十一年（一四二四）に鎌倉へ戻ったと伝えられている。奥州に残った満直は幕府との結びつきを深め、反鎌倉府の国人たちと手を結ぶようになる。

反鎌倉府勢力の形成

応永二十年（一四一三）、伊達持宗・懸田定勝が鎌倉府に反旗を翻した。鎌倉公方足利持氏は畠山修理大夫《しゅりのたいふ》を大将とした追討軍を派遣したが、南奥州の国人たちが協力を拒んだため、鎮圧は不首尾に終わったという。そのさい、稲村・篠川両公方の動きも見られず、鎌倉府による東北統治を担っていたはずの両公方が機能しなかった。その理由は定かでないが、代替わりした鎌倉公方持氏との関係が微妙だったか、稲村・篠川両公方の間で確執が生じていたか、何らかの事情があったのだろう。両公方の甥である持氏は抑圧的な姿勢で対抗勢力に臨み、ついには幕府将軍に反乱を起こした人物である。国人たちの間で反鎌倉府の気運が高まり、それを無視できない状況だったのかもしれない。

このとき、陸奥・出羽両国は鎌倉府の管轄であることを強調した文書が鎌倉府より白河満朝に下され、満朝は承知した旨を鎌倉府へ返答したことを述べる史料が残されている。幕府との結びつきを保持していた伊達氏の反乱に遭い、鎌倉公方持氏は、奥羽が鎌倉府管国であることを主張し、南奥州の有力国人である白河氏を味方につけようとしたのである。ところが、白河氏は容易に動かず、一族の小峰満政は遅参を責める持氏の文書を受け取ることになった。稲村・篠川両公方の下向にあたり、鎌倉府が統治の要とにらんだ伊達・白河両氏は、もはや頼みとならない存在となっていた。

その三年後の応永二十三年（一四一六）、関東管領を罷免された上杉氏憲《うじのり》（禅秀《ぜんしゅう》）が挙兵し、鎌倉公方持氏と対決した。上杉禅秀の乱である。このとき氏憲方は奥州の国人たちにも助力を求め、「陸奥では篠川満直を頼りにしたところ、蘆名・白河・結城・石川・南部・葛西・海道四郡の者どもが同心した」（『鎌倉大草紙』）と語られている。言い伝えではあるが、持氏に対する反乱に味方した奥州の面々が並んでおり、その中核に篠川公方満直が位置していたことをうかがい知ることができる。

こうした状況は幕府も把握したようで、永享年間に入ると、幕府の政治顧問が記した『満済准后日記』に篠川公方満直と幕府との直接交渉が頻繁に現れるようになる。ほかにも、永享元年（一四二九）十月には、「佐々河方（満直）の成敗に従って、忠節を尽くしなさい」（「結城古文書写」）という将軍足利義教の御内書が小峰朝親宛に出されている。

さらに、将軍義教に対する鎌倉公方持氏の反乱、すなわち永享の乱が勃発すると、「上杉憲実《のりざね》に合力することについて、佐々河殿（満直）の手に属して、忠節を尽くしなさい、との命令が将軍より下った」（「足利将軍御内書幷奉書留」）という幕府管領細川持之の奉書（主人の命令を受けて臣下が出す文書）が発せられた。この奉書は、石橋・懸田・伊達・猪苗代・蘆名・田村・白河・安積・二階堂・川俣・石川・小峰の各氏に出されており、篠川公方満直は彼らに対する軍事指揮権を幕府から認められたことになる。

満直に従うように命じられた面々を見ると、前節で取り上げた寛正元年（一四六〇）の将軍足利義政による軍勢催促において、「白河氏と協議して出陣せよ（あるいは戦忠に励め）」と命じられた国人たちと重なる者が多いことに気づく。具体的には、蘆名・田村・二階堂・小峰の諸氏で、猪苗代氏も蘆名氏と協議するように命じられたのでこれに含まれよう。すると、元々篠川公方の軍事指揮権に属していた国人の中で白河氏と結びつきの深い者たちが、寛正段階で白河氏を核とした一揆的軍勢催促を受けたのだと理解することができる。

ところで、この中に奥州探題大崎氏の姿はない。大崎氏は探題として軍事指揮権を有しており、影響下にある国人に対し軍勢催促を行なえたと考えられることは、前節で述べたとおりである。つまり、篠川公方満直が軍事指揮権をふるえたのは伊達氏以南の南奥州の国人たちだった。元々は鎌倉公方の分身として行使していた権限だったが、今度は幕府方として鎌倉公方持氏に対し向けることになったのである。

京都扶持衆

伊達氏以南の南奥州では、篠川公方足利満直を中心とした政治秩序が形成されていた。満直が幕府方に転じると、幕府はその情勢を利用し、南奥州に反鎌倉府の一大勢力を築こうとした。四代将軍足利義持が没した翌年、篠川公方満直をはじめ、伊達・蘆名・白河・塩松の各氏に対し、幕府より義持の遺品が贈られたという記録がある。彼らは幕府との結びつきが強く、将軍の遺品を授けられるほど重視されていたことを物語っている。このほか懸田・岩城・岩崎・標葉・楢葉・相馬等の諸氏を加えた南奥州の国人たちが、鎌倉府に対抗する勢力として幕府より支援されていた。

幕府による反鎌倉府勢力への支援は、鎌倉府膝下の関東で進んでいた。将軍と鎌倉公方の関係が悪

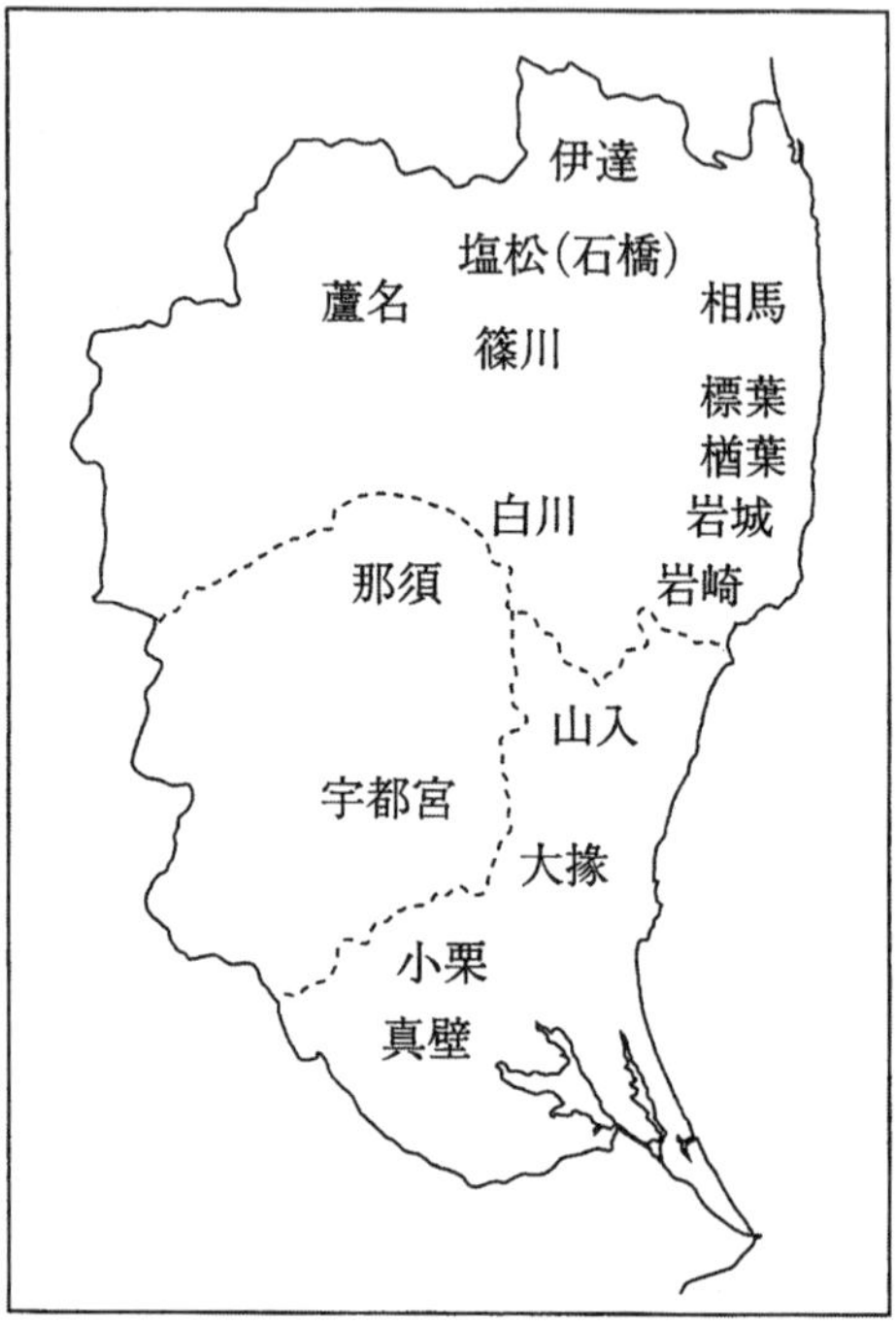

図6-6　南奥州・北関東の京都扶持衆（『横手市史通史編原始・古代・中世』より）

化すると、関東の国人の中で鎌倉公方と対立する勢力が現れ、彼らに対し幕府は手をさしのべていたのである。たとえば、常陸の山入《やまいり》（佐竹一族）・大掾《だいじょう》・小栗・真壁の諸氏、下野の那須・宇都宮両氏などが知られている。彼らは当時「京都御扶持《ふち》の者ども」（『満済准后日記』）と呼ばれており、研究史上では「京都扶持衆」と名付けられている。

そもそも、室町幕府は京都にあり、幕府より所領や諸職を安堵されれば、皆京都の扶持を受けていたことになる。その中でとりわけ「京都御扶持の者ども」と呼ばれたのは、東国にありながら幕府の支援を受けて鎌倉府と対抗していた諸勢力であった。それは将軍と鎌倉公方が対立する政治状況が原因で、そうした情勢において、幕府にとって存在意義があったからこそ、ことさら京都の扶持が強調されたのである。ちなみに、『満済准后日記』は、将軍を「京都様」、鎌倉公方を「鎌倉殿」と表現している。

したがって、京都扶持衆とは、幕府と鎌倉府との対立が先鋭化した政情において、東国にありながら幕府と結んでいたという点で、政治的かつ歴史的意義を有した勢力だということができる。東北の視点から見ると南奥州がその舞台であり、隣接する北関東と連動した歴史状況だったととらえられよう。東北の中でも地域が限定されるのは、奥州・羽州両探題がいる地域に稲村・篠川両公方の支配が浸透しなかったのが実情だからと理解してよいのではないか。逆に言えば、奥州探題大崎氏にとっても両公方の存在が壁になり、軍事指揮権が南奥州におよばない前述の実態があったと言うことができるだろう。

ちなみに、篠川公方満直は永享十二年（一四四〇）に滅亡した。満直を討ったのが誰かは特定されていないが、南奥州の国人だったという。前年には永享の乱を起こした鎌倉公方持氏が自刃し、事実上鎌倉府が滅んでいる。この時期に満直が国人に討たれたのはなぜだろうか。

ややさかのぼるが、永享元年（一四二九）、北関東の京都扶持衆だった那須氏が鎌倉公方持氏に攻められ、南奥州の白河氏に援助を求めるという事件が起こった。その折、篠川公方満直は、鎌倉府の政務を任せること、そして、結城・千葉・小山ら関東の大名や武蔵・上野の一揆を配下に従えて持氏を討つ許可を与えることを幕府に要求した。このことから明らかになるのは、持氏にとって代わり鎌倉府の実権を握るという満直の野望である。そこには国人の一人として奥州に根づこうという意思は認められない。

すると、鎌倉府滅亡という状況は、公方としての満直自身の存立基盤を揺るがすとともに、南奥州の京都扶持衆にとって、鎌倉府権力からの防波堤という満直の存在意義が低下する局面を迎えたことになるだろう。満直が討たれた年には結城合戦が勃発している。結城合戦とは下総の結城氏朝らが持氏の遺児を擁立して挙兵し、翌年に敗れ氏朝が自害した事件である。関東では永享の乱後の混乱がつづいていたわけである。明確な史料が残されていないので推測になるが、その混乱は南奥州までおよび、あくまで公方たらんとする満直と、一揆を結んで結束する国人との衝突に至ったものと思われる。

4　室町時代の東北社会

南北朝・室町時代の推移

南北朝期から室町時代へつづく不安定なこの時代は、さまざまな要因が交錯して複雑な様相を呈している。最後に、ここまで述べてきた内容をもとに、室町時代の東北社会の見取り図を描く試みを行なってみたい。

建武の新政にともない、東北は北畠顕家の陸奥将軍府によって統治され、室町幕府樹立後、その統治システムを奪取した奥州総大将・奥州管領が東北支配を進めた。だが、南朝方・尊氏方・直義方の三つ巴《どもえ》の争いが東北でも展開し、国人たちは各々の陣営に分かれて戦った。この動乱期、鎌倉時代以来の勢力に加え、新たに東北へやってきた一族が本拠を構え、室町社会を構成する国人の面々が揃っていく。争いが収まらず不安定な情勢の中、国人たちは一揆を結んで団結し、上位権力への対応と地域の安定を目指した。

南北朝合一が成り室町幕府が安定すると、東北は幕府と鎌倉府の二重の支配を受けるようになる。幕府からは奥州・羽州両探題が任命され、鎌倉府からは稲村・篠川両公方が派遣された。国人たちは双方への奉公を求められ、上位権力との対立や国人同士の軋轢が生じることもあった。幕府と鎌倉府の並存が矛盾をはらみ、それが東北の地で噴出したのである。二つの公権力が対立すると、東北では稲村・篠川両公方にその影響が及び、稲村公方は東北を去り、奥州に残った篠川公方は幕府方の要員と化した。

幕府と鎌倉府は永享の乱で衝突し、事実上鎌倉府の滅亡に終わった。その混乱がつづく中、鎌倉公方にとって代わる野望を抱いていた篠川公方は、南奥州の国人と対立し滅亡するに至った。以後、南奥州は国人一揆による秩序が重んじられ、白河氏等の有力国人を中心とする社会となった。これに対し、奥州中北部は奥州探題大崎氏を中心とし、幕府との結びつきによる秩序が重きをなす社会だった。いっぽうの出羽は、現村山地方以北において、羽州探題最上氏を中心とする秩序の下、小野寺氏等の国人が地元に根を張っていた。だが、大宝寺氏と安藤氏は探題の権限外の存在で、独自に幕府と結んでいた。そんな中、奥州と出羽にまたがる所領を有していた伊達氏は、南奥州の国人社会・奥州探題の社会・羽州探題の社会と接する位置にあり、独自に幕府とつながり固有の存在感を示していた。

以上のような経緯をたどり、室町時代の東北社会にはタテの秩序とヨコの秩序が構築された。タテの秩序は室町幕府体制で、幕府の命令系統や御所・屋形という家格秩序を形作っていた。ヨコの秩序は一揆結合で、国人同士が合議と相互扶助によって支え合っていた。動乱と不安定な政治情勢が続く時代、争いや戦いが避けられない状況にあっても、その解決を模索する当時の人々の様子をうかがい知ることができるだろう。

御所・屋形秩序

ここまで述べてきて、室町時代の東北社会を一言で表すのは難しいと言わざるを得ない。教科書的には、幕府により設置された奥州・羽州両探題が統治していたことになるが、すべてが必ずしもそうだったわけではないのが実情である。では、何かこの時代の東北に特色を見出すことはできないだろうか。

ここで筆者が注目したいのは、御所と屋形の存在である。奥羽両探題もまた東北の国人と見なせることは、大崎・最上という地名を苗字にしたことからも妥当だろう。よって、大崎・最上両氏を東北社会における御所という位置づけからとらえ直し、御所の中で探題を担っていたのが両氏だったと見てみたい。すると、御所四氏（大崎・最上・高水寺斯波・浪岡北畠）が各々の役割を果たし、屋形とともに地域社会の秩序を形成していたという構図を描けるのではないだろうか。

御所四氏のうち、大崎・最上両氏は奥州・羽州両探題が役割である。高水寺斯波氏は、一族である大崎氏と連携して北奥州の安定を担うという想定が成り立つだろう。浪岡北畠氏については、南部氏が安藤氏と対抗するために津軽の要衝に配したという見解（『五所川原市史』）に従うならば、南部氏の思惑ではあろうが、奥州北辺の要としての役割を期待されたという想定が可能かもしれない。

屋形は、繰り返しになるが、東北各地の有力国人で、守護大名に準じる扱いを受けていた。他の地方に比べ広大な奥羽両国においては、幕府から奥羽両探題を経て届いた裁許が、該当の地域において屋形によって執行される、という命令系統があった。また、屋形は、必要に応じて一揆を結び、紛争の解決と地域の安定を目指した。彼らの存立基盤は幕府からの所領安堵であり、幕府との直接の結びつきを保持していた。

守護不設置の奥羽両国にとって、御所と屋形による社会形成がこの時代の特色と言えるのではないだろうか。本章ではこれを「御所・屋形秩序」と呼んでおきたい。

だが、戦国の世の波が東北にもおよび、応仁二年（一四六八）には奥州探題大崎教兼《のりかね》が反乱のため居所を変えなければならない事態が起こった。以後、大崎氏は勢力を失っていき、代わって台頭したのが伊達氏である。伊達氏は奥州探題の地位を望むようになり、さかんに幕府に働きかけた。これを御所・屋形秩序の視座から見ると、屋形伊達氏が奥州探題の地位を手に入れることによって、御所への上昇を目指したと言えるだろう。旧来の地位を利用して社会的立場を上昇させることは、関白豊臣秀吉を想起すればうなずけよう。

また、戦国時代の小野寺氏に関して、その権力構造は小野寺領内の国人たちによる一揆的結合に支えられていたことが明らかにされている（『横手市史』）。つまり、室町時代の国人一揆による地域社会が、戦国時代になっても生きていた例があるのである。旧来の秩序や社会体制が無視あるいは破壊された印象の強い戦国時代かもしれないが、実は、室町時代の社会秩序が利用された面がある。そういう視点から室町時代の東北社会の理解を深めるという方法がある。

現存する史料が限られ、不明な点が多い室町時代の東北ではあるが、多角的な視点からさまざまな可能性を探り、これまで研究が積み重ねられてきている。中には複数の見解があったり議論が続いている論点も少なくない。すべてを紹介できたわけではないが、多少なりとも読者の皆さんの理解に供することができれば幸いである。

コラム

出羽国の一括出土銭

須藤英之

地面を掘っていたら、大量の貨幣を掘り出した……そんな体験は、時代が変わっても奇異な記憶として残るものらしい。近代に編纂された山形県庄内地方の記録書『飽海《あくみ》郡誌』には、現在の山形県指定史跡の新田目《あらため》城跡近隣で「（砂《さ》越来迎寺《ごしらいごうじ》年代記）天文十五年留守殿堀出《ほりだし》百貫」との記録がある。天文十五（一五四六）年、約五〇〇年前の出来事である。『飽海郡誌』にはその他にも何例かの「多量の銭」が掘り出された記録がある。

渡来銭を主とした大量の貨幣が出土する「一括出土銭」の事例は、中世から近世初頭の日本列島において同時多発的に起こった現象である。その銭種の内容は、古くは和同開珎《わどうかいちん》から、その後数百年使用される渡来銭を中心に、新しいものは寛永通宝《かんえいつうほう》に至るまで、さまざまな時代の貨幣が混じり数千から数万枚の貨幣が出土する。現状では、一括出土銭の中での鋳造年代が最も新しい貨幣以降の年代に埋納された、として時期区分を行なう研究方法が進められている。

一括出土銭は、これまで東北地方でも多数の事例が確認された。それらは『東北地方の中世出

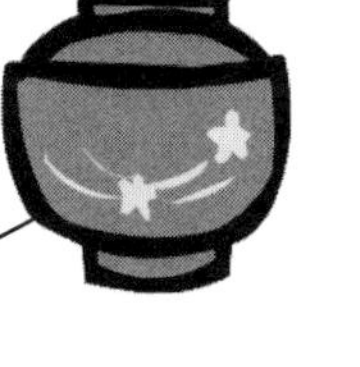

土貨幣』(東北中世考古学会、一九九九)で事例が集成され、また工藤清泰により東北地方の概要がまとめられ(工藤、二〇〇五)、現在一定の到達点を迎えた状況にある。

また、全国的な研究動向としては、櫻木晋一(二〇〇九)や橋口定志(二〇〇三)により概要がまとめられ、また、「一括出土銭は〝なぜ〟埋められたのか?」という問いに対し、経済的理由および盗難防止目的で埋められたとする「備蓄《びちく》銭」論と、呪術的な祭祀の目的で埋められたとする「埋納銭」論で論争がつづいている。断定的にいずれかの理由を確定させるのはまだ困難な状況と考えるが、筆者は埋納論の立場である。

以下、本コラムでは、東北地方日本海側、かつての出羽国にあたる山形県・秋田県における発掘調査事例を基に考察を行ないたい。

近年の発掘調査事例として報告されている、山形県酒田市の梵天塚《ぼんてんづか》遺跡、秋田県にかほ市の家《いえ》の浦《うら》遺跡の二事例を挙げる。

梵天塚遺跡は、山形県酒田市の平野部、標高約三㍍の低地の氾濫平野に立地する。一括出土銭は墓壙群を区画する溝跡の底部から確認(次頁写真上)された。約一一連の緡《さし》状で総数一七五八枚の出土銭が検出され、最古銭は開元通宝《かいげんつうほう》(六二一年初鋳)、最新銭は宣徳《せんとく》通宝(一四二六年初鋳)であった。発掘調査の検出状況から、一六世紀前半の埋納と判断される。調査担当者は、周辺の土壙群を墓壙群と判断し、それらを囲む溝の底部に埋納されたものと報告している。

家の浦遺跡は、秋田県にかほ市の海岸部、標高二八～三六メートルの丘陵地に立地する。調査区西側の土坑の中から藁紐《わらひも》を通し緡状に束ねられた一二〇一枚の銭貨が出土した（写真下）。銭貨は約八〇～一九〇枚の緡状で、約九連の緡が二段に重ねられた状態で検出された。最古銭は開元通宝

梵天塚遺跡出土古銭

家の浦遺跡出土古銭

（六二一年初鋳）、最新銭は永楽通宝（一四〇八年初鋳）であった。埋納された時期は一五世紀以降と推定される。また、建物跡を囲む中世の溝跡を切って土坑が構築されている。発掘調査の検出状況から、報告者は、集落の再構成にともなう地鎮を目的としたものと推定している。

なお、一九七五年に、当該遺跡から北東に約九〇《メートル》離れた香取神社脇の北側斜面で、道路拡幅工事中に約三六〇枚の銭貨が出土した記録がある。

この発掘調査二例に共通する点として、中世集落の縁辺を区画する溝にともなうこと、あるいは溝を切って埋められた状況が共通している。これらの理由から、出羽国での一括出土銭について、家の浦遺跡の報告者が挙げた地鎮や、または集落の結界に関わる祭祀を目的とした埋納の事例として、埋納論の論拠とする事例であるものと提起しておきたい。

ただ、埋納論の立場からすると、一括出土銭として埋められた貨幣は、現代の祈禱料やお布施のようなものだったろうか。筆者はこの点を論証し得る材料は持ち合わせていない。ただ、神仏への祈りの対価として、当時の起請文《きしょうもん》等に記された金額と対比する作業などは、罰当たりな行為かもしれないが、今後の研究視点の一つとなり得るかもしれない。

この発掘調査二例は、発掘調査が実施されたため詳細が確認されたが、一括出土銭は土木工事等で偶然発見された事例が大半である。とはいえ、同様に工事や耕作中に掘り起こされてもほとんど記録に残らない他の考古資料に比べ、一括出土銭は圧倒的に伝聞記録が多い。この要因は、一括出土銭を発見した人物にとっての強烈な記憶、すなわち貨幣の大量出土という事象の与える印象が原因と推定する。伝聞といえどもこれらの出土事例は、中世の人々の活動痕跡である。そもそも中世の記録が限られる東北地方では、一括出土銭の事例の検証を進めることは当時の社会を復元する有効な手段の一つと考える。

東北地方の一括出土銭については『東北地方の中世出土貨幣』において、網羅的に集成が行なわれたが、その後も岩手県一関市の大原大明神出土銭（一関市教育委員会、二〇一一）の出土事例が整理報告されたり、新たに山形県東根市八反《はったん》遺跡で約一万枚の出土事例が検出されたりと、現在も事例蓄積が進んでいる。

いずれにせよ、今後も既報告事例の再検討や、出土時の対応方法の構築などの取組が必要であり、大量のカネに目が眩むことなく検証しつづけることが必要である。

中世史の桜井英治は、一九九〇年代に中世貨幣研究が全国的に進んだ状況を指して「量産の一〇年」と評した（桜井、二〇〇九）。「量産の一〇年」をへての今後は、文献史料や周辺に遺る中世資料と関連させた新たな方法論の構築が、東北中世社会の新たな一端の解明につながるものと考える。

参考文献

〔序　南北朝・室町時代の混迷〕

伊藤喜良『集英社版日本の歴史八　南北朝の動乱』集英社、一九九二年
遠藤　巖「南北朝内乱の中で」大石直正・小林清治編『中世奥羽の世界』東京大学出版会、一九七八年
白根靖大「南北朝・室町時代の動乱と出羽」伊藤清郎・山口博之編『中世出羽の領主と城館』高志書院、二〇〇二年
白根靖大「日本海側からの視座による地域史研究—中世出羽の研究動向—」中央大学人文科学研究所編『島と港の歴史学』中央大学出版部、二〇一五年
五所川原市編『五所川原市史　通史編一』五所川原市、一九九八年
白河市編『白河市史一　通史編一　原始・古代・中世』白河市、二〇〇一年
仙台市史編さん委員会編『仙台市史　通史編二　古代中世』仙台市、二〇〇〇年
山形県編『山形県史一　原始・古代・中世編』山形県、一九八二年
横手市編『横手市史　通史編　原始・古代・中世』横手市、二〇〇八年

〔一　建武の新政と陸奥将軍府〕

伊藤喜良『集英社版日本の歴史八　南北朝の動乱』集英社、一九九二年
遠藤　巖「南北朝内乱の中で」大石直正・小林清治編『中世奥羽の世界』東京大学出版会、一九七八年
大石直正・七海雅人編『南北朝遺文　東北編一・二』東京堂出版、二〇〇八・一一年
五所川原市編『五所川原市史　通史編一』五所川原市、一九九八年

小林一岳『日本中世の歴史四　元寇と南北朝の動乱』吉川弘文館、二〇〇九年
白河市編『白河市史一　通史編一　原始・古代・中世』白河市、二〇〇一年
白根靖大「南北朝・室町時代の動乱と出羽」伊藤清郎・山口博之編『中世出羽の領主と城館』高志書院、二〇〇二年
仙台市史編さん委員会編『仙台市史　通史編二　古代中世』仙台市、二〇〇〇年
本荘市編『本荘市史　通史編一』本荘市、一九八七年
山形県編『山形県史一　原始・古代・中世編』山形県、一九八二年
横手市編『横手市史　通史編　原始・古代・中世』横手市、二〇〇八年
渡辺信夫責任編集『図説宮城県の歴史』河出書房新社、一九八八年

〔コラム　安藤氏の系譜認識〕

入間田宣夫「津軽安東の系譜と第六天魔王伝説」『中世武士団の自己認識』三弥井選書二七、三弥井書店、一九九八年
遠藤　巖「安藤・秋田氏」『地方別　日本の名族』一、東北編Ⅰ、新人物往来社、一九八九年
遠藤　巖「『北の押え』の系譜」『アジアの中の日本史』Ⅱ外交と戦争、東京大学出版会、一九九二年
斉藤利男「中世エゾ観における『正統と異端』」『中世の政治と宗教』吉川弘文館、一九九四年
斉藤利男「日本・日の本と日の本将軍─中世日本の東方問題─」『中世の地域と宗教』吉川弘文館、二〇〇五年
平川　新「系譜認識と境界権力─津軽安東氏の遠祖伝承と百王説─」『歴史学研究』六四七、一九九三年

〔二　東北の南北朝内乱と奥州管領〕

江田郁夫「奥州管領大崎氏と南北朝の動乱」『室町幕府東国支配の研究』高志書院、二〇〇八年
遠藤　巌「南北朝内乱の中で」小林清治・大石直正編『中世奥羽の世界』東京大学出版会、一九七八年

小川　信「奥州管領斯波氏の展開」『足利一門守護発展史の研究』吉川弘文館、一九八〇年
小国浩寿「奥州両管領と関東両執事」『鎌倉府体制と東国』吉川弘文館、二〇〇一年
小原茉莉子「奥州管領期の大崎氏」『岩手史学研究』九二、二〇一一年
白根靖大「奥州管領と斯波兼頼の立場」『中央史学』三〇、二〇〇七年

〔コラム　篠川御所を歩く〕

垣内和孝「篠川御所と篠川館」藤原良章・飯村均編『中世の宿と町』高志書院、二〇〇七年
広長秀典「篠川御所と東館」『郡山地方史研究』三二、二〇〇二年
柳沼儀介『奥州篠川御所　史料と研究』郡山地方史研究会、一九七五年

〔三　京・鎌倉と東北〕

家永遵嗣『室町幕府将軍権力の研究』東京大学日本史学研究室、一九九五年
市村高男『戦争の日本史一〇　東国の戦国合戦』吉川弘文館、二〇〇九年
伊藤清郎・山口博之編『中世出羽の領主と城館』高志書院、二〇〇二年
伊藤喜良『中世国家と東国・奥羽』校倉書房、一九九九年
伊藤　信「留守家旧記の成立をめぐって」『歴史』五九、一九八二年
江田郁夫『室町幕府東国支配の研究』高志書院、二〇〇八年
遠藤　巌「奥州管領おぼえ書き」『歴史』三八、一九六九年
遠藤　巌「鎌倉府と探題」『山形県史　通史編』一、一九八二年
遠藤　巌「京都御扶持衆小野寺氏」『日本歴史』四八五、一九八八年

遠藤　巌「応永初期の蝦夷反乱」北海道・東北史研究会編『北からの日本史』一、三省堂、一九九一年
大石直正・小林清治編『中世奥羽の世界』東京大学出版会、一九七八年
大崎氏シンポジウム実行委員会編『奥州探題大崎氏』高志書院、二〇〇三年
小川　信『足利一門守護発展史の研究』吉川弘文館、一九八〇年
垣内和孝『室町期南奥の政治秩序と抗争』岩田書院、二〇〇六年
金子　拓「室町幕府と奥州」柳原敏昭・飯村均編『鎌倉・室町時代の奥州』高志書院、二〇〇二年
笠原信男「栗原郡における中世の修験」『東北歴史博物館研究紀要』二〇一〇年
黒嶋　敏『中世の権力と列島』高志書院、二〇一二年
小林清治『戦国大名伊達氏の研究』高志書院、二〇〇八年
桜井英治『室町人の精神』講談社、二〇〇一年
佐々木慶市『奥州探題大崎十二代史』今野出版、一九九九年
末柄　豊「細川政元と修験道」『遥かなる中世』一九九二年
杉山一弥『室町幕府の東国政策』思文閣出版、二〇一四年
村井章介編『中世東国武家文書の研究』高志書院、二〇〇八年
渡辺世祐『関東中心足利時代之研究（改訂版）』新人物往来社、一九九五年（初版は一九二五年）
綿抜豊昭『連歌とは何か』講談社、二〇〇六年

〔コラム　中世十三湊の景観〕

青森県教育委員会『十三湊遺跡』二〇〇五年
青森県教育委員会『福島城跡』二〇一二年

青森県教育委員会『明神沼遺跡・福島城跡5』二〇一四年
五所川原市教育委員会『山王坊遺跡』二〇一〇年
五所川原市教育委員会『十三千坊の世界と十三湊〜十三湊ガイドブック〜』二〇一一年
榊原滋高「十三湊の都市構造と変遷」『中世十三湊の世界』新人物往来社、二〇〇四年
中澤寛将「古代・中世環日本海沿岸の港町―日本海対岸地域からみた奥州津軽十三湊―」『島と港の歴史学』中央大学出版部、二〇一五年

〔四 人と物の交流〕

入間田宣夫「糠部の駿馬」高橋富雄編『東北古代史の研究』吉川弘文館、一九八六年
入間田宣夫「稙宗の貢馬」羽下徳彦編『北日本中世史の研究』吉川弘文館、一九九〇年
遠藤 巌「陸奥国」『日本荘園史講座』五、吉川弘文館、一九九〇年
大石直正『奥州藤原氏の時代』吉川弘文館、二〇〇一年
小林清治「坂東屋富松と奥州大名」『福大史学』四二、一九八五年
小林清治「坂東屋富松と奥州大名補考」『同前』四四、一九八七年
斉藤利男『平泉』岩波新書、一九九二年
桜井英治『贈与の歴史学』中公新書、二〇一一年
笹本正治『日本の中世3 異郷を結ぶ商人と職人』中央公論新社、二〇〇二年
新城美恵子「坂東屋富松氏について―有力熊野先達の成立と商人の介入―」『封建社会研究』一九八一年
永原慶二「『頤神軒存奭算用状』についての覚書」『山形大学山崎吉雄教授還暦記念論文集』一九七二年
七海雅人「鎌倉御家人の入部と在地住人」二〇一二年

藤原良章『中世のみちと都市』山川出版社、二〇〇五年
堀場義馨「本合海出土古銭について」『舟形町史』一九八二年
綿貫友子「奥羽の港町」、平川新・千葉正樹編『講座東北の歴史第二巻　都市と村』清文堂出版、二〇一四年
綿貫友子「水豹皮の謎―奥州藤原氏と北方世界との回路をめぐって―」、東北中世史研究会『会報』第一六号、二〇〇四年

〔コラム　後城と秋田湊〕

伊藤武士「秋田湊と湊安東氏の城館」『海と城の中世』東北中世考古学会叢書四、高志書院、二〇〇五年
神田和彦「安東氏と秋田湊―考古学調査の成果から―」『歴史』一一九、二〇一二年
『水の面影』『菅江真澄随筆集』内田武志編、平凡社東洋文庫、一九六九年

〔五　人々の信仰と文化〕

及川大渓『東北の仏教』国書刊行会、一九七三年
追塩千尋「徳一伝説の意義」、大濱徹也編『東北仏教の世界』日本近代仏教史研究会、二〇〇五年
大石直正他編『中世奥羽と板碑の世界』高志書院、二〇〇一年
笠原信男「宮城県における修験の活動」『東北歴史博物館研究紀要』五、二〇〇四年
加藤孝他「東北地方中世考古学研究資料図録宮城県名取市高舘吉田熊野那智神社所蔵懸仏集成図録」『東北学院大学東北文化研究所紀要』一二、一九八一年
菅野正道「仙台市柳生付近の中世遺物」『市史せんだい』八、一九九八年
菊地大樹「主尊の変容と板碑の身体」藤澤典彦編『石造物の研究』高志書院、二〇一一年a

菊地大樹『鎌倉仏教への道』講談社、二〇一一年b
菊地大樹「惣領制の展開と信心の継承」『東京大学日本史学研究室紀要』別冊「中世政治社会論叢」二〇一三年
窪田大介『古代東北仏教史研究』法蔵館、二〇一一年
小林崇仁「東国における徳一の足跡について」『大正大学大学院研究論集』二四、二〇〇〇年
坂井法曄編『宮城県の題目板碑』興風談所、二〇〇五年
佐々木徹「北上川流域に広がる霊場」東北中世考古学会編『中世の聖地・霊場』高志書院、二〇〇六年
佐藤秀孝「出羽玉泉寺開山の了然法明について」『駒澤大学仏教学部研究紀要』五二、一九九四年
柴田実（玉桂寺阿弥陀如来立像胎内文書調査団）編『玉桂寺阿弥陀如来立像胎内文書調査報告書』玉桂寺、一九八一年
白石賢一郎「『絹本著色恵日寺絵図』に見る霊地の風景」東北中世考古学会編『中世の聖地・霊場』高志書院、二〇〇六年
仙台市史編さん委員会編『仙台市史』特別編五・板碑、仙台市、一九九八年
高橋　修「名取熊野社の中世」東北中世考古学会編『中世の聖地・霊場』高志書院、二〇〇六年
舘　隆志「一山一寧撰『頼賢の碑』と松島瑞巌寺」『禅学研究』八四、二〇〇六年a
舘　隆志「一山一寧撰『頼賢の碑』の筆跡について」『駒澤大学大学院仏教学研究会年報』三九、二〇〇六年b
田村晃祐編『徳一論叢』国書刊行会、一九八六年
東北歴史資料館編『名取新宮寺一切経調査報告書』名取市、一九八一年
鴇崎哲也「名取熊野の板碑と霊場」、東北中世考古学会編『中世の聖地・霊場』高志書院、二〇〇六年
名取市教育委員会編『名取市金石史料』Ⅰ（板碑編）、同委員会、一九八八年
七海雅人「鎌倉・南北朝時代の松島」、入間田宣夫編『東北中世史の研究』下、高志書院、二〇〇五年
西山美香「鹿王院蔵『仏舎利伝記』翻刻と紹介」『花園大学国際禅学研究所論叢』二、二〇〇七年

船岡　誠「無底良韶と正法寺の開創」、大濱徹也編『東北仏教の世界』日本近代仏教史研究会、二〇〇五年
誉田慶信『中世奥羽の民衆と宗教』吉川弘文館、二〇〇〇年
松島町史編纂委員会編『松島町史』資料編二、松島町、一九八九年
宮城県桃生郡河北地区教育委員会編『北上川下流域のいしぶみ』同教育委員会、一九九四年
森　毅『修験道霞職の史的研究』名著出版、一九八九年
湯之上隆「関東祈禱寺の成立と分布」『日本中世の政治権力と仏教』思文閣出版、二〇〇一年
渡邉裕美子『新古今時代の表現方法』笠間書院、二〇一〇年

〔コラム　仙台平野の板碑と石材〕

菅野正道「仙台市柳生付近の中世遺物」『市史せんだい』八、一九九八年
菊地大樹「東光寺遺跡・青葉山と霊場」東北中世考古学会編『中世の聖地・霊場』高志書院、二〇〇六年
佐藤　信「兵衛太郎の滅罪」『市史せんだい』八、一九九八年
仙台市史編さん委員会編『仙台市史』特別編五・板碑、仙台市、一九九八年
鴇崎哲也「名取熊野の板碑と霊場」、東北中世考古学会編『中世の聖地・霊場』高志書院、二〇〇六年

〔六　東北の国人たち〕

伊藤喜良『中世国家と東国・奥羽』校倉書房、一九九九年
遠藤　巖「蝦夷安東氏小論」『歴史評論』四三四、一九八六年
遠藤　巖「京都御扶持衆小野寺氏」『日本歴史』四八五、一九八八年
金子　拓「室町幕府と奥州」柳原敏昭・飯村均編『鎌倉・室町時代の奥州』高志書院、二〇〇二年

黒嶋　敏「室町・戦国期の安藤氏と小鹿嶋」黒嶋敏『中世の権力と列島』高志書院、二〇一二年
五所川原市編『五所川原市史　通史編一』五所川原市、一九九八年
白根靖大「南北朝・室町時代の動乱と出羽」伊藤清郎・山口博之編『中世出羽の領主と城館』高志書院、二〇〇二年
白根靖大「日本海側からの視座による地域史研究―中世出羽の研究動向―」中央大学人文科学研究所編『島と港の歴史学』中央大学出版部、二〇一五年
白河市編『白河市史一　通史編一　原始・古代・中世』白河市、二〇〇一年
仙台市史編さん委員会編『仙台市史　通史編二　古代中世』仙台市、二〇〇〇年
横手市編『横手市史　史料編　古代・中世』横手市、二〇〇六年
横手市編『横手市史　通史編　原始・古代・中世』横手市、二〇〇八年

〔コラム　出羽国の一括出土銭〕

秋田県教育委員会『家の浦遺跡　一般国道7号仁賀保本荘道路建設事業に係る埋蔵文化財発掘調査報告書』V、二〇一二年
工藤清泰「北海道・東北地方」『季刊考古学』雄山閣、第78号、二〇〇二年
斎藤美澄『飽海郡誌』巻之八、一九二三年
佐藤禎宏・矢口勲「庄内地方の古銭」『庄内考古学』第14号、一九七七年
須藤英之「発掘された貨幣」『中世出羽の領主と城館』高志書院、二〇〇二年
桜井英治「銭貨のダイナミズム―中世から近世へ―」『貨幣の地域史　中世から近世へ』、二〇〇九年
櫻木晋一「出土銭貨からみた中世貨幣流通」『貨幣の地域史　中世から近世へ』、二〇〇九年
高橋　学「秋田県出土の銭貨資料集成」『秋田県埋蔵文化財センター研究紀要』第11号、一九九六年

東北中世考古学会『東北地方の中世出土貨幣』、一九九九年
橋口定志「埋納銭をめぐる諸問題」『戦国時代の考古学』高志書院、二〇〇三年
山形県埋蔵文化財センター『土崎遺跡　梵天塚遺跡　中谷地遺跡発掘調査報告書』、一九九六年

略年表

＊北朝年号を採用してある。

年号	西暦	事項
正慶 二 (元弘 三)	一三三三	五月、足利高氏勢、六波羅探題を滅ぼす。新田義貞勢、鎌倉を攻め北条一族を滅ぼす。八月、北畠顕家が陸奥守、葉室光顕が出羽守兼秋田城介に任じられる。十月、顕家、義良親王とともに多賀国府へ下向。
建武 元	一三三四	二月、「朝敵余党人」が小鹿島と秋田城から津軽へ攻め入る噂が広がる。十一月、津軽にて旧北条勢「時如・高景以下」の軍勢が投降。
二	一三三五	十一月、顕家、鎮守府将軍を兼任。後醍醐天皇、足利尊氏追討のため、新田義貞勢を派遣。十二月、義貞勢、箱根・竹之下の戦いで尊氏勢に敗退。顕家、尊氏勢を討つため、東北の軍勢を率いて多賀国府を発つ。
三	一三三六	一月、結城・伊達等の諸氏が参じた顕家勢、京都の尊氏勢を破る。三月、顕家、鎮守大将軍の称号を得て、陸奥・出羽・常陸・下野の軍事指揮権を掌握し、奥州へ戻る。五月、尊氏、湊川の戦いに勝利。八月、尊氏、北朝を擁立。斯波家長、奥州総大将に任じられる。十一月、尊氏、「建武式目」を制定し幕府樹立を宣言。十二月、後醍醐天皇、吉野へ逃れ南朝を立てる。
四	一三三七	一月、顕家、多賀国府より霊山に本拠を移す。五月、足利方の中賀野義長、霊山を攻め北畠方と合戦。八月、顕家、後醍醐の要請を受け出陣。十二月、顕家、鎌倉の斯波家長を破る。
暦応 元	一三三八	一月、顕家、美濃国青野原にて高師冬を破る。五月、顕家、和泉国石津にて討死。
康永 元	一三四二	十月、奥州総大将石堂義房、三迫の戦いで北畠顕信勢を破る。
貞和 元	一三四五	石堂氏、奥州総大将を解任される。吉良貞家・畠山国氏の両名が奥州管領に任命される。
観応 元	一三五〇	十月、足利直義、大和で挙兵。観応の擾乱のはじまり。

年号		西暦	事項
観応	二	一三五一	直義派の吉良方と師直派の畠山方が敵対。二月、吉良貞家勢、岩切城の畠山氏を切腹に追い込む。貞家の単独管領制が成立。十一月、南朝方、陸奥府中を奪取。
	三	一三五二	二月、直義没。三月、貞家、陸奥府中を奪還。
文和	三	一三五四	五月頃、貞家没。六月、石堂義憲（義元）陸奥府中を占領するが、ほどなく撤退。九月以前、斯波家兼、奥州管領に就任。
延文	元	一三五六	八月、斯波兼頼、出羽国最上郡山形に入部。
	二	一三五七	三月、吉良貞経、将軍足利義詮より出羽国北寒河江荘内五カ郷の引き渡しの執行を命じられる。
	三	一三五八	八月、北畠顕信、出羽国一宮大物忌神社に「天下興復」等を祈願。
康安	元	一三六一	二月、斯波直持、陸奥国一宮塩竈神社に「天下静謐」等を祈願。
永和	三	一三七七	十月、伊達政宗と余目持家の一揆が結ばれる。十二月、斯波兼頼、幕府管領細川頼之より出羽国北寒河江荘内五カ郷の諸役免除を命じられる。
永徳	二	一三八二	七月、和賀一族と葛西一族の一揆が結ばれる。
	四	一三八四	五月、石橋棟義、名取熊野三社に願文を捧げる。
明徳	二	一三九一	幕府、奥羽二国を鎌倉府の管国とする。
	三	一三九二	閏十月、南北朝の合一。
応永	元	一三九四	鎌倉府、鶴岡八幡宮の遷宮・修理段銭を奥羽両国に賦課（翌年も）。
	六	一三九九	鎌倉府、足利満貞（稲村公方）と満直（篠川公方）を奥州に派遣。
	七	一四〇〇	伊達・蘆名・大崎氏、鎌倉府に対し挙兵。大崎氏、幕府より奥州探題に任じられる。
	十一	一四〇四	七月、仙道一揆が結ばれる。
	十七	一四一〇	二月、海道五郡一揆が結ばれる。

二十	一四一三	四月、伊達持宗・懸田定勝、鎌倉府に対し挙兵。
二十三	一四一六	十月、上杉禅秀の乱。篠川公方満直を通し、禅秀方へ味方するよう南奥州の国人に要請が来る。
三十	一四二三	四月、安藤康季、将軍代替わりに進物を贈り褒賞される。
永享 十	一四三八	八月、幕府、鎌倉公方足利持氏を追討（永享の乱）。幕府管領細川持之、南奥州の国人に対し、篠川公方満直の手に属し、持氏追討に従うよう命じる。
十二	一四四〇	篠川公方満直、南奥州の国人に滅ぼされる。
嘉吉 元	一四四一	六月、将軍足利義教、赤松満祐に謀殺される（嘉吉の乱）。
宝徳 元	一四四九	八月、幕府管領細川勝元、出羽国赤宇曽郷をめぐる訴訟の裁許を羽州探題最上氏に下す。
寛正 元	一四六〇	十月、将軍足利義政、奥羽国人諸氏に対し、古河公方足利成氏追討に出陣するよう命じる。
六	一四六五	八月、大宝寺淳氏、南部氏と小野寺氏の争いを収め、貢馬の路次を警固するよう幕府より命じられる。
応仁 元	一四六七	一月、応仁の乱始まる。
二	一四六八	奥州探題大崎教兼、国人の反乱が広がり居所を移す。
文明 二	一四七〇	六月、白河政朝と相馬隆胤の一揆が結ばれる。
永正 七	一五一〇	白河政朝、一族の内紛を収められず那須へ没落。

◆執筆者紹介（生年／現職）―執筆順

白根　靖大（しらね　やすひろ）　→別掲
若松　啓文（わかまつ　ひろふみ）　一九七一年／青森県環境生活部
江田　郁夫（えだ　いくお）　一九六〇年／栃木県立博物館学芸部長
垣内　和孝（かきうち　かずたか）　一九六七年／郡山市文化・学び振興公社主任
黒嶋　敏（くろしま　さとる）　一九七二年／東京大学史料編纂所助教
中澤　寛将（なかさわ　ひろまさ）　一九八一年／青森県埋蔵文化財調査センター文化財保護主事
綿貫　友子（わたぬき　ともこ）　一九六二年／大阪教育大学教授
伊藤　武士（いとう　たけし）　一九六七年／秋田市教育委員会副参事
菊地　大樹（きくち　ひろき）　一九六八年／東京大学大学院情報学環兼史料編纂所准教授
須藤　英之（すとう　ひでゆき）　一九七五年／日本考古学協会会員

編者略歴

一九六五年　山形県に生まれる
一九九三年　東北大学大学院文学研究科博士後期課程単位取得満期退学
秋田工業高等専門学校助教授等を経て
現　在　中央大学文学部教授　博士（文学）

〔主要編著書〕
『中世の王朝社会と院政』（吉川弘文館、二〇〇〇年）
『中世武家系図の史料論』（上下巻、共編著、高志書院、二〇〇七年）

東北の中世史③

室町幕府と東北の国人

二〇一五年（平成二十七）十一月十日　第一刷発行

編　者　白《しら》根《ね》靖《やす》大《ひろ》

発行者　吉川道郎

発行所　株式会社　吉川弘文館
郵便番号一一三—〇〇三三
東京都文京区本郷七丁目二番八号
電話〇三—三八一三—九一五一〈代表〉
振替口座〇〇一〇〇—五—二四四
http://www.yoshikawa-k.co.jp/

印刷＝株式会社　三秀舎
製本＝誠製本株式会社
装幀＝河村　誠

ISBN978-4-642-06494-1

東北の中世史

刊行のことば

近年の東北中世史研究の進展には、めざましいものがあります。

文献史料の読み直しが行なわれ、数多くの遺跡が調査されています。対象とする史料の範囲が著しく拡大され、学際的な研究も進みました。東北という地域を考える上での枠組も日本列島全体、さらには東アジア規模へとひろがっています。

本シリーズは、こうした学問的蓄積を背景として編まれる、清新で平易な東北中世の通史です。平泉、奥州惣奉行、北畠顕家、奥州・羽州探題、十三湊、伊達政宗といった著名なトピックスはもちろんのこと、生業、交通・流通、宗教・文化などさまざまな面から中世東北を描き出します。

東日本大震災以降、地域史のもつ意味が再認識されています。地域の来し方を考え、行く末に思いを致すためにも、本シリーズを手にとっていただきたいと強く願うものです。

〈企画編集委員〉　柳原　敏昭

東北の中世史

1 平泉の光芒　柳原敏昭編 ＊

2 鎌倉幕府と東北　七海雅人編 ＊

3 室町幕府と東北の国人　白根靖大編 ＊

4 伊達氏と戦国争乱　遠藤ゆり子編

5 東北近世の胎動　高橋　充編

巻数順に隔月1冊ずつ配本予定
本体各2400円（税別）　＊は既刊

吉川弘文館